WIE VERDIENEN WÜRMER IHREN LEBENSUNTERHALT

Herausgegeben von Octopus Publishing Group Ltd, London
Originaltitel Do Bees Need Weeds?

Übersetzung: Dr. Katrin Korch, www.literatur-und-mehr.de
Gestaltung: JC Lanaway

ISBN 978-3-7843-5683-9

WIE VERDIENEN WÜRMER IHREN LEBENSUNTERHALT

Einfache Tipps zum umweltfreundlicheren Gärtnern

GARETH RICHARDS & HOLLY FARRELL

VORWORT VON KATE BRADBURY

Inhalt

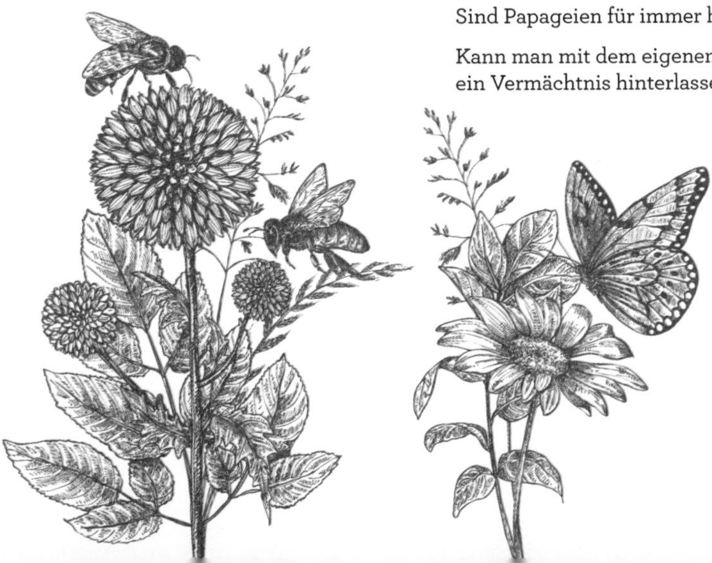

2 Im Garten loslegen

3 Bio-Gartenfrüchte

5 Wiederverwenden und recyceln

Vorwort

Vorwort Kate Bradbury

Klimawandel, Artenvielfalt und Nachhaltigkeit sind die größten Herausforderungen unserer Generation, wobei Wissenschaftler prophezeien, dass uns nur noch wenige Jahre bleiben, um die Klimakatastrophe abzuwenden. Während wir Petitionen unterschreiben und Regierungen zum Handeln drängen, ändern viele ihren eigenen Lebensstil, um selbst den Klimawandel zu bekämpfen. Vielleicht fliegen Sie schon weniger und nutzen häufiger öffentliche Verkehrsmittel, ernähren sich zunehmend vegetarisch oder bauen sogar selbst Obst und Gemüse an.

Aber was können wir zu Hause sonst noch tun? Was ist mit der Grünfläche hinter dem Haus? Hilft es wirklich, wenn wir etwas Gemüse anpflanzen und Hühner halten? Kann man auch ohne Kunststoff und synthetische Chemikalien gärtnern? Muss man wirklich bei den Pflastersteinen ansetzen, um dem Planeten zu helfen? Im Vereinigten Königreich nehmen Gärten mehr Platz in Anspruch als alle anderen Naturreservate zusammen. Das ist in etwa ein Fünftel der Fläche von Wales (ca. 4150 km^2) mit Wiesen, Pflanzen, Teichen und Bäumen. Stellen Sie sich vor, was wir im Kampf gegen den Klimawandel erreichen könnten, wenn wir alle morgen einen Baum pflanzen, unsere Wiese

seltener mähen oder einen Teich anlegen würden. Oder wenn wir alle einen Kompost anlegen und keine künstlichen Chemikalien für unseren Pflanzen verwenden würden.
Dieses bezaubernde Buch bietet unschätzbare Tipps und erklärt Ihnen, wie Sie zur Rettung des Planeten beitragen können, indem Sie beim Gärtnern ein paar einfache Dinge beachten. Sie finden viele Hinweise, wie Sie auf synthetische Chemikalien verzichten oder Torf ersetzen können und was Sie tun müssen, wenn Sie keine Plastiktöpfe mehr verwenden wollen. Das Beste an diesem Buch und seinen Ratschlägen ist, dass Sie darin blättern und es kapitelweise lesen können. Sie können wählen, wie Sie Ihren Garten verändern wollen und was am besten zu Ihnen passt.
Nicht nur unser Planet profitiert von nachhaltigerem Gärtnern. Sie helfen auch der Tierwelt, wenn Sie Pflanzen mit Ihren Nachbarn teilen oder ein Dach begrünen. Der Klimawandel und Rückgang der Artenvielfalt bedingen sich gegenseitig und das

zunehmende Artensterben ist genauso beunruhigend wie der Anstieg des Meeresspiegels. Wenn Sie daran mitwirken, im Garten Lebensraum für Tiere anzulegen, in dem sie leben, sich ernähren und brüten können, beugen Sie dem Sterben vor. Direkt hinter Ihrer Haustür. Dieses Buch zeigt Ihnen, wie es geht.

Einleitung

ETWAS GUTES FÜR DIE UMWELT ZU TUN, heißt nicht nur, für die Aufforstung des Regenwaldes zu spenden oder Kampagnen gegen den Elfenbeinhandel zu unterstützen. Sie können gleich hinter Ihrem Haus etwas dafür tun. Dieses Buch enthält mehr als 100 neue, interessante und witzige Ideen, wie wir alle „grüner werden" können. Für Wildtiere waren Gärten noch nie so bedeutsam, und dieses Buch hilft Ihnen, das Beste aus Ihrem Grundstück herauszuholen, sowohl für die Menschen als auch für den Planeten.

Bienen, Vögel und Schmetterlinge sind immer mehr zum Überleben auf Gärten angewiesen. Natur ist nicht nur auf Naturreservate oder naturbelassene Landschaften auf dem Land beschränkt. Jeder, der einen Garten oder etwas Ähnliches hat, kann ihnen helfen. Dieses Buch beschreibt viele faszinierende Tatsachen, gibt einfache Tipps und preisgünstige Vorschläge, wie man seinen Garten auf umweltfreundliche Weise gestalten kann.

Allein in Deutschland ist die Fläche aller Schrebergärten zusammen so groß wie 66.000 Fußballfelder. Wenn Sie daher glauben, dass Ihr eigener Garten zu klein ist, um damit etwas zu verändern, so ist er aber doch im großen Zusammenhang ein wichtiger Teil!

Die Art und Weise, wie wir gärtnern, spielt eine wichtige Rolle, und wenn wir das nachhaltig und ohne Müllverschwendung machen – umso besser.

Dieses Buch wirft einen umfassenden Blick auf die Themen rund um nachhaltiges Gärtnern. Wir beginnen mit dem großen Ganzen und überlegen, ob es in Ordnung ist, Chemikalien einzusetzen, was „Nachhaltigkeit" wirklich bedeutet und wie Gärten sich in Zukunft unter dem Einfluss des Klimawandels entwickeln.

Gleich, ob Sie eine noch unbearbeitete Parzelle oder schon einen gestalteten Garten haben, Sie werden sich fragen, wo Sie beginnen sollen.

Das zweite Kapitel liefert viele Ratschläge, wie Sie Ihren Raum anordnen, was Sie mit Pflaster und Geröll tun sollen,

Jede Blühpflanze im Garten ist ein Pluspunkt für die aussterbenden, aber wichtigen Bestäuberinsekten.

A

SCHNELLE ANTWORTEN
Der Kasten mit dem „A" gibt eine kurze und knappe Antwort zu der in der Überschrift formulierten Frage. Lesen Sie dazu auch den Haupttext, der viele weitere Informationen liefert.

Bei der Wiederverwendung etwa von alten Autoreifen kann man einen interessanten Blickfang im Garten schaffen und der Umweltverschmutzung vorbeugen.

ob Sie die Aufteilung ändern und den Boden austauschen müssen.

Im dritten Kapitel erörtern wir, wie man das Anbauen von Gemüse und Obst so umweltfreundlich wie möglich gestalten kann. Lohnt es sich, in Gewächshäuser, Wurmkomposter und Folientunnel zu investieren? Kann man Gemüse in Töpfen anbauen? Wie kann man Schädlinge abschrecken, ohne zu spritzen, und erzielt man trotzdem eine ordentliche Ernte?

Viele befürchten, dass ein wildtierfreundlicher Garten unordentlich und voller Brennnesseln ist. Das vierte Kapitel liefert viele Möglichkeiten, wie man das Beste sowohl für die Tierwelt als auch für die Menschen aus dem Garten herausholen kann. Es enthält auch zahlreiche Informationen über die Arten, mit denen wir unseren Raum teilen, und hilft Gärtnern zu verstehen, wie die Tiere ticken.

Unser letztes Kapitel handelt vom Wiederverwerten und Recyceln. Da uns allen zunehmend bewusst wird, wie schädlich unser Griff nach Plastik geworden ist, soll dies eine rechtzeitige Erinnerung daran sein, dass das nicht immer so war. Wir zeigen viele intelligente Wege zum Verzicht, Wiederverwenden und Recyceln auf und geben nützliche Tipps zu ungewöhnlichen Themen wie Hühnerhaltung und Pflanzenfärben. „Grüner werden" war noch nie so wichtig – aber es war auch noch nie so einfach und unterhaltsam!

Auch wenn Ihr Garten noch so klein ist, können Sie aus Töpfen ernten. Grüne Bohnen liefern einen besonders reichen Ertrag.

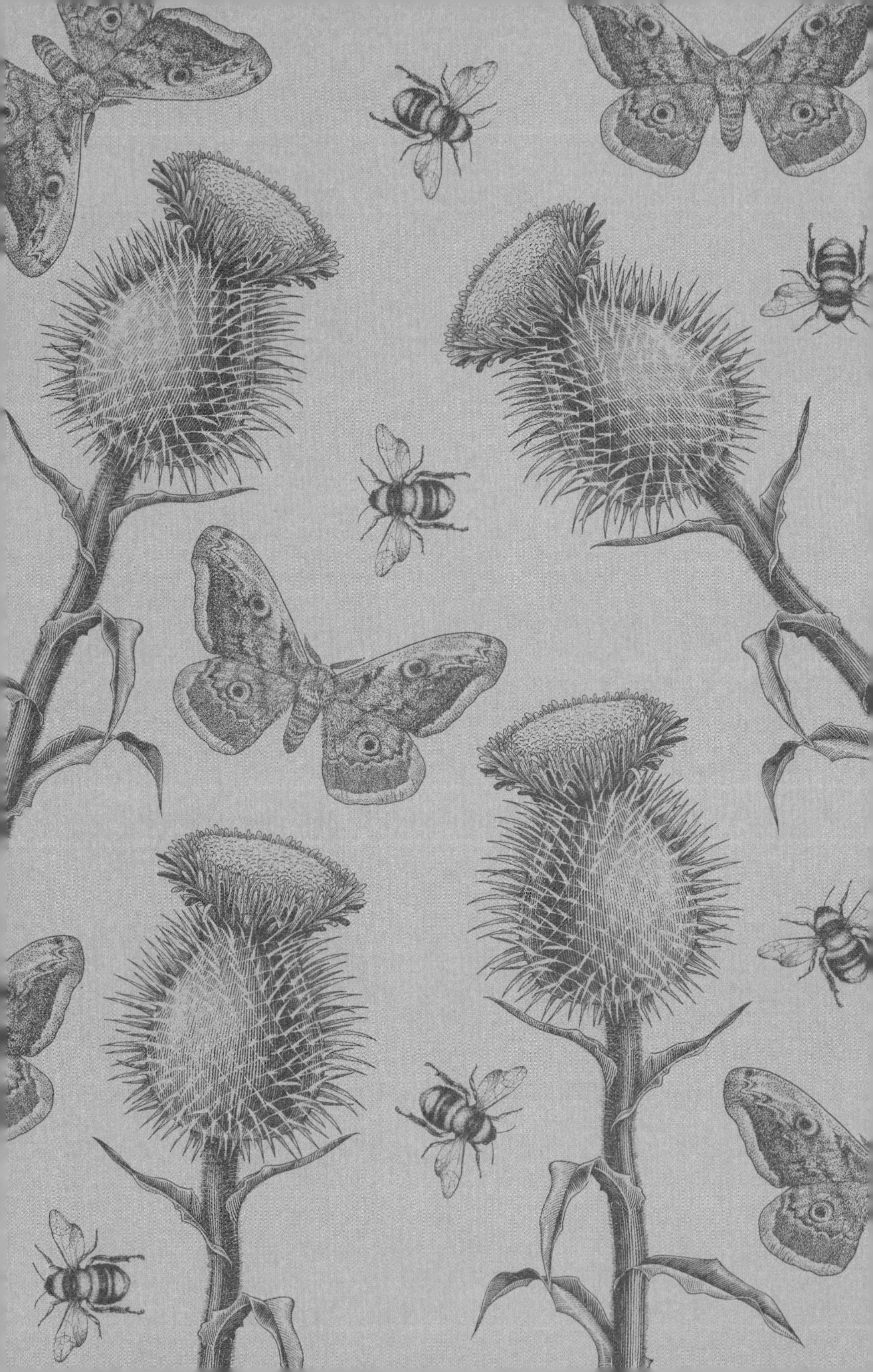

Kapitel 1

Das große Ganze

F Sind Gartenleuchten schädlich?

PFLANZEN, TIERE UND MENSCHEN haben einen natürlichen Tag-Nacht-Rhythmus. Wachstum und Fortpflanzung war über Tausende von Jahren mit dem Wissen darüber verbunden, wann die Tage im Frühling länger und im Herbst kürzer wurden, und das natürliche Licht bestimmte, ob es Zeit zum Schlafen war oder nicht. Aber mit dem künstlichen Licht haben die Menschen massiv in diesen Rhythmus eingegriffen.

A

Leider ja. Gartenleuchten sind schädlich für Wildtiere. Es hilft, sie weniger einzuschalten und ihre Intensität zu dämpfen. Am besten trennt man sich gänzlich davon, aber wenn das nicht möglich ist, sollte man mit Bewegungsmeldern wenigstens ihren Einsatz reduzieren.

Die Lichtverschmutzung verhindert nicht nur, dass viele Menschen nachts die Sterne beobachten können, sondern schadet auch der Tierwelt, sowohl im kleinen Bereich eines Gartens als auch in einer ganzen Stadt. Sie kann Formen der Übertretung (Licht aus einer externen Quelle leuchtet durch ein Fenster nach innen), Blendung (helles Licht kann zeitweilig blenden oder verwirren) und Himmelsleuchten annehmen, eine Kumulation von Licht, das vom Staub in der Luft reflektiert wird und einen orangefarbenen Dunst erzeugt. Letzteres wird zum großen Teil durch unnötige Beleuchtung, einschließlich Gartenleuchten, erzeugt.

Was kann man dagegen tun?

Am einfachsten und schnellsten ist der Verzicht auf Beleuchtung im Garten (wodurch auch Energie eingespart wird). Wenn es unbedingt für die Sicherheit erforderlich ist (prüfen Sie, ob es auch eine solarbetriebene oder Taschenlampe tut), installieren Sie einen Bewegungsmelder, der sich nach ein paar Minuten ausschaltet. Richten Sie ihn direkt auf die unbedingt zu beleuchtende Fläche aus. Auf sommerlichen Gartenpartys kann man Kerzen anzünden, die weniger intensiv leuchten und nicht so schädlich sind. Schließen Sie sich Initiativen gegen die Lichtverschmutzung an (wie etwa ATDS: Astro Treff Deep Sky, Dark Sky oder Weact) und erhöhen Sie sanft den Druck auf die lokale Politik und Industrie, damit sie den nächtlichen Einsatz von Licht reduzieren oder zumindest effizienter gestalten, etwa mittels Bewegungsmeldern in der Straßenbeleuchtung, abgeschirmter Lampen und dimmbaren warmen Glühbirnen anstelle von grellen Leuchten.

Birkenspinner
Endromis versicolora

Kleines
Nachtpfauenauge
Saturnia pavonia

Gartenbeleuchtung unterbricht den Futter- und Bestäubungsrhythmus von Faltern und kann diese nachtaktiven Fluginsekten in gefährliche Kollisionen locken.

Ligusterschwärmer
Sphinx ligustri

Unterbrechung des natürlichen Rhythmus'

Nachts eingeschaltete Lampen haben viele negative Einflüsse auf die Tierwelt:

• Der Futterrhythmus vieler Tiere wird unterbrochen. Vögel sind nachts wach (und singen), obwohl sie schlafen sollten, und nächtliche Futtersucher haben kein Gespür mehr dafür, wann es dunkel ist.

• Vögel und Insekten wie etwa Falter fliegen in Lichtquellen und stoßen (fatalerweise) auf Gebäude.

• Man weiß kaum noch, wann Frühling ist. Dadurch wird der Fortpflanzungsrhythmus vieler Tiere und Vögel, vor allem von Amphibien, unterbrochen.

• Wanderungsbewegungen von Vögeln werden beeinflusst.

• Nachtbestäuber werden gestört, was zu einem Rückgang der Bestäubungen führt.

• Die Mondphasen werden verdeckt, was die Korallenproduktion zum Beispiel beim Great Barrier Reef beeinflusst.

• Wenn Wasserschildkröten schlüpfen, richten sie sich automatisch nach einer Lichtquelle aus. Normalerweise ist das das Mondlicht, das sich auf dem Wasser spiegelt. Aber häufig kommt das hellste Licht am Strand jetzt aus den Städten in Küstennähe und viele Schildkrötenbabys ziehen in die entgegengesetzte Richtung zum Wasser, was sich als tödlich erweist.

• Der Rhythmus von Blüte und Wachstum vieler Pflanzen wird beeinflusst, weil nicht klar ist, wie lange der Tag oder die Nacht ist, was Konsequenzen für die Ernte hat.

Nächtliches Vogelgezwitscher in der Stadt ist ein Zeichen, dass Lichtverschmutzung den natürlichen Rhythmus beeinflusst.

Zaunkönig
Troglodytes troglodytes

F

Sind Chemikalien immer die bessere Alternative?

Buttercup
Ranunculus

IST ES BESSER, gesündere Pflanzen zu züchten und Pflanzenkrankheiten und Schädlinge mit chemischen Spritzmitteln zu bekämpfen oder sind alle Chemikalien ökologisch eine schlechte Idee?

Vorteile von Chemikalien

- Chemische Spritzmittel und Granulat wirken schnell.
- Düngemittel haben einen beträchtlichen Einfluss auf das Wachstum, die Blüte und Ernte von Pflanzen und Rasen. Mit Herbiziden kann man leicht Unkraut in Beeten und an Wegen entfernen und hat damit viel weniger Mühe als beim Entfernen von Hand.
- Chemikalien können Krankheiten und Schädigungen durch Schädlinge unter Kontrolle bringen und die Pflanze oder Ernte retten.

A

Ein Garten mit einem gesunden, natürlichen Ökosystem braucht kaum Chemikalien, bei denen es sich oft um petrochemische Produkte handelt und die gleichermaßen für Tiere und Umwelt gefährlich sind, ganz zu schweigen von Menschen. Chemische Dünger, Pestizide und Herbizide (Unkrautvernichter) werden künftig immer weniger angeboten oder ganz aus den Regalen verbannt.

Nachteile von Chemikalien

- Bei vielen handelt es sich um petrochemische Produkte, die in Plastikflaschen gefüllt sind und für deren Produktion viel Energie verbraucht wird.
- Pestizide töten oft neben den Schädlingen ebenso nützliche Insekten wie Marienkäfer, Bienen und Schwebfliegen, sodass viele Populationen gefährdet werden.
- Einige Schädlinge entwickeln eine Resistenz gegen Pestizide.
- Von Herbiziden wie Glyphosat weiß man, dass sie in Gemüse und schließlich auch in unsere Körper gelangen. Die langfristigen Folgen davon sind noch nicht bekannt, aber insgesamt (in Ländern mit lockereren Regelungen) sind giftige Pestizide im menschlichen Körper ein echtes Problem.
- Dünger können ins Erdreich und in Flüsse gelangen, wo sie die Algenbildung fördern und das Ökosystem der Gewässer stören sowie Fische und andere Tiere gefährden.

◀ Leider sind viele chemische Spritzmittel gefährlich für Insekten, auch für die nützlichen Arten.

Die Alternative

Die Kultivierung eines gesunden Gartens trägt wesentlich dazu bei, den Bedarf an chemischen Düngemitteln und Fungiziden zu begrenzen oder zu eliminieren. Viele Probleme sind meist nur von kurzer Dauer, und im größeren Kontext eines vielfältigen und umweltfreundlichen Gartens und einer eben solchen Lebensweise kann es wirklich hilfreich sein, Blattläuse und Mehltau zu akzeptieren.

LETZTES MITTEL

Chemikalien sollten im Garten immer nur das letzte Mittel sein, wenn es wirklich notwendig ist und alle physischen und biologischen Möglichkeiten ausgeschöpft wurden. Entsorgen Sie alte Gartenchemikalien sicher und verantwortungsbewusst (holen Sie dafür Ratschläge bei Behörden ein), und befolgen Sie stets die Anweisungen auf dem Etikett. Wenden Sie Chemikalien immer begrenzt und auf sichere Weise an, sodass sie nur auf der betroffenen Pflanze wirken. Auch Hausmittel wie verdünntes Spülmittel und Knoblauchsprays sollten nur ein letzter Ausweg sein, und je natürlicher die Herkunft, desto besser. Sie werden von Fachleuten nicht empfohlen, sind aber für den Hobbygärtner nicht illegal.

Wie Chemikalien unnötig werden

- Jedes Jahr den Boden mit selbst hergestelltem Kompost, Laub oder qualitätsvollem organischem Material abdecken (ebenso die Erde in Töpfen) und so den Pflanzen alle notwendigen Nährstoffe zur Verfügung stellen, den Boden feucht halten und Unkrautbildung verhindern.
- Pflanzen setzen, die dem Boden, den Lichtverhältnissen und Aussehen des Gartens entsprechen. Versucht man, die falschen Pflanzen zu züchten, werden sie unweigerlich krank.
- Gute Bedingungen für Tiere im Garten schaffen, vor allem für nützliche Insekten wie Marienkäfer und Schwebfliegen, die Schädlinge fern halten.
- Nicht zu viel gießen, damit zum einen Pflanzen nicht in zu stark gewässerten Böden ertrinken und sie zum anderen nicht zu üppig wachsen und so Blattläuse, Schnecken und Raupen anziehen.
- Von Hand Unkraut jäten und es an den Wurzeln herausziehen, damit es nicht nachwächst. Bodendeckerpflanzen setzen, die Unkraut verdrängen, oder den Boden mulchen. Das Unkraut jedes Jahr entfernen, bevor es sich weiter ausbreitet. Die Wurzeln von mehrjährigem Unkraut niemals im Kompost entsorgen.
- Von Krankheit befallene Pflanzen verbrennen und so weiterem Befall vorbeugen. Arbeitsgeräte sauber halten und schärfen und die Pflanzen in der richtigen Jahreszeit beschneiden, um die Verbreitung von Krankheiten zu verhindern.

F Kann man Pflanzenabfälle bedenkenlos verbrennen?

ICH HABE IN MEINEM GARTEN viele Bäume und Büsche, sodass im Herbst viele Holz- und Laubabfälle anfallen. Normalerweise verbrenne ich sie, aber sollte man das im Hinblick auf die globale Erderwärmung lieber lassen?

A Manchmal kommt man nicht umhin, etwas zu verbrennen, etwa kranke Pflanzen. Aber für die Umwelt ist es generell viel besser, Pflanzenabfälle zu kompostieren.

Warum sind große Feuer schlecht?

Große Feuer geben Wärme und Kohlenstoff in die Atmosphäre ab. Zwar mag der Beitrag Ihres kleinen Feuers im Garten zur globalen Erderwärmung gering sein, aber jede kleine Hilfe zählt. Außerdem verstärkt der Rauch die Luftverschmutzung. Tiere wie Insekten und Igel, die in dem Holzhaufen nisten, können womöglich den Flammen nicht entkommen.

▼ Im Herbst die abgefallenen Blätter in Säcken zu sammeln und daraus Blattmulch zu machen, ist eine umweltfreundliche Alternative zum Verbrennen.

Wann ist das Verbrennen notwendig?

Einzig kranke Pflanzen oder mehrjähriges invasives Unkraut sollte der Hobbygärtner verbrennen. Denn beim Kompostieren könnte diese Krankheit oder das Unkraut auf einem eigenen oder städtischen Kompost fortleben. Am besten entfernt man dauerhaft krankes Pflanzenmaterial oder Unkraut durch Verbrennen, aber dabei sollte man wirklich nur dieses und kein gesundes Material in die Flammen geben.

Gartenabfälle verwerten

Welke Blätter sollte man lieber auf den Kompost geben oder zum Mulchen verwenden. Sie ergeben eine fantastische Mulch für jeden Boden. Dafür einfach nur die Blätter aufsammeln, mit Wasser besprühen, wenn sie trocken sind, und verrotten lassen. Man kann sie in alten Kompostsäcken aufbewahren (ein paar Löcher in die Seiten stechen, damit die Luft zirkulieren kann) oder dafür Körbe aus Holzlatten und Kaninchendraht bauen. Die Blätter darin lassen, bis sie verrotten und zerbröseln.

Aus Holzabfällen kann man eine Totholzhecke machen oder einen Holzstapel anlegen (siehe S. 190), oder man zerkleinert sie und gibt sie auf den Kompost oder bringt sie zur Grünschnittsammlung der örtlichen Recyclingstelle.

F Sollte man auf Kunststofftöpfe verzichten?

ICH WEISS, dass Kunststoff der Umwelt viele Probleme bereitet, daher möchte ich in meinem Garten keinen mehr verwenden. Bisher habe ich viele Kunststofftöpfe benutzt – soll ich sie alle wegwerfen?

A Funktionstüchtige Töpfe, aus welchem Material auch immer, wegzuwerfen, macht unter Umweltaspekten betrachtet keinen Sinn. Besser ist es, alles, auch Kunststofftöpfe, so lange zu benutzen wie möglich und sie am Ende durch eine umweltfreundliche Alternative zu ersetzen.

▲ Zur Anzucht sind alte Pappkartons – zum Beispiel Eierkartons – eine tolle Alternative zu Kunststoffbehältern.

Bis vor Kurzem hat die Gartenindustrie zur Anzucht und zum Verkauf fast jeder Pflanze schwarze Kunststofftöpfe verwendet. Der Druck der Käufer hat sie zum Umdenken bewegt, sodass jetzt viele Firmen recycelbare oder biologisch abbaubare Alternativen testen. Aber viele Gärtner haben noch einen Vorrat an schwarzen Kunststofftöpfen im Schuppen oder Gewächshaus, und diese wegzuwerfen, ist keine Lösung.

Reduzieren

Achten Sie beim Kauf von Pflanzen auf Firmen, die sie in biologisch abbaubaren oder recyclingfähigen Verpackungen anstatt in irgendwelchen Kunststoffbehältern anbieten. Oder züchten Sie Ihre Pflanzen selbst aus Samen.

Wiederverwenden

Wenn ein Topf keine Risse hat, verwenden Sie ihn weiter, bis er kaputt geht. Nehmen Sie ihn entweder zur Anzucht oder zum Verschenken von Pflanzen. Wenn Sie ihn selbst nicht mehr gebrauchen können, erkundigen Sie sich, ob Gärtnereien, Schulen oder andere Einrichtungen Verwendung dafür haben. Irgendeinen Nutzen daraus zu ziehen, verringert immerhin die Umweltschäden.

Recyceln

Nur wenn ein Kunststofftopf nicht mehr genutzt werden kann, sollte er entsorgt werden. Als Reaktion auf die Nachfrage bieten viele Gartencenterketten Recyclingbehälter für schwarze Kunststofftöpfe an (die von der Gemeindeverwaltung nicht recycelt werden können).

Wie bewegt man Nachbarn zu umweltfreundlichem Gärtnern?

ICH TUE, WAS ICH KANN, um meinen Garten und meine Lebensweise umweltfreundlicher zu gestalten, aber meine Nachbarn scheint das nicht zu interessieren. Wie kann ich sie zu umweltfreundlicherem Gärtnern bewegen?

Jeder kann etwas ändern, er braucht nur die richtige Motivation und Unterstützung. Es braucht eine Weile, bis man Nachbarn und Freunde zu umweltfreundlicherem Gärtnern bewegt, aber auch der noch so überzeugte Klimaskeptiker möchte sicher dabei helfen, Igel zu schützen.

Der Tonfall

Man sollte keinen prediger- oder lehrerhaften Ton anschlagen. Ihre Nachbarn haben sicher gute Gründe für das, was sie im Garten tun (oder nicht tun). Oder sie tun es vielleicht aus Unwissenheit oder Gewohnheit, aber solange Sie nicht deren Sichtweise einnehmen, werden sie wahrscheinlich auch nicht auf Ihre hören. Heutzutage ist es schwer, Klima-Ratschläge zu ignorieren. Wenn also ein Nachbar wenig ökologische Gewohnheiten beim Gärtnern hat, ist es möglich, dass er das Problem entweder nicht versteht oder nicht sieht, wie er etwas verändern kann. Vielleicht glaubt er, keine Zeit für Gartenarbeit zu haben. Aber wenn jeder meint, dass die eigenen Handlungen nichts bewegen, dann fängt keiner an. Ermutigen Sie ihn daher mit Berichten von kleinen Veränderungen, die zusammengenommen Großes bewirken können. Es ist auch wichtig, nicht jedes Gespräch dafür zu nutzen, ihn zu überzeugen. Eine ganz sanfte Ansprache über einen längeren Zeitraum hinweg führt wahrscheinlich eher zum Ziel, als jedes Mal die große Umweltkeule zu schwingen.

Vorbild sein

Wenn Sie sich mit Ihrem Nachbarn über den Gartenzaun hinweg unterhalten, ergeben sich viele gute Möglichkeiten, ihm zu zeigen, wie erfolgreich Ihre Arbeit ist, zum Beispiel beim Anpflanzen ohne Chemikalien und Kunststoff, beim Anbau von Obst und Gemüse oder beim Schaffen von Schutzmaßnahmen für Tiere. So können Sie ihn ermutigen, das selbst auszuprobieren. Wenn er über ein Problem in seinem Garten klagt, empfehlen Sie ihm umweltfreundliche Lösungen dafür und bieten Sie ihm Ihre Hilfe an.

▶ Ermutigen Sie Ihren Nachbarn, umweltfreundlichen Lebensraum zu schaffen, und berichten Sie ihm von der Tierwelt und von Körben mit selbst angebauten Produkten.

Tatsachen erklären

Klimaskeptikern begegnet man besser mit Fakten als mit leidenschaftlicher Rhetorik. Wenn Ihr Nachbar Ihnen erzählt, dass er nicht an den Klimawandel glaubt, informieren Sie ihn über simple Tatsachen, etwa dass die letzten fünf Jahre ein Hitzerekord zu verzeichnen war oder dass derzeit der Kohlendioxidausstoß höher als jemals in der Geschichte der Menschheit ist. Wenn er sich auf einen klimaskeptischen Wissenschaftler beruft, könnten Sie darauf hinweisen, dass 99 Prozent der Wissenschaftler glauben, dass die globale Erwärmung durch menschliche Aktivitäten verursacht wird.

Themen zu persönlichen machen

Menschen sind letztlich egoistisch, und sie werden besser auf Bedrohungen oder Vorteile reagieren, die ihre eigene Existenz betreffen als die ganze Welt. Weisen Sie darauf hin, dass eine Überschwemmung weniger wahrscheinlich ist, wenn gepflasterte Flächen in Gärten verwandelt werden und das Regenwasser so besser abfließen kann. Wenn sich der Nachbar über Müll beschwert, nutzen Sie das, um ein Gespräch über Einwegartikel und nicht biologisch abbaubaren Abfall zu beginnen. Lebensmittel sind teuer? Bauen Sie sie selbst an. Beziehen Sie Fragen über umfassende Themen auf persönliche Erfahrungen – zum Beispiel den Rückgang der Artenvielfalt, der sich daran zeigt, dass weniger Schmetterlings- und Vogelarten in den Gärten zu sehen sind.

Apfelbaum
Malus domestica

VORTEILE VON UMWELTFREUNDLICHEM VERHALTEN

Die Umgebung grüner zu gestalten und dafür Bäume und Wildblumen zu pflanzen oder gemeinsame Projekte zu starten, ermutigt die Menschen mitzumachen (dabei kann man umweltfreundliche Methoden erklären). Sprechen Sie das Niedliche an (Igel sind der große Liebling), wenn Sie Veränderungen im Garten zugunsten der Tierwelt erreichen möchten. Weisen Sie Gärtner der alten Schule darauf hin, dass man die Kosten für Herbizidsprays sparen und den Bienen Bestäubungsmöglichkeiten bieten kann, wenn man neben die preisgekrönten Rosen Unkraut verdrängenden Wollziest *(Stachys byzantina)* oder Immergrün *(Vinca spp.)* pflanzt. Überzeugen Sie gestresste Familien oder junge Berufstätige, die sich um ihr Pflaster kümmern müssen, indem Sie zeigen, wie gut stresslindernde Gartenarbeit sein kann.

F Kann ein Garten Teil eines grünen Korridors sein?

FÜR WILDTIERE kann es manchmal schwierig sein, in Städten nach Futter zu suchen. Was kann man dafür tun, den eigenen Garten mit einem größeren, tierfreundlichen Gebiet in der Umgebung zu verbinden?

A Im Garten einfach viele verschiedene Pflanzen anzubauen, macht ihn zu einem attraktiven Blickfang. Um ihn zu einem Teil von etwas Größerem zu machen, umgeben Sie ihn mit möglichst viel Grün und arbeiten Sie mit den Nachbarn, dem Stadtrat und den lokalen Naturschutzverbänden zusammen. Stellen Sie sicher, dass für flugunfähige Lebewesen Zäune und Mauern kein unüberwindbares Hindernis sind.

Was ist ein grüner Korridor?

Ein grüner oder Wildtierkorridor sind mehrere aneinandergefügte Grünflächen – Gärten, Parks und Hecken – die nicht nur untereinander, sondern insgesamt mit größeren ländlich geprägten Gebieten verbunden sind, sodass Tiere Gebäude und Straßen umgehen können. Sie helfen dabei, den Tieren Lebensräume zum Nisten und Futtersuchen zur Verfügung zu stellen. Mit Bäumen und Hecken ermöglichen sie ihnen eine sichere Bewegung und bieten verschiedenen Lebewesen mit einer variantenreichen Bepflanzung vielfältige Futtermöglichkeiten.

Wie man den eigenen Garten mit der grünen Umgebung verbindet

Schließen Sie sich einer örtlichen Gruppe an – oder gründen Sie eine – und sorgen Sie für mehr Grün in der Nachbarschaft, etwa durch Wildblumenstreifen und Baumbepflanzung am Straßenrand, wodurch der Korridor ausgeweitet wird. Arbeiten Sie mit einer Karte, um die beste Möglichkeit zu finden, örtliche Grünflächen miteinander zu verbinden. Fordern Sie vom Gemeinderat mehr öffentliche Bepflanzung, zum Beispiel grüne Wände (siehe S. 28) oder verändern Sie bestehende Anlagen, damit sich Tiere besser bewegen können. Örtliche Firmen sind vielleicht daran interessiert, Grünflächen oder Pflanzen vor ihren Geschäften oder Büros zu finanzieren.

Nehmen Sie Kontakt mit örtlichen Naturschutzverbänden auf – sie verfolgen sicher auch spezifische lokale Ziele, bei denen sie Hilfe benötigen, etwa für Krötenübergänge.

Eine Luftlinie einrichten

Ein Garten mit Blumen, die viel Nektar anbieten, hilft Bienen, Schmetterlingen und anderen Insekten, sich in Städten zu bewegen. Sie sind ein Zwischenstopp, wenn die Insekten erschöpft sind. Erkundigen Sie sich, welche Pflanzen Bestäuberpflanzen sind und wählen Sie entsprechend Blühpflanzen, Hecken und Bäume für den Garten, die bestäubende Insekten ernähren.

Naturschutzverbände setzen sich auch für Bienen, Schmetterlinge und andere Insekten und entsprechende Bepflanzungen ein, um ihnen den notwendigen Lebensraum zu verschaffen.

Sichere Wege für Igel

Igel können in einer einzigen Nacht bis zu 2 Kilometer herumwandern, um Futter zu suchen. In der Brutzeit legen sie sogar bis zu 3 Kilometer zurück. Stellen Sie daher sicher, dass sie sich zwischen Gärten und anderen Grünflächen bewegen können, damit es ihnen gut geht. Achten Sie auf entsprechend große Löcher in Mauern und Zäunen Ihres Grundstücks – 13 cm^2 reichen aus und sind für die meisten Haustiere zu klein. Bitten Sie Ihren Nachbarn, das ebenfalls zu tun. Außerdem ist es wichtig, das Bewusstsein der Anwohner und Autofahrer für die Aktivitäten der Igel zu schärfen, damit sie auf sie Rücksicht nehmen.

▶ Auch kleine Gärten sind willkommene Zwischenstopps für Tiere, um sich zu ernähren und von ihrer Reise in der Nachbarschaft auszuruhen.

Was macht man mit invasivem Unkraut?

Japanischer Staudenknöterich *Reynoutria japonica*

ES IST BEKANNT, dass man so viel wie möglich aus dem eigenen Garten kompostieren sollte, aber was macht man mit invasivem Unkraut? Kann man es auf den Kompost geben oder was soll man damit machen?

Dauerhaftes und invasives Unkraut wird am besten verbrannt oder professionell entsorgt. Für Pflanzen, die als invasiv aufgelistet sind, gibt es gesetzliche Bestimmungen zu ihrer Kontrolle und Entsorgung, wenden Sie sich also an die örtlichen Behörden.

Was ist eine invasive Pflanze?

Einige Pflanzen sind zwar schreckliche Unkräuter, wenn man sie in einem Garten wachsen lässt, wie z. B. der Giersch oder die Winde, aber sie werden offiziell nicht als invasiv eingestuft. Dennoch ist es keine gute Idee, sie auf den Kompost zu geben, da sie zurückkommen und den Boden selbst mit kleinen Wurzelabschnitten wieder befallen können. Verbrennen Sie den Abfall stattdessen. Invasive Pflanzen wurden von der Regierung als Bedrohung für das heimische Ökosystem eingestuft (es handelt sich in der Regel um nicht heimische Arten), und es werden alle Anstrengungen unternommen, um ihre Ausbreitung zu stoppen und ihre Zahl zu verringern. Beispiele dafür sind der Japanische Staudenknöterich, Riesenbärenklau und das Drüsige Springkraut, aber eine vollständige Liste ist auf der Website des Umweltbundesamtes zu finden. Beachten Sie, dass diese Liste auch eine Reihe von Wasserpflanzen enthält.

Wie wird man sie los?

Zunächst so viel wie möglich von der Pflanze ausgraben (das muss möglicherweise über mehrere Jahre hinweg viele Male wiederholt werden, um sie langsam zu schwächen und schließlich zu töten). Dann kann man einige Arten, einschließlich invasiver Wasserpflanzen, verbrennen. Außerdem kann man sie mit nachhaltigen Herbiziden besprühen, aber das muss man über mehrere Jahre hinweg wiederholen, zudem kommt man als Hobbygärtner immer schwieriger an chemische Herbizide. Wenden Sie sich an die örtlichen Behörden, um Einzelheiten zu geeigneten Firmen zu erhalten, die diese Pflanzen unter Kontrolle (mit Sprays) bringen oder entsorgen können: Der Japanische Staudenknöterich, das Drüsige Springkraut und der Riesenbärenklau müssen alle bei einem registrierten Abfallträger entsorgt werden, was in der Regel mit Kosten verbunden ist.

F Ist der Austausch von Saatgut und Pflanzen immer sinnvoll?

IM FRÜHJAHR werden in regionalen Communities und Gartenbauvereinen oft Samen und Pflanzen ausgetauscht, manchmal werden dabei sogenannte Kartoffel-Tage veranstaltet (wo man Kartoffel-Samen kaufen kann). Diese Aktionen sind zwar besser organisiert als der Austausch unter Freunden, aber sind sie auch wirklich besser?

A Schon immer haben Hobbygärtner beim Anlegen ihrer Gärten Saatgut und Pflanzen untereinander ausgetauscht. Das ist eine tolle Möglichkeit, kostenlos die Bepflanzung im eigenen Garten zu ergänzen und sein Wissen darüber zu erweitern, vorausgesetzt, man achtet darauf, keine Krankheiten zu verbreiten.

Der Austausch von Samen ist nicht nur eine Möglichkeit, das Saatgut einer Pflanze zu bekommen, die man schon immer im Garten haben wollte, so lernt man auch Leute mit ähnlichen Interessen kennen und profitiert von deren Wissen. Dabei kann man Saatgut an andere weitergeben und etwas säen, das man zuvor noch nie angebaut hat.

Mögliche Probleme

Auch wenn der Saatguttausch von einem regionalen Gartenbauverein organisiert wurde, gibt es oft keine Qualitätskontrolle des getauschten Materials. Daher muss man vorsichtig sein, wenn man Pflanzen oder Samen mit nach Hause nimmt. Neue Pflanzen isoliert einzusetzen, ist im Falle von Krankheiten immer eine gute Idee, außerdem sollte man sie zuvor gründlich auf Schädlinge und den allgemeinen Gesundheitszustand untersuchen. Das Saatgut könnte nicht mehr brauchbar oder unsachgemäß gesammelt/gelagert worden sein, sodass es nicht keimt. Es kommt auch vor, dass der Inhalt nicht mit der Packungsbezeichnung übereinstimmt.

Index Seminum

Der *Index Seminum,* ein Katalog von Samen, die auf Tauschbasis abgegeben werden, wurde im 17. Jahrhundert vom Chelsea Physic Garden in London und dem Hortus Botanicus in Leiden erstellt und existiert bis heute fort. In Deutschland ist der *Index Seminum* bei der Dahlemener Saatgutbank des Botanischen Gartens in Berlin angesiedelt, die das Saatgut unter strengen Voraussetzungen abgibt, damit bedrohte Arten geschützt und die weltweite Artenvielfalt nicht gefährdet werden.

Was versteht man unter „heimischer Pflanze“?

IST EINE HEIMISCHE PFLANZE SCHLICHT EINE, die wild auf dem Land wächst oder was genau ist damit gemeint? Sind heimische Pflanzen besser für die Tierwelt und Umwelt als exotische von weit her?

In Deutschland ist nach dem Bundesnaturschutzgesetz eine Pflanze heimisch, die hier schon immer vorkam oder sich hier ohne menschlichen Einfluss ausgebreitet hat. Das gibt zwar einen gewissen Hinweis darauf, dass eine Pflanze für die Tierwelt nützlich sein kann, heißt aber nicht, dass man auf Nicht-Heimische verzichten muss. Denn auch diese können ökologisch sehr wertvoll sein, insbesondere in der Zukunft, wenn sich das Klima verändert.

Berg-Ahorn
Acer pseudoplatanus

Der offiziellen im Bundesnaturschutzgesetz verankerten Definition nach gilt in Deutschland eine Pflanze als heimisch, wenn sie schon immer hier verbreitet war oder sich hier ausgebreitet und über mehrere Generationen in freier Natur ohne menschliche Hilfe angesiedelt hat. Daneben existiert auch eine Definition nach gängiger Botanik oder Pflanzensoziologie, wonach Pflanzen, die vor 1492, dem Jahr der Entdeckung Amerikas durch Kolumbus, in Deutschland verbreitet waren, als heimisch gelten. Denn im Anschluss daran setzte ein weltweiter Austausch von Pflanzenmaterial ein, der die heimische Flora durch menschliche Aktivitäten veränderte. Allerdings weisen Fachleute darauf hin, dass diese Definition nicht praxistauglich ist, weil dadurch viele alte Sorten, die in naturnahen Gärten vorkommen, ausgeschlossen würden. Jedoch kritisieren sie auch die gesetzliche Definition als zu weitgefasst und schlagen eine Kompromisslösung vor, die heimische Pflanzen und solche, die vor 1492 durch menschlichen Einfluss hierher gelangten und sich hier ausbreiteten, einschließt. Viele davon sind sehr beliebt – zum Beispiel Kornraden, Rosskastanien und Klatschmohn – und nur wenige (wie etwa der Japanische Staudenknöterich) sind problematische Eindringlinge, die sich meist auf Brachflächen ansiedeln. Das am weitesten verbreitetes Unkraut sind heimische Pflanzen: Farn, Brombeersträucher, Disteln, Brennnesseln etc.

Was ist mit Insekten?

Die über vier Jahre verlaufene britische Studie „Plants for Bugs" beschäftigte sich mit der Frage, ob Garteninsekten bevorzugt heimische Pflanzen anfliegen. In groben Zügen lassen sich die Ergebnisse so zusammenfassen, dass man mit vielen heimischen Pflanzen am besten einen insektenfreundlichen Garten erhält. Aber einige nicht heimische können diese durchaus ergänzen. Das Resümee der Autoren lautet: „Jede Pflanzung ist besser als keine, und eine Vielfalt der Pflanzenherkunft im Garten ist eine Stärke, keine Schwäche."

DIE SCHWIERIGE DEFINITION VON „HEIMISCH"

Die Schwierigkeit dieser Definition wurde bereits erläutert. Das Hauptproblem besteht darin, dass eine Festlegung auf einen bestimmten Zeitraum willkürlich ist und nicht berücksichtigt, dass die Natur nicht statisch und konstant ist: Sie ist dynamisch, lebendig, atmend und in ständiger Veränderung begriffen. Was vor Hunderten oder Tausenden von Jahren heimisch war, ist es heute vielleicht nicht mehr, da sich unsere Umwelt und unser Klima erheblich verändert haben. Bereits 1992 haben Wissenschaftler berechnet, dass die Verlagerung von Pflanzenarten um ein Zehnfaches zu langsam ist, um mit dem Tempo des Klimawandels Schritt zu halten.

Klatschmohn
Papaver rhoeas

Gewöhnliche Kratzdistel
Cirsium vulgare

Atlantisches Hasenglöckchen
Hyacinthoides non-scripta

Kornblume
Centaurea cyanus

Wie verändert sich das Gärtnern in den nächsten 20 Jahren?

WIE WIRKT SICH DER KLIMAWANDEL auf unsere Gärten zukünftig aus? Welche anderen Entwicklungen werden das Gärtnern beeinflussen?

Gärten und ihre Pflanzen können eine Quelle von Beständigkeit in einer sich immer schneller verändernden Welt sein. Aber sie können uns auch helfen, den Herausforderungen der Zukunft zu begegnen. Sie sind sicherlich mehr als persönliche Räume und Rückzugsorte für Mensch und Tier, wenn sie so bepflanzt wurden, dass sie sich an extremere Klimaereignisse anpassen können.

Wohlergehen

Da immer mehr Menschen einen Aufenthalt in der Natur und den therapeutischen Nutzen von Gartenarbeit für Körper und Geist zu schätzen lernen, werden Gärten zu einem individuellen Rückzugsort und Gemeinschaftsgärten und städtische Grünflächen Areale mit sozialer Bedeutung.

Klima

Da der Klimawandel zu immer extremeren Wetterverhältnissen und -ereignissen wie Dürre, Hitze, starken Winden und Überflutungen führt, müssen Gärten sich daran anpassen und entsprechend bepflanzt werden. In Kampagnen zum Anpflanzen von Bäumen und zur Begrünung von Vorgärten wird man sich weiterhin dafür einsetzen, den Verlust von Wasser im städtischen Raum zu reduzieren. Mehr grüne Wände und Dächer in und auf Gebäuden können dazu beitragen, die Hitze und Luftverschmutzung zu begrenzen.

Milde Winter verlängern die Wuchssaison, aber dadurch werden die traditionellen Blütezeiten vieler Pflanzen beeinträchtigt. Wenn man viele verschiedene Arten von Blühpflanzen setzt, kann man die ganze Saison über für Bestäuber- und andere Insektenarten Futter bereitstellen.

Grüne Wand

Kartoffel

Auch in kleinen Gärten, selbst in sehr kleinen, wird der Anbau von Bäumen immer bedeutsamer, denn es ist bereits erwiesen, dass sie extremen Wetterereignissen sehr gut standhalten.

Selbst anbauen

Selbst Obst und Gemüse anzubauen, ist beliebt, und die Sorgen über die negativen Auswirkungen von groß angelegten Monokulturen auf die Tierwelt nehmen zu, sodass sich die Menschen der Vorteile von Bio-Lebensmitteln stärker bewusst werden. Wir sind gerade erst dabei zu verstehen, wie sehr wir von Lebensmittelimporten und von der „Just-in-time"-Strategie der Supermärkte abhängig sind, und so möchte mancher Obst und Gemüse selber anbauen und autark werden. Auch der Anbau von Kräutern könnte für viele interessanter werden, da die Wissenschaft wieder mehr und mehr pflanzliche Arzneimittel einsetzt, und die Menschen sich alternativen Heilmitteln zuwenden.

Naturnahes Gärtnern

Pestizide auf petrochemischer Basis, Herbizide und Fungizide werden weiterhin für den Privatgebrauch verboten sein, was bedeutet, dass sich Hobbygärtner mehr natürliche Methoden aneignen müssen. Dies ist vor allem durch die Sorge um Insektenpopulationen und andere Wildtiere motiviert, die auch dazu führen wird, dass mehr Anstrengungen unternommen werden, um bestäuberfreundliche Pflanzen anzubauen und Lebensräume für Tiere in Hausgärten zu schaffen. Der durchschnittliche Garten mit Rasen und Rabatten wird eine größere Artenvielfalt aufweisen. Das Futter-, Brut- und Überwinterungsverhalten der Wildtiere werden durch mildere Winter beeinträchtigt werden.

Importierte, exotische Krankheiten

Neue Pflanzenkrankheiten könnten sich weiter ausbreiten, wenn die Nachfrage nach billigen Gartenpflanzen anhält, da große Gartencenter Ware aus dem Ausland importieren. Veränderte Witterungsbedingungen haben Veränderungen in Insekten- und anderen Tierpopulationen zur Folge, die sich in für sie angenehmere Klimazonen zurückziehen werden. Das könnte bedeuten, dass sich mehr exotische Arten ausbreiten.

Zimmer- und Topfpflanzen

Der Anbau von Pflanzen in Mietwohnungen, wie etwa auf Balkonen und in Innenräumen, wird weiter an Popularität gewinnen, wenn die Hauspreise für die jüngere Generation weiterhin unerreichbar bleiben.

Ist Nachhaltigkeit überall dasselbe?

VIELE FIRMEN werben mit Nachhaltigkeit und den Hinweis „aus nachhaltiger Quelle" sieht man mehr und mehr auf Verpackungen. Was bedeutet das, und ist das überall auf der Welt dasselbe?

> Im Hinblick auf die Umwelt bezeichnet man mit „nachhaltig" ein Produkt oder eine Dienstleistung, die keine natürlichen Ressourcen aufbraucht. Übertragen auf den Garten sind das selbstversorgende Elemente wie Kompost oder Wasserverbrauch. Es gibt ganz sicher Firmen, die das Wort „nachhaltig" fälschlicherweise für ihre Produkte verwenden, um den Absatz zu steigern. Recherchieren Sie daher erst, bevor Sie etwas einkaufen!

Nachhaltigkeit heißt, ein bestimmtes Niveau oder eine bestimmte Wachstumsrate aufrechtzuerhalten, im umweltpolitischen Kontext bedeutet dies in der Regel die Aufrechterhaltung des Status quo in Bezug auf die Erschöpfung der natürlichen Ressourcen. So kann sich zum Beispiel eine Papierfabrik nachhaltig nennen, wenn sie Bäume gepflanzt hat, um diejenigen zu ersetzen, die für die Papierprodukte gefällt werden mussten (auch wenn dabei die Tatsache nicht berücksichtigt wird, dass ein Wald mit jungen Bäumen – vor allem Monokulturen – nicht im selben Maße Lebensraum für Tiere, Kohlenstoff und Wasserreservoir bereitstellen kann wie ein Wald aus alten Bäumen).

Um ganz sicher zu sein, ob eine Firma oder ein Produkt nachhaltig ist, sollte man am besten darüber recherchieren, bevor man etwas kauft. Nur wenn wir Konsumenten alle Fakten kennen, können wir bewusst auswählen, welche Firma wir unterstützen wollen.

Im Garten erzielt man Nachhaltigkeit, indem man so viel wie möglich wiederverwertet und recycelt – indem man zum Beispiel seinen eigenen Kompost und Blattmulch aufbereitet und die richtigen Pflanzen auswählt, die nicht zu sehr gegossen werden müssen und dabei möglichst viel Nahrung für Insekten zur Verfügung stellen. Zudem kann man eine Regentonne installieren und einen Beinwell-Aufguss zum Düngen herstellen. Verzichten Sie auf importierte Produkte und solche, die natürliche Ressourcen erschöpfen (wie etwa Blumenerde auf Torfbasis), und verwenden Sie keine chemischen Dünger, Pestizide oder Herbizide.

F Mein Garten liegt in einer Betonwüste – was kann ich tun?

ICH HABE EINEN KLEINEN VORGARTEN, den ich mit Pflanzen gefüllt habe. Aber um mich herum befinden sich Wohnblöcke und Bürogebäude, alle gänzlich ohne Grün. Hat mein Garten dennoch einen Einfluss auf die Umwelt oder spielt er gar keine Rolle?

Auch wenn es so wirkt, als wenn Ihr Garten ein einzelner grüner Tropfen in einer Betonwüste ist, könnten andere Gärten näher liegen, als Sie denken. In England gibt es schätzungsweise 24 Millionen Hausgärten, die ein zusammenhängendes Mosaik von Pflanzen, Futter und Lebensraum für Tiere bilden und dazu beitragen, dass Kohlenstoff gespeichert, Luftverschmutzung und Lärm reduziert und der unkontrollierte Wasserverlust verringert werden. Sie verschönern zudem unsere Städte. Wenn Sie das ganze Potenzial Ihres Gartens nutzen (zum Beispiel mit Kletterpflanzen) und Futterstationen für Vögel und Insektenhotels installieren, kann er zu einem Rückzugsort für Sie und für die regionale Tierwelt werden.

Geben Sie ein grünes Beispiel

Wenn ein Nachbar Ihren Garten sieht, könnte er sich angeregt fühlen, Ihnen nachzueifern. Helfen Sie ihm, wenn er noch keine Erfahrung hat – geben Sie ihm Saatgut und Pflanzen sowie Tipps, wenn er danach fragt – und dann breitet sich das Grün hoffentlich weiter aus.

▶ Wenn man im Garten auch vertikalen Raum für Kletterpflanzen nutzt, kann man mehr Futterquellen und Nistplätze für Tiere bereitstellen.

Melden Sie sich freiwillig, um Gartenflächen von Unternehmen zu pflegen. Die Unternehmen müssen nur etwas für Pflanzen und Zubehör zahlen und schon wird die lokale Grünfläche vergrößert.

A Nicht den Glauben verlieren! Jedes kleine grüne Gartenstück hilft der Umwelt und Tierwelt. Und wenn andere Ihren hübschen Garten sehen, inspiriert er sie hoffentlich dazu, sich ebenfalls als Hobbygärtner zu betätigen.

F Gibt es einen Beleg dafür, dass Gärtnern gut für die Gesundheit ist?

VIELE LEUTE SAGEN, Gärtnern sei gut für die körperliche und geistige Gesundheit, aber stimmt das überhaupt? Gibt es wissenschaftliche Studien dazu?

Gärtnern für den Körper ...

• Gartenarbeit ist eine gute Übung. Man bewegt den Körper dabei sanft und baut durch Dehnen und Beugen Muskeln auf. Bei einer halben Stunde Gartenarbeit verbraucht man genauso viele Kalorien wie bei einer halben Stunde Badmintonspielen. Die Natur wirkt entspannend auf das Gehirn, sodass man mehr Zeit beim Arbeiten draußen verbringt, als man drinnen trainieren würde, und gleichzeitig das Stresslevel senkt.
• Der Kontakt mit dem Boden und den nützlichen Mikroben, die darin leben, verbessert die Gesundheit unseres Mikrobioms im Darm, was wiederum unsere Immunität stärkt. Je früher wir mit dem Boden in Berührung kommen, desto besser, deshalb ist es eine gute Idee, mit Kindern zu gärtnern.
• Beim Anbau unseres eigenen (Bio-) Obstes und Gemüses erhalten wir eine Vielzahl von nahrhaften Lebensmitteln, die direkt aus dem Garten auf den Tisch kommen und einen höheren Vitamingehalt haben als die, die schon einige Zeit im Ladenregal stehen.
• Die Verfügbarkeit von Kräutern kann unsere allgemeine Gesundheit unterstützen, z. B. frischer Minztee zur Förderung der Verdauung oder eine Haarspülung mit Rosmarin für eine gesunde Kopfhaut.
• Zimmerpflanzen wirken wie Luftfilter, weil sie gefährliche Partikel und Giftstoffe, die durch Verschmutzung, Farben und elektrische Geräte entstehen, filtern und speichern.

A **Ja, viele Studien haben belegt, dass Gartenarbeit eine hervorragende Beschäftigung für jedermann ist und sehr gute Auswirkungen auf die physische Kraft und Fitness sowie in vielen Fällen auch auf das geistige Wohlbefinden hat.**

▼ Kräuter sind nahrhaft und aromatisch und machen darüber hinaus mit ihrem sanften Duft den Aufenthalt im Garten angenehm.

... und für den Geist

• Der Garten kann ein Zufluchts- oder Rückzugsort sein, eine Ablenkung von einem geschäftigen oder stressigen Leben. Umgekehrt kann er eine Möglichkeit sein, hinauszugehen und Menschen zu treffen, um das Gefühl der Einsamkeit und Isolation zu bekämpfen, das zu Depressionen und körperlichen Symptomen führen kann. Eine Studie aus dem Jahr 2016 zeigte, dass Kleingärtner und Gärtner von der Gelegenheit profitieren, Freundschaften zu schließen und sich in eine Gemeinschaft zu integrieren. Die Arbeit von Gartenbautherapeuten hat Tausenden von Menschen geholfen, mit (psychischen) Krankheiten und Verletzungen umzugehen und sich davon zu erholen.

• Einen Garten anzulegen, hat sich hilfreich dabei erwiesen, uns geerdeter und heimischer zu fühlen, vor allem nach einem Umzug.

• Einfach in der Natur zu sein – egal wo – erzeugt nachweislich Selbstwertgefühle und gute Laune, auch bei Kindern.

• Gartenarbeit ist eine Aufmerksamkeit fordernde Tätigkeit, die dazu ermutigt, sich auf die anstehende Aufgabe zu konzentrieren und nicht auf die Gedanken, die in unserem Gehirn herumwirbeln. Es gibt zahlreiche Forschungsergebnisse, die zeigen, dass selbst kurze, tägliche Aufmerksamkeitsphasen unsere geistige Gesundheit fördern, Stress abbauen und die Konzentration verbessern.

• Ein Garten ist voll von therapeutischen Düften, Anblicken und Geräuschen.

▶ Vogelgesang wirkt nachweislich beruhigend auf den Geist, und die Mätzchen der Gartenvögel sind unglaublich unterhaltsam.

Wacholderdrossel
Turdus pilaris

DEM PLANETEN HELFEN

In der weiteren Umgebung tragen Pflanzen dazu bei, die Luftverschmutzung zu verringern und in Städten mehr Kohlenstoff zu speichern, was dem Planeten insgesamt zugutekommt. Eine Studie aus dem Jahr 2018 fand heraus, dass mit der Pflanzung einer Hecke anstelle einer Mauer oder eines Zauns im Vorgarten auch die Menge an Rußpartikeln, die von der Straße in Richtung des Hauses gelangen, deutlich reduziert werden kann (um bis zu 63 Prozent) – insbesondere auf der Höhe, auf der Kinder atmen.

Studien haben gezeigt, wie der Duft von Rosmarin unsere Fähigkeit steigert, uns an Dinge zu erinnern. Wasser wirkt beruhigend oder auch anregend auf unseren Geist, je nachdem, ob es sich bewegt oder nicht, und das Hören von Vogelgesang kann das Stressniveau reduzieren.

F Wie kann man am besten helfen, wenn man keinen Garten hat?

WIE KANN MAN DENNOCH GARTENARBEIT LEISTEN, **wenn man unbedingt zur Vergrößerung der Artenvielfalt beitragen und seine gärtnerischen Fähigkeiten anwenden möchte, aber keinen Platz zum Pflanzen in der Natur hat?**

A Es gibt viele Möglichkeiten für Gartenarbeit, zum Beispiel kann man sich mit einem Nachbarn einen Garten teilen oder beim NABU ehrenamtlich tätig werden. So trägt man dazu bei, dass unser Planet grüner und angenehmer zum Leben wird. Außerdem lernt man nützliche Dinge und trifft neue Leute.

Ehrenamtliche Gartenarbeit

In einigen öffentlichen Gärten arbeiten neben bezahlten Arbeitskräften Freiwillige, aber es gibt auch viele kleinere, lokale Organisationen, die bei der Pflege und dem Anbau ihrer Gärten auf die Hilfe von Freiwilligen angewiesen sind. Oft arbeitet man zusammen mit ausgebildeten Fachkräften, sodass es eine großartige Möglichkeit ist, mehr über die Gartenarbeit zu lernen, und es ist auch eine Chance, neue Leute kennenzulernen und zur Pflege und Arbeit des Gartens oder der Organisation beizutragen.

Gemeinschaftsgarten

Mit anderen Einheimischen die Nachbarschaft zu verschönern und zu begrünen, ist nicht nur eine Chance, Gartenarbeit an einem Ort zu verrichten, an dem man das Ergebnis regelmäßig sieht, sie hat auch erwiesenermaßen Auswirkungen auf die Stärkung des Selbstwertgefühls, den Stolz der Nachbarschaft und die Verringerung unsozialen Verhaltens. Gemeinschaftsgärtner könnten über einen eigenen Raum verfügen, den sie pflegen – einen bestehenden Garten – oder sie könnten gemeinsam mehrere kleinere Flächen wie Seitenstreifen, Pflanzgefäße und Straßenbäume bewirtschaften. Suchen Sie Gruppen in Lokalzeitungen, auf Aushängen in den Geschäften, online oder indem Sie einfach an andere herantreten, wenn sie arbeiten, und sie fragen, ob Sie mitmachen können – die Antwort wird ausnahmslos Ja lauten!

Garten teilen

Die Wartelisten für Kleingärten sind oft sehr lang, und es kann Jahre dauern, bis man ein eigenes Grundstück bekommt. Fragen Sie stattdessen den Standortverwalter, ob jemand, der bereits ein Grundstück hat, in Betracht ziehen würde, dieses zu teilen. Dies kann eine großartige Möglichkeit sein, etwas Gartenarbeit zu leisten, etwas zu produzieren und neue Freunde zu finden. Es könnte sein, dass es auf dem Gelände jemanden gibt, der seine Parzelle nicht aufgeben will, sie aber nicht mehr auf einem guten Niveau halten kann – die Bündelung der Kräfte wäre dann ein Gewinn für alle.

Oder wie wäre es, einen Freund in seinem Garten zu unterstützen? Er freut sich sicher, wenn ihm jemand beim Unkrautjäten hilft, und wenn man zu zweit arbeitet, könnte man den Garten weiterentwickeln. Außerdem ist es eine Gelegenheit zum Plaudern und die Freundschaft zu intensivieren. Oder vielleicht hat ein Freund oder Nachbar einen Garten, an dem er nicht mehr interessiert ist oder den er nicht mehr pflegen kann. Sie könnten ihm anbieten, sich darum zu kümmern. Der Nachbar könnte einen schöneren Garten genießen, ohne Arbeit zu investieren, und Sie könnten ganz selbstständig gärtnern.

▼ Freiwillig in einem Garten zu arbeiten, ist eine tolle Möglichkeit, sein Wissen über Gartenarbeit zu erweitern und dabei neue Freundschaften zu schließen.

F Verringern invasive Pflanzen unwiederbringlich die Artenvielfalt?

ICH DACHTE, man sollte ein breites Spektrum von Pflanzen in den Gärten anbauen und nic nur heimische Arten – sind alle exotische Arten invasiv und ist das also eine schlechte Idee?

A

Exotische Arten – nicht heimische Pflanzen – sind grundsätzlich eine gute Sache. Eine kleine Gruppe exotischer und heimischer Pflanzen werden als invasiv eingestuft, da sie sich stark ausbreiten und die Artenvielfalt bedrohen.

Eine invasive Art verbreitet sich und wächst schnell, dehnt sich auf aggressive Weise aus und bringt das bestehende Ökosystem aus dem Gleichgewicht oder schädigt es. Die meisten Pflanzen, die heute als invasiv gelten und der Kontrolle der Regierung unterliegen, wurden ursprünglich als hübsche Pflanzen eingeführt, wie etwa der Japanische Staudenknöterich. Bei invasiven Arten kann es sich auch um heimische, relativ neu eingeführte oder exotische Arten handeln, die schon lange hier vorkommen. Sie alle stellen eine ständige Bedrohung für die biologische Vielfalt der Flora und Fauna eines Landes dar.

Die breite Mehrheit der nicht heimischen Arten trägt enorm zur Artenvielfalt bei, lediglich eine kleine Anzahl exotischer und heimischer Arten gelten als invasiv.

Invasive Arten

Diese Arten beeinträchtigen die Artenvielfalt auf verschiedene Weisen:

1. Sie verdrängen heimische Arten, weil sie kräftiger sind oder ihnen das Licht nehmen. Für gewöhnlich haben invasive Arten extrem wirksame Mittel, sich auszubreiten, indem sie sich verwurzeln oder aussäen (etwa das Drüsige Springkraut).
2. Sie importieren oder sind Träger von Krankheiten, die sie selbst nicht schädigen, die aber andere Pflanzen vernichten können.
3. Invasive Arten verbreiten sich stark, weil sie sich leicht an unterschiedliche Bedingungen anpassen und in vielen Lebensräumen zurechtkommen können.
4. Eine invasive Pflanze kann das natürliche Gleichgewicht einer Region so sehr stören, dass sie schließlich die einzige dort wachsende Art ist. Wo immer möglich, sollten invasive Arten in Absprache mit einem Spezialisten rigoros unter Kontrolle gebracht werden.

Wie lange dauert es, bis ein Garten „natürlicherweise“ im Gleichgewicht ist?

ICH VERZICHTE im Garten auf chemische Pestizide, Fungizide und Dünger und behandle alles auf biologische Weise, aber jetzt sind dort viele Läuse. Wie lange dauert es, bis das Ökosystem alleine zurechtkommt?

Sternrußtau auf einem Rosenblatt

Jeder Garten ist anders, daher ist es schwierig, eine Zahl zu nennen, wie lange es dauert. Aber wie alles andere im Garten auch, so ist auch beim Übergang zu biologischen Methoden Geduld gefragt. Auch wenn es leicht ist, über Nacht auf Chemie zu verzichten, so braucht der Garten seine Zeit, um sich an den Paradigmenwechsel zu gewöhnen.

Kurz gesagt, je nachdem, zu welcher Jahreszeit Sie den Wechsel vollziehen, kann der Übergang zu biologischen Methoden einen Verlust an Qualität und Quantität bedeuten, weil sich Schädlinge frei vermehren können und die Pflanzen ohne Dünger weniger produktiv sind. Ein Gleichgewicht im Garten ist immer heikel, und Umweltfaktoren, auf die wir keinen Einfluss haben, können oft Rückschläge verursachen. Aber geben Sie nicht auf. Häufig verliert sich das Ungleichgewicht mit der Zeit.

Es dauert auch, bis sich ein gesunder, nährstoffreicher Boden gebildet hat, der die Grundlage für Ihren biologischen Garten bildet. Die natürliche Fruchtbarkeit baut sich über Jahre hinweg auf, wenn man qualitätsvollen Kompost und organisches Material wie Blattmulch aufbringt. Wenn man einige Jahre lang wechselnde Gemüsesorten anbaut (Fruchtwechsel) und krankes Pflanzenmaterial verbrennt (z. B. abgefallene Rosenblätter mit der Schwarzfleckenkrankheit), werden die Zyklen der Schädlings- und/oder Krankheitsinfektion aus dem Boden durchbrochen.

In einem biologischen Garten können Schädlinge mit natürlichen Bekämpfungsmitteln wie Nützlingen in Schach gehalten werden. Anfangs werden diese nicht ausreichen, weil sie vorher entweder nicht genug Schädlinge zum Fressen hatten oder selbst mit den chemischen Spritzmitteln ausgerottet wurden. Mit neuen Vorkehrungen, die nutzbringende Wildtiere in den Garten locken, trägt man dazu bei, das Gleichgewicht der Schädlingspopulationen schneller wiederherzustellen.

Warum gibt es von manchen Insekten so viele und von anderen gar keine?

ZWEI DRITTEL ALLER LEBEWESEN auf der Erde sind Insekten, aber ihre Zahl geht massiv zurück, sodass Wissenschaftler vor einem Kollaps warnen, der schlimme Folgen für alle anderen Lebewesen haben wird, auch für uns. In England betrifft der Rückgang Falter, Schmetterlinge, Bienen und Käfer, während im Sommer die Gärten voller Läuse und Ameisen sind. Warum nehmen manche Populationen so ab, während andere scheinbar wachsen?

In der Tat weiß man nicht, warum manche Arten schneller zurückgehen als andere, weil es nicht genug vergleichbare Daten gibt. Vielleicht sind auch manche Insekten besonders stark vom Verlust ihres Lebensraumes und von Vernichtungsmitteln betroffen. Wie auch immer, wichtig ist, alles zu tun, um sie zu schützen.

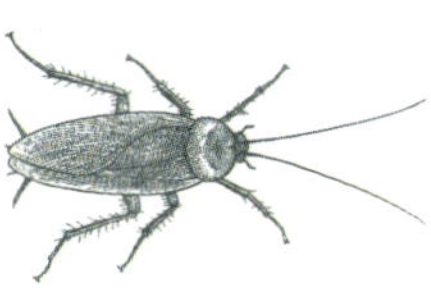

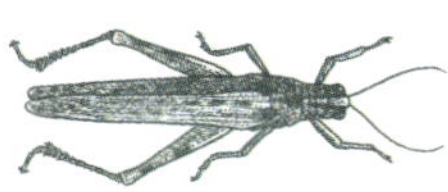

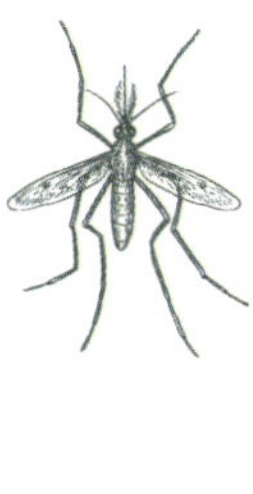

Betätigen Sie sich doch einmal als Hobbywissenschaftler und untersuchen Sie die Insekten im eigenen Garten, um sich ein Bild von der biologischen Vielfalt in Ihrer Gegend zu machen.

Während insgesamt die Insektenpopulationen achtmal schneller als die der Säugetiere zurückgehen, scheint es dabei manche Arten stärker zu betreffen. So verringerte sich zwischen 2000 und 2009 auf Ackerflächen etwa die Zahl der Schmetterlinge und Falter um 58 Prozent, während die der Insekten insgesamt um 2,5 Prozent abnahm.

Lügen, verdammte Lügen und Statistiken

Es mag sein, dass die Insektenarten insgesamt in vergleichbarer Zahl zurückgehen, aber da einige Arten mehr untersucht werden als andere – und einige Länder mehr forschen – verzerrt dies die Daten. Wenn niemand Informationen über die Anzahl von beispielsweise der Schwarzen Bohnenblattlaus hat, könnte ihre Zahl zurückgehen, aber wir wissen es einfach nicht. Nur die Arten, die untersucht werden (und fotogener und ansprechender sind), bestimmen die Schlagzeilen. Außerdem muss man

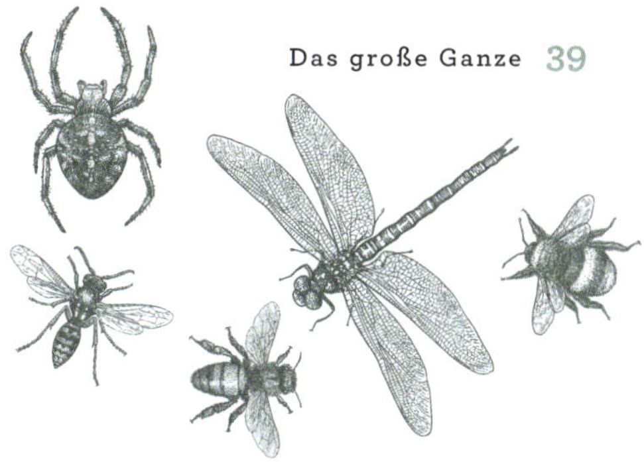

INVASIVE ARTEN

Manchmal kann der Rückgang einer bestimmten Art auch mit einem anderen Faktor zusammenhängen: Sie werden durch eine invasive Art verdrängt. Die Ankunft des asiatischen Marienkäfers (1) hat die heimischen Arten (2) bei der Nahrungssuche verdrängt, weil die asiatischen viel mehr Blattläuse vertilgen. Außerdem fressen sie auch die Eier und Larven der heimischen Marienkäfer, was auch zu deren Verdrängung beiträgt.

bedenken, dass es an der Basis der Nahrungspyramide immer mehr Läuse geben wird als in den höheren Schichten – es wird also immer mehr Blattläuse geben als Schwebfliegen.

Verlust des Lebensraums

Ein Hauptgrund für die Abnahme an Insekten ist schlichtweg, dass es nicht mehr so viele Pflanzen und Grünflächen gibt und daher weniger Pflanzen, die ihnen Nahrung bieten. Wenn Insekten nur in einem bestimmten Lebensraum leben, der dann verschwindet, wie zum Beispiel Hecken oder Wiesen, werden sie natürlich unverhältnismäßig stark darunter leiden. Es ist bekannt, dass die europäischen Wiesen-Schmetterlinge stark davon betroffen sind, obwohl sich bei Untersuchungen der gesamten heimischen Insektenpopulationen herausstellte, dass ihr Rückgang bei Weitem nicht einzigartig ist.

Die Verwendung von Pestiziden in der Landwirtschaft und im Gartenbau hat Insekten unwiederbringlich vernichtet – intensive Monokultur und die dafür erforderlichen Pestizidbehandlungen sind die Hauptursachen für den Verlust von Insektenpopulationen. So haben Umweltschützer zum Beispiel darauf hingewiesen, dass Neonicotinoide, hochgiftige Insektensprays, besonders schädlich für Bienen sind, woraufhin sie verboten wurden. Aber andere, weiterhin verwendete Sprays töten nicht nur Insekten auf den Pflanzen, sondern machen auch den Boden unfruchtbar und töten dort Insekten und Larven.

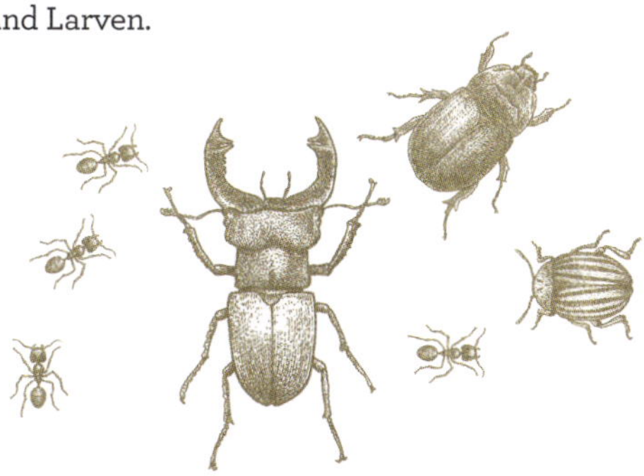

F Kommen durch die Erderwärmung andere Pflanzenarten in die Gärten?

EIN WÄRMERES KLIMA HEISST, dass wir eine größere Bandbreite an Pflanzen anbauen können – ist das eine Chance oder eine Gefahr für unsere Gärten? Welche Pflanzenarten werden wir zukünftig in unseren Gärten sehen, welche werden verschwinden?

Efeublättriges Alpenveilchen *Cyclamen hederifolium*

Der Bericht der RHS aus dem Jahr 2017 mit dem Titel *Gardening in a Changing Climate* (*Gartenbau in Zeiten des Klimawandels*) enthält einige Details über die wahrscheinlichen Veränderungen der Pflanzenarten in englischen Gärten. Es ist wichtig, darauf hinzuweisen, dass in England seit Hunderten von Jahren nicht heimische Pflanzen wachsen, und von den etwa 14.000 Pflanzenarten, die dort bekannt sind, sind nur etwa 10 Prozent wirklich heimische. Die anderen sind fremde, aber nicht unbedingt invasive Pflanzen. Der Bericht zeichnet von englischen Gärtnern wahrgenommene Veränderungen auf und prognostiziert die weitere Entwicklung. Demnach wird es als Reaktion auf die Klimaerwärmung eine allgemeine Verlagerung zu den Grenzregionen der Arten geben, und das insgesamt mildere Wetter wird dazu führen, dass Gärtner mehr Exoten wie Baumfarne und Bananen anpflanzen und Obst und Gemüse anbauen können, die lange, heiße Sommer erfordern, wie Süßkartoffeln (während viele traditionelle Gemüsesorten geringere Erträge liefern werden). Aber Gärtner sollten sich vor extremen Wetterereignissen wie starken Kälteeinbrüchen in Acht nehmen, die exotische Pflanzen vernichten könnten.

Südlichere Arten werden sich weiter ausbreiten, und wo das bestehende Ökosystem durch den Klimawandel geschwächt ist, können einige exotische Pflanzen davon

A Es ist sehr schwierig, exakt vorherzusagen, wie Flora und Fauna auf den Klimawandel reagieren, aber zwei große Studien in England prognostizieren, dass sich manche Pflanzenarten nach Norden verlagern, sodass einige Pflanzen schwieriger, andere besser gedeihen werden. Wir müssen besonders darauf achten, dass fremde Arten nicht zu invasiv werden.

ANDERE SCHÄDLINGE UND KRANKHEITEN

Nicht nur die Pflanzenarten in unseren Gärten werden sich verändern, sondern auch die Schädlinge und Krankheiten. Das wärmere Klima begünstigt exotischere Schädlinge und Krankheiten und lässt sie häufiger auftreten, nicht nur weil sie dort überwintern können, was zuvor nicht möglich war, sondern auch, weil die größere Palette an Pflanzenarten ihre Ausbreitung fördert. Gewächshaus-Thripse – die früher nur auf Zimmerpflanzen vorkamen – sind im Vereinigten Königreich jetzt auch draußen gefunden worden. Mehltau, der warme und feuchte Umgebungen bevorzugt, kommt häufiger vor und verbreitet sich schneller auf geschädigten Pflanzen.

profitieren und sie verdrängen. Das führt zu dem Risiko, dass bisher ungefährliche nicht heimische Arten, wie etwa die Steineiche (*Quercus ilex*) invasiv werden können. In Irland hat man bereits die hübsche Gartenpflanze *Gunnera tinctora* als invasiv deklariert. Ein anderes Beispiel sind Alpenveilchen, die vom Aussterben bedroht sind, weil sie sich nicht schnell genug nach Norden zu dem kühleren Wetter bewegen können, das sie brauchen. Andererseits sät sich nun die Palme *Trachycarpus fortunei*, einst eine exotische Art, die nur in sehr milden Regionen wuchs, in Parks und Wäldern im Süden Englands selber aus und scheint dort gut zu gedeihen.

Im Jahr 2020 veröffentlichte der *National Plant Monitoring Scheme*, für den Hobbywissenschaftler Daten bereitstellen, die dann von Botanikern zusammengestellt und analysiert werden, die Ergebnisse der ersten Fünfjahresstudie. Darin wurden die Wildblumen verschiedener Lebensräume untersucht, und man stellte fest, dass sie nach Norden wandern, weil sie Dürreperioden im Süden nicht überleben können. Beispielsweise beobachtete man bestimmte wilde Orchideenarten nun zum ersten Mal im Norden Englands. Andere Pflanzen wie wilder Thymian, die Dürre überleben können, nehmen an Häufigkeit zu. Die Umfrage stellte auch fest, dass sich diese Veränderungen alle schneller als vorhergesagt vollziehen.

Chinesische Hanfpalme
Trachycarpus fortunei

F Kann ein größerer Garten mehr Arten anlocken als ein kleinerer?

Heckenkirsch
Lonicera

MEIN GARTEN IST ZIEMLICH KLEIN, aber ich möchte ihn so wildtierfreundlich wie möglich gestalten. Wie wahrscheinlich ist es, dass ich eine interessante Bandbreite an Tieren anlocken kann?

Der Nachteil eines kleineren Gartens im Vergleich zu einem größeren liegt in seinem reduzierten Angebot an Unterschlupfmöglichkeiten und ausreichenden Nahrungsquellen für größere Wildtierarten wie Säugetiere, Reptilien, Amphibien und einige Vogelarten. Kleinere Gärten befinden sich naturgemäß auch in Wohngebieten, in denen die Grundstücke teuer sind, weshalb es weniger umliegende Gärten gibt, die die Wildtiere ebenfalls aufsuchen können.

Die Art der angebotenen Lebensräume und Nahrungsquellen ist jedoch wichtiger als deren Größe. Ein kleiner Garten mit gut bestückten Rabatten aus blüten- und beerenreichen Sträuchern und Bäumen, Stauden mit einer langen Blütezeit, deren Samenköpfe im Herbst stehen bleiben, einem Teich, einem Wildblumenrasen, einem Holzstapel und einem unordentlichen Brennnesselbeet wird ein breiteres Spektrum und eine größere Zahl von Wildtierarten beherbergen als ein großer Garten mit einem englischen Rasen und Beetpflanzen in schmalen Beeten. Erweitern Sie die Menge und Vielfalt von Unterschlupfmöglichkeiten und Nahrungsquellen im Garten zum Beispiel mit einem kleinen Teich, mit Vogelfutterstationen und Insektenhotels. Nutzen Sie auch vertikalen Raum für Kletterpflanzen an Mauern und Zäunen.

Vergessen Sie nicht, dass Ihr Garten keine Insel ist – er ist Teil eines Netzes von Millionen von Gärten, anderer Grünflächen und ländlicher Räume. Wenn ein kleiner Garten auf dem Boden und in der Luft mit ihnen verbunden ist, wird er auch von Tieren aufgesucht.

A **Das Spektrum an Tieren, die ein kleiner Garten anlocken kann, kann überraschen. Vielleicht zieht er nicht die fotogensten oder attraktivsten Arten an, aber man kann darin sicherlich vielfältige Lebensräume schaffen, die zahlreiche Insekten und Vögel und vielleicht sogar einige Amphibien, Reptilien und Säugetiere beherbergen.**

F Ist es wichtiger, Futter oder Unterschlupf bereitzustellen?

WORAUF SOLLTE MAN SICH in einem wildtierfreundlichen Garten konzentrieren: auf die Bereitstellung von Nahrung und Futterpflanzen für verschiedene Arten oder auf Nistkästen und andere Unterschlupfmöglichkeiten?

A

Idealerweise bietet ein Garten mehreren Tierarten sowohl Nahrung als auch Unterschlupf. Aber aus Platzgründen ist das oft nicht möglich. Was auch immer Sie in Ihrem Garten bieten können, es wird einen großen Beitrag leisten, den Tieren beim Überleben zu helfen.

Bis zu einem gewissen Grad können Sie selbst entscheiden, ob Sie den Tieren Nahrung oder Unterschlupf bereitstellen möchten. Wollen Sie, dass Wildtiere den Garten besuchen oder dort dauerhaft leben? Nur durch die Bereitstellung geeigneter Lebensräume werden Gartenbesucher dazu verleitet, dort auch zu Bewohnern zu werden. Vielleicht haben Sie Haustiere, die eine Behausung für Igel unmöglich machen. Oder das Schicksal von Jungvögeln würde Sie angesichts des Verkehrs in der Nachbarschaft beunruhigen. Dann ist es besser, nur Futter bereitzustellen. Wenn aber andererseits die Notwendigkeit erwiesen ist, eine bestimmte Tierart zu unterstützen (fragen Sie am besten beim Tierschutzbund nach), könnten Sie sich veranlasst fühlen, diesen Unterschlupf in Ihrem Garten anzubieten.

Bieten Sie an, was Sie können, und stellen Sie so viele verschiedene Lebensräume und Nahrungsquellen wie möglich für eine Vielzahl von Arten zur Verfügung (aber denken Sie daran, dass Wildtiere nicht unbedingt dicht an dicht leben wollen). Beginnen Sie dabei mit der untersten Stufe in der Nahrungskette, den Insekten, die dann die nächste Stufe der Wildtiere anlocken.

Beobachten Sie, was in Ihren Garten kommt, und berücksichtigen Sie Ihre Beobachtungen bei weiteren Planungen. Wenn Sie viele Vogelbesucher, aber keine Frösche im Teich haben, könnten Sie sich eher auf Vogelhäuschen und Insektenhotels als auf Amphibien konzentrieren. Seien Sie jedoch geduldig: Wildtiere brauchen Zeit, um sich auszubreiten und in neue Räume zu ziehen. Mit einem einladenden Garten voller Futter und Unterschlupf ist es wahrscheinlicher, dass sie ihn zu ihrem Zuhause machen.

▼ Auch Vögel profitieren von zusätzlichem Futter während der Nist- und Brutsaison.

Amselnest

F Was brauchen Fledermäuse?

GERNE MÖCHTE ICH DIE NÄCHTLICHEN BESUCHER meines Gartens unterstützen, nicht nur diejenigen, die tagsüber kommen. Sind Fledermäuse bedroht? Wie kann ich ihnen helfen?

Zwergfledermaus
Pipistrellus pipistrellus

A Fledermäuse sind wundervolle Kreaturen, die zu Unrecht als gruselig oder geisterhaft gelten, weil sie mit Vampiren und verfallenen Gebäuden in Verbindung gebracht werden. Ihr Vorkommen weist auf ein intaktes und vielfältiges Ökosystem hin, daher sind sie die Krone eines tierfreundlichen Gartens. Mit ein paar simplen Dingen können Sie Fledermäuse unterstützen und in Ihren Garten locken.

Fledermäuse sind die einzigen Säugetiere auf der Welt, die wirklich fliegen können, demnach stellen sie eine evolutionäre Kuriosität dar. Weltweit gibt es mehr als 1.300 verschiedene Fledermausarten, wobei stetig weitere entdeckt werden. Der Rückgang der Fledermausarten in England ist auf den Verlust von Lebensraum und Nahrung, die starke nächtliche Beleuchtung, die Verstädterung und das dadurch bedingte Risiko, dass hohe Gebäude und Straßen die Reiserouten unterbrechen, sowie auf Katzenangriffe zurückzuführen.

Fledermäuse sind wichtige Räuber von Insekten und die einzigen Bestäuber von einigen Wüstenpflanzen. Im weltweiten Kontext können sie zur Aufforstung beitragen, indem sie Samen von den Früchten verteilen, die sie fressen. In England wohnen sie in verschiedenen Behausungen, ebenso in urbanen Räumen wie in Wäldern, Sumpfgebieten und auf Äckern. Sie reagieren sehr sensibel auf Veränderungen, daher kann die Überwachung der Populationen ein frühes Warnsignal für den Verlust an Artenvielfalt oder Lebensräumen geben.

Was fressen Fledermäuse?

Fledermäuse fressen hauptsächlich Insekten. Sie finden ihr Futter mittels eines Echoortungssystems. Fledermäuse sind unglaublich präzise und wendige Flugtiere. Eine gewöhnliche Fledermaus kann bis zu 3.000 Insekten in einer einzigen Nacht fressen, wodurch die Insektenpopulationen etwa von Mücken und Moskitos unter Kontrolle gehalten und die Bedrohung von Nutzpflanzen durch Schädlinge verringert werden kann. Daraus folgt auch, dass bei weiter sinkenden Insektenpopulationen das Überleben der Fledermäuse bedroht ist.

> **FAKTEN ÜBER FLEDERMÄUSE**
>
> • Zu den von Fledermäusen bestäubten Nutzpflanzen gehören die Vanille, Dattel, Guave, Mango und Agave tequilana.
>
> • Die DNA von Fledermäusen ist der von Menschen ähnlicher als der von Mäusen.
>
> • Fledermäuse können bis zu 30 Jahre alt werden.
>
> • Fledermäuse haben nur einen Nachkommen im Jahr.

Wo leben Fledermäuse?

Zwar schlafen Fledermäuse manchmal in Häusern, so bevorzugen manche Baumhöhlen und Höhlen, andere leben aber unter der Erde. Je nach Jahreszeit ziehen sie während des Jahres mehrfach um. Manche Fledermäuse sind geschützte Arten und dürfen nicht gestört werden, wenn man sie in einem Haus entdeckt. Wenn Sie daher Fledermäuse in Ihrem Haus entdecken, wecken und stören Sie sie nicht im Schlaf. Am besten öffnen Sie nachts alle Fenster weit, dann wird die Fledermaus das Haus verlassen.

Wie kann man Fledermäusen helfen?

• Legen Sie einen offenen Komposthaufen an, ein solcher zieht mehr Insekten als ein geschlossener Kompost an und die Fledermäuse können sich nachts dort ernähren.
• Stellen Sie Nistkästen für Fledermäuse auf.
• In größeren Gärten können Fledermäuse längliche Elemente wie Hecken zum Navigieren und Schlafen nutzen.
• Wählen Sie Pflanzen, die viele Insekten in den Garten locken, einschließlich Nachtblüher, die nachtaktive Insekten anlocken, welche Futter für die Fledermäuse sind.
• Legen Sie einen Teich an.
• Lassen Sie abgestorbene Bäume stehen, wenn sie kein Sicherheitsrisiko darstellen, und lassen Sie zu, dass Ihr Garten etwas verwildert.
• Entfernen Sie alle Außenleuchten.
• Schließen Sie Katzen nachts im Haus ein.
• Unterstützen Sie Landwirte, die auf Pestizide verzichten, denn ein weitverbreiteter Insektenrückgang bedeutet weniger Nahrung für Fledermäuse.

▼ Wenn kein natürlicher Nistplatz vorhanden ist, können Sie einen Nistkasten selber bauen. Platzieren Sie ihn in mindestens 3 Meter über dem Boden an einer Stelle, die mindestens 6–8 Stunden am Tag von der Sonne beschienen wird.

Sind Papageien für immer hier?

In London und im Südosten Englands leben derzeit große Schwärme von Papageien, auch in anderen Teilen Europas. Sind sie eine invasive Tierart? Wie beeinträchtigen sie heimische Arten? Werden sie sich weiter ausbreiten oder sterben sie aus?

Der Halsbandsittich ist der einzige Papagei, der in England lebt. Er hat sich im Umkreis von London und Surrey eingenistet und lebt dort in großen Schwärmen. Seit den 1980-er Jahren wurden sie erstmals wahrgenommen und in den letzten 20 Jahren haben sie sich rapide und weit verbreitet. Man weiß nicht, wie sie nach London gekommen sind – darum ranken sich viele Mythen – aber die ersten wurde tatsächlich schon über 100 Jahre davor gesichtet. Sie ernähren sich von verschiedenen Nahrungsmitteln, auch von Samen, Beeren und Abfällen, außerdem gehen sie an Vogelfutter.

London hat viele Grünflächen und wird bereits als „National Park City" bezeichnet, und so sind dort Papageien ebenso zahlreich wie Tauben und profitieren von der Wärme der Stadt und ihrer Umgebung. Auch wenn der Papagei eigentlich ein tropischer Vogel ist, der in Afrika und Asien heimisch ist, kann er kältere Winter in gemäßigten Zonen aushalten. Und da das Klima immer wärmer wird, sieht man sie häufiger im Norden und außerhalb von Städten.

Papageien sind sekundäre Nutzer alter Spechtnisthöhlen und ähnlicher Brutplätze, was sie in direkte Konkurrenz zu Kleibern und Fledermäusen bringt.

Ja, es scheint so, dass Papageien dauerhaft im Süden Englands leben. Sie gehören einer anpassungsfähigen Art an. Und obwohl sie in Großbritannien und Europa noch ungewohnt fremd sind, zeigen sie doch, dass Wildtiere erfolgreich in einer städtischen Umgebung leben und aufgrund des Klimawandels gedeihen können.

Außerdem sind sie schnell, wendig und suchen in Schwärmen Futterplätze auf und sind anderen Arten bei der Nahrungssuche überlegen. Es wird immer noch darüber diskutiert, ob sie an unserem Himmel willkommen sind oder nicht.

Wissenschaftler der britischen Regierung haben bestätigt, dass keine Chance mehr besteht, diese Vögel auszurotten, da es einfach zu viele davon gibt. Papageien können jedoch durch beauftragte Stellen kontrolliert werden, wenn sie eine lokale Bedrohung des heimischen Ökosystems, des Getreideanbaus oder der Flugsicherheit darstellen. Die Europäische Union hat Papageien als „bedenkliche Art" eingestuft, sie aber nicht als invasiv

Exotische Papageien sind heute ein alltäglicher Anblick in den Parks in London und im Südosten Englands.

klassifiziert. Nichtsdestotrotz gab es im Juni 2016 Schätzungen zufolge etwa 85.000 Halsbandsittiche auf dem europäischen Festland, und ihre Zahl nimmt weiter zu. Man hat jedoch daraus gelernt und mehr oder weniger erfolgreich versucht, verwandte Arten wie die Mönchssittiche in Großbritannien in freier Wildbahn auszurotten, bevor die Population zu groß wird, indem man sie gekeult und ihre Nester entfernt hat (auch Griechenland versucht, sie unter Kontrolle zu bringen).

ZUGEFLOGEN: WIE KAMEN DIE PAPAGEIEN HIERHER?

Papageien sind keine Zugvögel. Obwohl sie jetzt in Europa und Südengland weit verbreitet sind, so scheint es, dass sie sich nicht nach und nach von ihrem ursprünglichen Lebensraum aus verbreitet haben. Es handelt sich vielmehr um Ausreißer, wie gewöhnliche Haustiere, und so konnten sie sich in verschiedenen europäischen Städten ansiedeln. In Griechenland sichtete man sie zuerst um den Athener Flughafen herum und in London in den 1890-er Jahren in der Nähe der Hafenbecken. Es ist ebenso wahrscheinlich, dass die Vögel über Jahre hinweg aus Häusern oder Zoos ausgebrochen sind. Einige Mythen sind ziemlich populär. Zum Beispiel berichtet man, dass Jimi Hendrix in den 1970-er Jahren einige Vögel freigelassen hat, dass sie vom Filmset *African Queen* in den 50-er Jahren entkommen sind oder sogar, dass sie ausgebrochene Haustiere von König Henry VIII. waren.

F Kann man mit dem eigenen Garten ein Vermächtnis hinterlassen?

Kirschbaum
Prunus spp.

SIE WOLLEN GÄRTNERN, um die Umwelt nachhaltig und nicht nur ein wenig oder vorübergehend zu verbessern. Was können Sie heute tun, um die Welt von morgen besser zu machen?

A

Jeder kann etwas beitragen, ob es um die Schaffung eines artenreichen, zukunftssicheren Wildtiergartens, das Pflanzen von Bäumen oder die Anlage eines Gemeinschaftsgartens geht, es gibt viele Möglichkeiten, wie Gärtner künftigen Generationen und dem Planeten helfen können.

Bäume

Ein griechisches Sprichwort besagt, dass eine Gesellschaft wächst, wenn ein alter Mann Bäume pflanzt, obwohl er weiß, dass er niemals in ihrem Schatten sitzen wird. Einen Baum zu pflanzen, ist ein Geschenk für zukünftige Generationen. Er kann im eigenen Garten stehen, in einem Schrebergarten, einem Gemeinschaftsgarten oder an einer Straße, immer sind Bäume das größte Vermächtnis, das ein Gärtner hinterlassen kann.

Sie speichern nicht nur Kohlenstoff, sie sind Heimat von Wildtieren, sie können Waldpflanzenarten fördern und auch helfen, Bodenerosion zu verhindern und die Wasserqualität zu verbessern. Deshalb ist es wichtig, den richtigen Baum für den Ort zu wählen und nicht um des Ortes willen einen willkürlichen Baum zu pflanzen. Um die Auswahl der geeigneten Baumart zu erleichtern, erkundigt man sich am besten bei Fachleuten.

Wenn Sie in Ihrem Garten oder in Ihrer Gegend keinen Baum mehr pflanzen können, denken Sie über eine Spende an eine Organisation nach, die für Sie einen pflanzt. Die von einem Kind initiierte und von der UNO unterstützte Stiftung Plant for the Planet zum Beispiel hat zum Ziel, genügend Bäume zu pflanzen, um die Kohlenstoffemissionen der Welt auszugleichen, während die Erwachsenen noch darüber streiten, was zu tun ist. Sie hat bereits mehr als 13 Milliarden Bäume gepflanzt.

Gemeinsam pflanzen

Einen Beitrag zum gesellschaftlichen Zusammenhalt und zur Umwelt zu leisten, indem man hilft, Gemeinschaftsgärten und Grünflächen zu erhalten oder besser noch zu schaffen, kann einen nachhaltigen Einfluss auf ein Stadtviertel haben. Beispielsweise könnten sie städtische Wildblumenwiesen und Bäume an der Straße pflanzen.

Die eigene Parzelle

Mit der Art und Weise, wie Sie Ihr eigenes Grundstück bewirtschaften, können Sie einen Beitrag leisten. Um einen artenreichen Garten und ein gesundes Ökosystems zu hinterlassen, ist es entscheidend, dass Sie ganz nachhaltig gärtnern. Fördern Sie die Tierwelt und wählen Sie Pflanzen, die in einem sich verändernden Klima zurechtkommen oder sogar gedeihen, damit Ihr Garten die neuen wahrscheinlichen Bedingungen überleben kann. Ganz nach dem häufig zitierten Wort von Audrey Hepburn: „Einen Garten anzulegen bedeutet, an morgen zu glauben."

Sagen Sie es weiter

Vermächtnisse mit Gärten können Investitionen in Pflanzen sein, oder auch in Menschen. Jüngere Generationen, die sich für Gartenarbeit interessieren, sorgen dafür, dass es auch in der Zukunft Gartenbauexperten gibt, sowohl berufliche als auch Amateure. Bringen Sie ihnen bei, wie man Bäume pflanzt und Gärten anlegt, damit sie auch einen Beitrag leisten können. Oder gründen Sie eine Gruppe, die sich der Pflege von gärtnerischen Kenntnissen widmet und in der man Freundschaften schließen und Verbindungen zu Menschen in der Region knüpfen kann. So schenkt das Anlegen neuer Gärten nicht nur der Umwelt eine grünere Zukunft, sondern hilft auch den Menschen in Ihrer Gemeinde.

POSITIVER WANDEL IN DER WELT

Mit dem Geldbeutel abzustimmen und Organisationen und Unternehmen zu unterstützen, die sich nachhaltig für eine bessere Zukunft einsetzen, wie zum Beispiel Biobauern und -bäuerinnen, ist eine Möglichkeit, Veränderungen herbeizuführen, die hoffentlich zu einer besseren Welt führen. Sie könnten auch eine Kampagne starten, damit die Kommunalverwaltung positive Veränderungen für die Tier- und Pflanzenwelt und die Umwelt in Ihrer Gegend in Angriff nimmt oder damit die Schule Ihrer Kinder mehr über Gartenarbeit und Natur lehrt.

▼ Indem man Kinder von klein auf an die Gartenarbeit und ihre Belohnungen heranführt, bereitet man sie auf eine dauerhafte Beschäftigung mit der Natur vor.

Kapitel 2

Im Garten loslegen

F Wie kann man seinen Garten am besten umweltfreundlich gestalten?

DEN GARTEN NEU ZU GESTALTEN, kann große Vorteile bringen, und das muss nicht aufwendig sein. Überlegen Sie, was Sie von Ihrem Garten erwarten und welche Tiere Sie anlocken möchten. Aber gilt dabei „je mehr, desto besser“ oder sollte man die Dinge einfach halten?

Wir haben das alle schon gesehen: einen verloren wirkenden Innenhof an einem schattigen Platz, wo niemand sitzen will.

Schmetterlingsflieder
Buddleja davidii

A Denken Sie an Ihren Garten als Lebensraum sowohl für sich selbst als auch für Wildtiere. Finden Sie heraus, wo sich die sonnigen Flecken befinden und wo es geschützte oder schattige Ecken gibt. Auf diese Weise können Sie sicherstellen, dass Vogelhäuser, Insektenhotels, Holzstapel und Ihre Gartenstühle alle dort platziert werden, wo sie den größten Nutzen erzielen.

Oder abgetretene Stellen im Rasen, die als Weg genutzt werden … Gestaltungsfehler wie diese sind häufig, aber sie lassen sich beheben. Zuerst sollte man einen Raum neu bewerten, am besten nach der Rückkehr aus dem Urlaub, wenn man den Garten mit neuen Augen sehen kann.

Und wenn Sie ihn für die menschlichen Nutzer neu ordnen, warum dann nicht auch gleich an die Tierwelt denken? Man sollte jedoch Prioritäten setzen, vor allem in einem kleinen Garten, in den vielleicht keine Holzstapel, Teich und Wildblumenwiese passen. Wählen Sie ein paar Schlüsselmerkmale aus und orientieren Sie sich daran.

Lernen Sie Ihren Garten neu kennen. Sehen Sie, wo die sonnigen Stellen während des Tages und in den verschiedenen Jahreszeiten liegen. So erhalten Sie eine Vorstellung davon, wo die geeigneten Plätze für Ihre Gartenstühle und für ein

WIE MAN EINEN GARTEN GESTALTET

Es ist praktisch, die eigenen Ideen auf Papier zu zeichnen. Kaufen Sie dafür in einem Bastelladen ein extra langes Maßband und messen Sie Ihren Garten aus. Zeichnen Sie dabei auch die Position von Türen, Fenstern, Toren, Bäumen und Gullis ein. Überprüfen Sie mithilfe der Triangulation (Aufteilung der Fläche in Dreiecke), ob Ihr Plan stimmt.

Zeichnen Sie Ihren Garten auf Millimeterpapier. Meistens ist eine Skala von 1:50 ideal (2 cm auf dem Papier entsprechen dabei 1 m auf der Fläche). Wenn dann alle unbeweglichen Teile eingezeichnet sind, geht der Spaß los!

Legen Sie Pauspapier auf den Plan und skizzieren Sie Ihre Ideen. Stellen Sie sicher, dass Sie sie von Ihrem Millimeterpapier aus messen und sie auf Lebensgröße skalieren, damit sie realisiert werden können. Man lässt sich leicht zu etwas hinreißen und plant vieles, nur um dann festzustellen, dass der Platz fehlt.

Schlichtheit ist hier der Schlüssel: Es ist besser, ein paar Dinge gut zu machen als viele Dinge schlecht. Planen Sie für die Plätze für Mensch und Tier genügend Raum ein, damit sie sie alle genießen können.

Insektenhotel liegen, die eine Südausrichtung erfordern. Wenn Sie nicht wissen, wo Süden liegt, finden Sie das mit der Kompass-App Ihres Handys heraus. Vogelnistkästen werden am besten an einer Wand Richtung Osten oder Norden angebracht, damit sie sich nicht zu stark in der Hochsommerhitze aufheizen und nicht unter Westwinden leiden. Kühlere Schattenplätze können eine gute Stelle für Holzstapel, einen Schuppen oder Wiesenblumen sein. Betrachten Sie Ihren Garten als ein Zusammenspiel verschiedener Lebensräume für Menschen, Pflanzen und Wildtiere.

Insektenhotels können wertvollen Unterschlupf für eine Reihe von Lebewesen bieten, etwa für Solitärbienen, die nützliche Bestäuber von Obststräuchern sind.

Ist der Boden kompakt und lehmig?

SIND SIE IM SCHLAMM STECKEN GEBLIEBEN oder ausgerutscht? Der Boden mag als das am wenigsten veränderliche Element in einem Garten gelten, aber gibt es Möglichkeiten, ihn wiederzubeleben? Kann man aus faserigem Lehm eine schöne bröckelige Erde machen? Welche Auswirkungen hat der Versuch, den Boden zu verbessern, auf die Tierwelt?

Der Boden ist eine wundersame Substanz. Ein einziger Teelöffel gesunder Gartenerde enthält mehr Lebewesen als es Menschen auf dem Planeten gibt. Wenn er gesund ist, wimmelt er von Pilzen, wirbellosen Tieren und nützlichen Bakterien.

Es mag seltsam klingen, aber um gut zu funktionieren, braucht ein Boden Luft. Lufträume im Boden lassen den Pflanzenwurzeln und der Bodenfauna Raum zum Atmen.

Gesunder Mutterboden besteht eigentlich nur zu 50– 70 Prozent aus Erde: Der Rest sind winzige Poren und Kanäle, die mit Luft oder Wasser gefüllt sind.

Wenn sich der Boden verdichtet, werden diese Räume ausgepresst und der Boden wird leblos. Verdichtung ist ein häufiges Problem, insbesondere bei Lehmböden. Schwere Maschinen und Menschen, die auf dem Boden gehen, sind einige der Hauptursachen. Dies gilt insbesondere bei Neubauten. Am schnellsten wirkt man der Verdichtung entgegen, indem man den Boden aus- oder umgräbt.

Am besten verbessert man den Boden durch die Zugabe von organischem Material wie Gartenkompost (entweder selbst gemacht oder aus kommunalen Abfallsammlungen) oder gut verrottetem Stallmist. Diesen kann man entweder in den Boden einarbeiten oder als Mulch ausbreiten, damit Würmer ihn in die Erde einbringen.

Gehäckseltes Holz und Rindenspäne sind die Geheimwaffe des

Jeder Boden kann durch die Zugabe von organischem Material wie selbst gemachtem Kompost oder Stallmist verbessert werden. Verwenden Sie Mulch zum Schutz des Bodens und versuchen Sie, Verdichtungen aufzulockern, sobald Sie sie erkennen. Wenn Sie den Boden auf diese Weise pflegen und nähren, erwecken Sie ihn zum Leben, und Ihre Pflanzen und Ihr Garten werden umso gesünder.

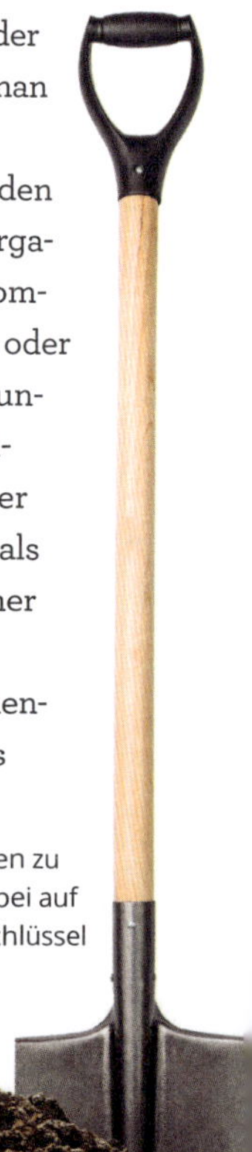

Es mag harte Arbeit sein, den Boden zu erneuern, aber die Mühe, die man dabei auf sich nimmt, wird reich belohnt. Der Schlüssel zum Erfolg liegt im Hinzufügen von organischem Material wie Kompost.

BESTÄUBERFREUNDLICHER GRÜNDÜNGER

Das Einbringen von Gründünger ist eine gute Möglichkeit, den Boden zu verbessern. Er ist billig und sehr effektiv. Die Grundidee besteht darin, dass Sie Ihren Boden umgraben, den Samen ausstreuen und die Blumen wachsen sehen, anstatt die Pflanzen einzugraben. So können Sie auf kostengünstige und sehr umweltfreundliche Weise Ihren Boden verbessern. Dabei entstehen keine Kosten und CO2-Emissionen durch den Transport von Kompost oder Dünger und es wird kein Plastik verwendet.

Im Allgemeinen ist es ratsam, die Pflanzen vor der Blüte einzugraben, aber wenn man einige schon aufgeblühte einsetzt, sind sie eine großartige Nahrungsquelle für bestäubende Insekten wie Bienen und Schmetterlinge.

Rainfarn-Phazelie (*Phacelia tanacetifolia*) Ein regelrechter Star unter den bienenfreundlichen Pflanzen. Sie hat hübsche, farnartige Blätter und blaue Blüten. Sie sät sich selbst aus, kann aber leicht aus dem Boden gezogen werden, wenn sie irgendwo wächst, wo man sie nicht haben möchte.

Inkarnat-Klee (*Trifolium incarnatum*) Bindet Stickstoff im Boden und steigert so die Fruchtbarkeit. Er wurzelt tief und kann daher verdichtete Böden gut aufbrechen. Satte rote Blüten im Sommer.

Weißer Senf (*Sinapis alba*) Dient der Biofumigation, mit der Schädlinge und Krankheiten verhindert oder abgeschreckt werden können. Lassen Sie einige Pflanzen in milden Perioden im Herbst und zeitigen Frühjahr blühen.

Klee
Trifolium sp.

Gärtners, wenn es um die Verbesserung des Bodens geht. Als Mulch verwendet, bilden sie eine schwammartige Schicht, die eine weitere Verdichtung beim Begehen verhindert. Sie nährt alle Arten von Pilzen und wirbellosen Tieren, wenn sie sich zersetzt, und bildet eine lang anhaltende Kohlenstoffquelle, einer der Motoren der biologischen Vielfalt des Bodens.

Der Kauf von Bodenerde ist eine Option, die jedoch hohe Kosten sowohl in finanzieller als auch in ökologischer Hinsicht verursachen kann. Es besteht das Risiko, dass er verunreinigt ist (häufig durch Glasscherben und mehrjähriges Unkraut wie Disteln). Wenn Sie also Boden kaufen müssen, bitten Sie unbedingt um eine Probe und prüfen Sie, woher sie stammt.

F

Warum gibt es in meinem Boden keine Regenwürmer?

WÜRMER SIND EIN ZEICHEN FÜR EINEN GESUNDEN BODEN. **Sie sind auch ein wichtiger Teil der Nahrungskette für viele Gartentiere. Was bedeutet es daher, wenn ein Boden keine Würmer hat? Und was kann man tun?**

A

Würmer mögen kühle, feuchte Bedingungen und viel organisches Material. Holen Sie Würmer in den Garten, indem Sie großzügig Kompost, geschredderte Gartenabfälle, Rindenmulch oder Stallmist aufbringen. Versuchen Sie, möglichst wenig umzugraben, denn das würde die Würmer stören und für Feinde verwundbarer machen. Verzichten Sie auch auf chemische Mittel, vor allem auf Fungizide, die Regenwürmer ebenfalls beeinträchtigen.

Was Würmer brauchen

Die Antwort auf diese Frage ist seltsamerweise ähnlich wie das, was Pflanzenwurzeln brauchen: Boden, der Luft und Wasser enthält, und etwas organische Substanz. Organische Materie bedeutet schlicht etwas, das einmal lebendig war. Im Garten ist das im Allgemeinen Kompost (entweder selbst hergestellt oder aus kommunalen Abfallprogrammen zugekauft), abgefallenes Laub oder gut verrotteter Stallmist. Manchmal sieht man Packungen mit „Bodenverbesserer" im Handel. Diese sind meist eine Mischung aus einem oder mehreren dieser Mittel.

Durch das Mulchen mit organischem Material wie geschredderten Gartenabfällen oder Rindenmulch bleibt der Boden gesund und zieht Würmer an.

Geschredderter Gartenabfall, Holzhackschnitzel und Rindenmulch können den Boden mit organischer Substanz versorgen, wenn sie erst einmal etwas abgefault sind. Besonders nützlich sind sie als Mulch, die auf den Boden aufgebracht wird. Dadurch bleibt er kühl und feucht, was perfekt für Würmer ist. Die aufgebrachte Schicht sollte mindestens 5 cm dick sein.

Würmer reagieren sehr sensibel auf Pestizide, vor allem Fungizide, weshalb man sie nicht einsetzen sollte, wenn man die Tierchen in den Garten locken möchte. Auch das Bearbeiten der Erde (etwa das Umgraben) schadet Würmern, weil dadurch ihre Erdlöcher zerstört und sie für Feinde schnelle Opfer werden. Legen Sie den Spaten zur Seite und lassen Sie die Würmer für Sie arbeiten, außer wenn Ihr Boden wirklich sehr kompakt ist.

REGENWURM-INVASION!

Würmer sind auf der ganzen Welt in Bewegung. In den USA und Kanada dringen nicht heimische europäische und asiatische Würmer in die nördlichen Wälder ein, wo es keine heimischen Regenwürmer gibt (sie wurden alle in der letzten Eiszeit ausgerottet). Exotische Würmer, die hauptsächlich als Fischköder oder mit importierten Pflanzen eingeschleppt wurden, verursachen große Probleme und verändern Böden und Ökosysteme. Pflanzen und Tiere haben sich an sie angepasst, und viele leiden darunter.

Auch in Großbritannien gibt es Probleme mit Würmern. Dort wurde in den 1960-er Jahren versehentlich der neuseeländische Plattwurm eingeführt und verursacht seither Probleme. Er ist ein grausamer Räuber heimischer Regenwürmer und hat an einigen Orten die Populationen stark reduziert. Besonders häufig kommt er in kühleren, feuchteren Gebieten wie Schottland, Nordengland und Nordirland vor.

Plattwürmer fressen Regenwürmer, indem sie ihren Körper umhüllen und im Verdauungsschleim auflösen. Sie verstecken sich an ähnlichen Stellen wie Schnecken, vor allem unter Holzstücken oder Steinen, und rollen sich oft wie eine Biskuitrolle zusammen. Es gibt keine chemischen Bekämpfungsmittel, sodass man eigentlich nur ihre Feinde, wie z. B. Kurzflügler, fördern kann. Oder man zerquetscht sie! Dabei sollte man unbedingt Gummihandschuhe tragen, da ihre Schleimschicht die Haut reizt.

Kurzflügler
Staphylinidae

F Was kann man auf kleinem Raum anpflanzen?

WENIG PLATZ, ABER VIELE IDEEN? Das kennen viele Gärtner. Keine Sorge, selbst auf einem Balkon lässt sich viel machen. Gute und schöne Gärten sind oft auf eine Kernidee ausgerichtet. Das kann die Vorstellung sein, gesundes Biogemüse für die Familie anzubauen. Oder vielleicht auch möglichst viele Lebensräume für die Gartentiere bereitzustellen.

Wenn Sie einen winzigen Garten haben, entscheiden Sie am besten zunächst, was sie damit machen wollen, und legen dann erst los. Eine genaue Vorstellung klärt seine Bedeutung und verstärkt die Wirkung Ihrer Handlungen sowohl visuell als auch ökologisch.

A In einem kleinen Garten ist fast alles möglich, aber der Schlüssel zum Erfolg liegt darin, Schwerpunkte zu setzen. Versuchen Sie nicht zu viel. Vielleicht haben Sie keinen Platz für eine Wildblumenwiese, aber dennoch könnten Sie Töpfe mit Blumen für Bestäuberinsekten füllen und ein Insektenhotel installieren. Jedes kleine Bisschen hilft!

Gemüsegarten

Eigenes Gemüse anzubauen, ist eine tolle ökologische Idee für den eigenen Garten. In einem kleinen Garten könnten Sie Gemüse wie Salatblätter oder Tomaten in Töpfen ziehen. Und sie in die Höhe wachsen lassen. Brombeeren ohne Dornen eignen sich hervorragend als Kletterpflanze für Mauern und Zäune und liefern auch in schattigen Gärten eine gute Ernte. Kleine oder Spalierobstbäume sind eine weitere Möglichkeit, vertikalen Raum zu nutzen.

Tomaten gedeihen hervorragend in Töpfen: Wenn Sie die ersten selbst angebauten Tomaten probiert haben, gibt es kein Zurück mehr!

GRÜNE DÄCHER AUF GARTENHÄUSCHEN, FAHRRADUNTERSTAND ODER MÜLLTONNENBOXEN!

Mit einem grünen Dach kann man hervorragend den maximalen Wert aus einem Außenraum herausholen, er muss dafür nicht groß sein. Dafür eignen sich sehr gut Dächer von Mülltonnenboxen, Gartenhäuschen oder Fahrradunterständen, sie können eine nützliche Nektarquelle für bestäubende Insekten sein. Begrünte Dächer können auch die Luftqualität verbessern und Überschwemmungen verhindern helfen, indem sie den Abfluss von Regenwasser verlangsamen.

Zuerst müssen Sie sicherstellen, dass die Konstruktion stabil genug ist, um das Gewicht des begrünten Dachs zu tragen. Es kann durchaus schwer sein, und selbst leichte Optionen können bis zu zwei Säcke Zement pro Quadratmeter wiegen, wenn sie mit Regenwasser durchweicht werden.

Die einfachste Möglichkeit für kleine begrünte Dächer ist der Kauf von vorgefertigten Sedummatten. Diese haben bereits eine Substratschicht (das Äquivalent von Erde), in der die Pflanzen wachsen können, sowie eine wollige Schutzschicht. Die Matte kann einfach über eine wasserdichte Membran, wie z. B. eine Teichfolie, auf das Dach gelegt werden. Sedum ist die perfekte Pflanze für eine Dachbegrünung: Sie ist niedrig wachsend, pflegeleicht, immergrün und ihre Blüten locken Bienen und Schmetterlinge an.

Kleiner Fuchs *Aglais urticae*

Honigbiene *Apis mellifera*

Haussperling *Passer domesticus*

Tierfreundlicher Garten

Für einen kleinen, tierfreundlichen Garten gibt es mehrere Stars unter den Pflanzen. Nutzen Sie Mauern und Zäune, indem Sie Kletterpflanzen pflanzen – dafür, dass sie sehr wenig Bodenplatz beanspruchen, bieten sie viele Vorteile. Efeu ist besonders nützlich, da seine Blüten großartig für spät fliegende Bestäuber sind und das immergrüne Blattwerk Vögeln und allen möglichen anderen Lebewesen Unterschlupf bietet.

F Sollte man Pflastersteine entfernen?

ÜBER EIN VIERTEL aller Vorgärten sind vollständig gepflastert. Was hat das jedoch für eine Auswirkung auf die Natur – und auf uns? Wie kreiert man am besten eine grüne Oase in einer Steinwüste?

A Zu viel Pflaster ist schlecht, sowohl für das Wohl der Tierwelt als auch des Menschen. Es hat eine positive Wirkung, wenn Sie möglichst viele Pflastersteine entfernen und durch Pflanzen ersetzen, und für den neu entstandenen Platz gibt es viele, die geeignet sind. Informationen und Hilfe kann man sich im Internet oder bei Fachleuten in der Region holen.

Den Weg zur Katastrophe ebnen

In den letzten Jahren ist der Anteil an versiegelten Böden deutlich gestiegen, was eine schlechte Nachricht für Mensch und Tier ist. Dadurch wurden viele vogelfreundliche Hecken, summende Grenzen und üppige Rasenflächen in graues Ödland verwandelt.

Das Pflastern von Gärten hat nicht nur Auswirkungen auf die Tierwelt, sondern auch auf die Menschen. Es ist erwiesen, dass der Anblick von Grün die Stimmung eines Menschen hebt und sich positiv auf die psychische Gesundheit und das Wohlbefinden auswirkt. Auch die körperliche Gesundheit wird verbessert: Hecken und Bäume mildern Verschmutzungen ab und verhindern, dass sie in Wohnungen (und Lungen) gelangen. Grün sorgt bei

Abgesehen von den Vorteilen für die Tierwelt, entstehen zahlreiche Vorteile für unsere körperliche und geistige Gesundheit, wenn man Außenflächen grün gestaltet.

VIER MÖGLICHKEITEN, GRAU IN GRÜN ZU VERWANDELN

Eine Steinplatte entfernen und einen Baum an die Stelle pflanzen. Kleine Bäume wie z. B. Vogelbeeren *(Sorbus)*, ein Kirschbaum (*Prunus*), eine Felsenbirne (*Amelanchier*) und ein Apfelbaum (*Malus*) können leicht auf der Fläche gepflanzt werden, die so groß ist wie Standardpflasterplatten. Am besten pflanzen Sie Bäume im Spätherbst oder frühen Winter.

Fugen bepflanzen. Wenn zwischen alten Pflastersteinen breite Mörtelfugen liegen, kratzen Sie den Zement heraus und füllen Sie ihn mit Erde auf. Pflanzen Sie zwergwüchsige Kriech- oder Alpenpflanzen wie Thymian (*Thymus* – nehmen Sie eine kriechende Sorte wie ‚Bressingham Pink'), Bubikopf (*Soleirolia soleirolii*) oder korsische Minze (*Mentha requienii*).

Eine Kletterpflanze anpflanzen. Selbst auf einen sehr schmalen Streifen Erde am Haus können Sie eine Kletterpflanze setzen. Das ist sehr effektiv und beansprucht wenig Bodenplatz. Wenn Sie eine selbst klimmende Kletterpflanze wie eine Kletter-Hortensie, Efeu oder eine Trompetenblume nehmen, müssen Sie nicht einmal eine Rankhilfe installieren.

Wenn Sie gar nicht auf feste Oberflächen verzichten können, sollten Sie den Einsatz von durchlässigem Pflaster in Erwägung ziehen. Auch wenn es nicht viele Vorteile für die Tierwelt oder das Wohlbefinden bietet, ist es zumindest weniger wahrscheinlich, dass es zu Überschwemmungsproblemen beiträgt. Harzgebundener Kies oder Rasengitterstein aus Beton sind zwei Möglichkeiten.

Hitzewellen für Abkühlung in Städten. Es verlangsamt auch die Abflussraten von Wasser um bis zu 50 Prozent und absorbiert es bei Starkregen und Überschwemmungen.

Kahle Felsenbirne *Amelanchier laevis*

Was kann man mit alten Pflastersteinen machen?

Wenn die Steine nach dem Entfernen noch intakt sind, kann man sie wiederverwenden, zum Beispiel für einen Weg in einem Gewächshaus oder als Boden für einen Schuppen. Alternativ geben Sie sie an eine örtliche Sammelstelle, wo jemand anders sie verwenden kann, oder bringen Sie sie zum Recyclinghof, wo Bauschutt gesammelt wird.

Wird mein Garten jemals richtig grün?

JETZT HABEN SIE EINEN TIERFREUNDLICHEN TEICH ANGELEGT, eine Wiese gesät und Vogelfutter aufgehängt. Job erledigt? Nicht ganz. Gärten verändern sich mit der Zeit, Setzlinge wachsen zu hohen Bäumen, sonnige Beete werden schattig und Wildtiere ziehen ein, aus und durch. Zu lernen, die Entwicklung eines Gartens anzunehmen, ist eine wertvolle Fähigkeit.

Schon Heraklid stellte fest: „Es gibt nichts Dauerhaftes außer dem Wandel.“ Gärten leben und atmen und verändern sich mit der Zeit unweigerlich. Diese Veränderungen zu akzeptieren und sich an sie anzupassen, ist eines der Geheimnisse eines erfolgreichen Gärtners.

Viburnum opulus kann sehr hoch werden und bis auf 8 Meter hinauswachsen. Seine duftenden Blüten im Frühling sind für Bienen sehr attraktiv. Die roten Herbstbeeren werden von Misteldrosseln und Dompfaffen geliebt. Wenn der Strauch für Ihren Garten zu hoch wird, verträgt er einen kräftigen Rückschnitt.

Wenn Sie den Garten neu anlegen, kompakten Boden ausgraben oder Ihren Traumteich für Wildtiere bearbeiten, sehnen Sie sich vielleicht danach, sich zurückzulehnen und liebevoll auf einen „fertigen“ Garten zu blicken. Die Realität ist jedoch nie so einfach.

Gärten verändern sich mit der Zeit, Pflanzen wachsen und die Bedingungen, die sie erzeugen, verändern sich ständig. Ein Garten voller junger Bäume ist hell und luftig. Ein Jahrzehnt später, wenn sich ein Blätterdach gebildet hat, muss man einige entfernen oder ausdünnen, es sei denn, Sie möchten einen dunklen Wald!

Eine schöne Seite an der Gartenarbeit ist, dass man niemals weiß, wie manche Pflanzen sich entwickeln. Manchmal wachsen sie zu gut, manchmal zu wenig. Es hilft, von Zeit zu Zeit einen kritischen Blick auf die Dinge zu werfen. Scheuen Sie sich nicht davor, Dinge zu ändern, die nicht funktionieren, und tun Sie mehr von denen, die für Sie und die Tierwelt Ihres Gartens gut sind.

WORAUF MAN BEI ÄLTEREN GÄRTEN ACHTEN SOLLTE

Brauchen meine Bäume und Sträucher einen Rückschnitt? Oft glaubt man, dass ein Baum oder Strauch, der über seinen ursprünglichen Platz hinausgewachsen ist, entfernt werden muss. Ältere Pflanzen sind wie Wildtiere sehr bedeutsam, ziehen Sie daher lieber in Betracht, sie zurückzuschneiden als zu entfernen.

Müssen meine Pflanzen verjüngt werden? Mehrjährige Pflanzen wie Taglilien, Montbretien und Astern werden mit der Zeit zu dicht. Graben Sie sie im Herbst oder zu Beginn des Frühlings aus, teilen und versetzen Sie sie.

Geraten meine Hecken außer Kontrolle? Wenn Sie nicht sehr eifrig mit der Heckenschere herangehen, werden Hecken, insbesondere Liguster, mit der Zeit breiter. Die meisten können im zeitigen Frühjahr zurückgeschnitten werden (aber nicht während der Brutzeit der Vögel). Am besten schneiden Sie sie in eine A-Form mit flacher Spitze, damit das Licht den Boden erreicht und ein gleichmäßiges Wachstum ermöglicht.

Haben sich die Lichtverhältnisse geändert? Vielleicht hat ein von Ihnen gepflanzter Baum einen sonnigen Bereich des Gartens in einen schattigen verwandelt, oder ein Baum wurde gefällt. Wie auch immer, Sie müssen Ihre Bepflanzung daran anpassen.

Ist mein Teich zu stark bewachsen? Teiche sind eine fruchtbare Umgebung und Wasserpflanzen können recht kräftig sein. Nach einigen Jahren werden so ziemlich alle Teiche mit Wildtieren ein wenig gereinigt werden müssen, damit es noch offene Wasserstellen gibt.

Geht es meinen Pflanzen gut, sind sie gesund? Manche Pflanzen brauchen ein, zwei Jahre um sich zu etablieren. Wenn sie danach immer noch nicht gut aussehen, müssen sie woandershin gesetzt oder ausgetauscht werden.

▼ Mit der Zeit werden Hecken oft unförmig. Zum Glück hilft bei den meisten Sorten ein kräftiger Rückschnitt, und sie wachsen dichter als zuvor nach.

Hilft doppeltes Umgraben bei vernachlässigtem Boden?

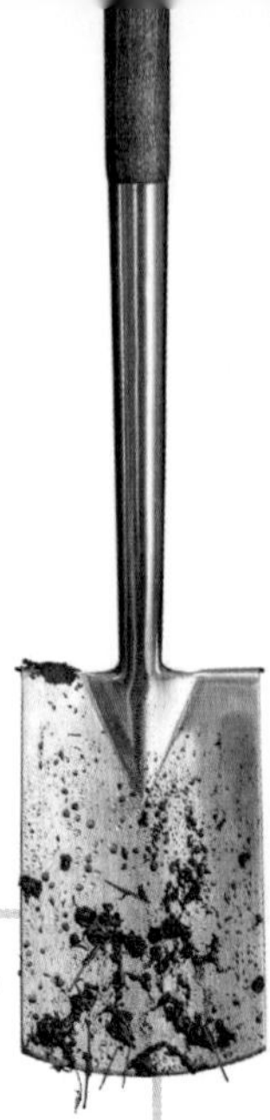

DOPPELTES UMGRABEN, oder auch Holländern, ist eine traditionelle Technik, die man vor allem in Gemüsegärten anwendete. Dabei soll der Boden so viel wie möglich angereichert und unter der Oberfläche aufgelockert werden. Oft gilt das heutzutage als unnötige und überalterte Methode, aber kann sie noch helfen?

Warum sich abmühen?

Die Idee hinter dem doppelten Umgraben ist, dass man tiefer als gewöhnlich gräbt und so verdichtete Erde aufbricht und organisches Material (Kompost oder Stallmist) tiefer als sonst möglich einbringen kann.

Das ist besonders hilfreich, wenn Ihr Boden sehr verdichtet ist, etwa durch schwere Maschinen, die beim Hausbau eingesetzt wurden. Denn ein kompakter Boden hält Pflanzenwurzeln ab und stoppt den Feuchtigkeitstransport durch die Erde, wodurch dieser anfälliger für Dürre und Überschwemmungen wird.

Holländern kann sich lohnen, wenn Ihr Boden sehr kompakt ist, vor allem bei Neubauten, wo verdichteter Boden unter hinzugekauftem Oberboden liegen kann. Im Allgemeinen ist es jedoch besser, wenn Sie der Bodenoberfläche mehr organische Substanz zuführen und die Würmer und andere Wildtiere die Arbeit für Sie erledigen lassen.

Wie es geht

Markieren Sie mit Schnur und Stange eine Linie. Graben Sie die Erde spatentief aus und legen Sie sie zur Seite. Lockern Sie den Boden mit einer Harke auf und geben Sie Kompost oder gut verrotteten Mist hinzu. Verlegen Sie Ihre Schnur um 60 cm nach vorne und graben Sie einen weiteren Graben aus, wobei Sie den vorherigen wieder zuschütten. Wiederholen Sie den Vorgang und nutzen Sie die Erde aus dem ersten Graben, um den letzten Graben aufzufüllen.

Lohnt es sich?

Wenn Ihr Boden besonders nährstoffarm und verdichtet ist, kann das Holländern nützlich sein, um einen gesunden Garten anzulegen. Durch das viele Umgraben wird jedoch vorübergehend ein Großteil der Lebewesen im Boden gestört (von nützlichen Bakterien bis hin zu Mykorrhizapilzen und Würmern), sodass viele Gärtner lieber organisches Material auf die Oberfläche aufbringen und der Natur ihren Lauf lassen.

F Warum kommen keine Vögel in meinen Garten?

OB ES DER MELODISCHE GESANG einer Amsel oder ein freches Rotkehlchen ist, das Ihnen in der Hoffnung auf Würmer folgt, Vögel bringen Freude in einen Garten. Aber was, wenn Sie Meisenknödel und Erdnüsse ausgelegt und sogar einen Vogeltisch gebaut haben und in Ihrem Garten immer noch keine unserer gefiederten Freunde sind?

A Es gibt viele Gründe dafür, dass die gefiederten Besucher im Garten ausbleiben, etwa die Jahreszeit und das Fehlen einer geeigneten Abdeckung. Keine Panik, pflanzen Sie einige immergrüne Sträucher und Kletterpflanzen – und haben Sie Geduld!

Blaumeise
Cyanistes caeruleus

Die meisten Gärtner beobachten gerne Vögel, und Gärten sind ein zunehmend wichtiger Lebensraum für viele Arten. Einige sind wertvolle Verbündete im Garten: Blaumeisen, zum Beispiel, verschlingen gerne Blattläuse, und Drosseln mögen Schnecken.

Bieten Sie Schutz

Die meisten Vögel, die wir in Gärten zu sehen gewohnt sind, stehen in der Nahrungskette ziemlich weit unten, sodass sie immer Ausschau nach Feinden halten, die sie fressen wollen. Immergrüne Sträucher und Kletterpflanzen sind besonders wertvolle Verstecke.

VOGELFREUNDLICHE ELEMENTE IM GARTEN

Futterstationen. Stellen Sie Futterstationen außer Reichweite von Katzen auf, am besten in der Nähe einer schützenden Hecke. Füttern Sie sie das ganze Jahr über und reinigen Sie die Station regelmäßig.

Dichte, immergrüne Hecke mit Beeren (besonders Feuerdorn oder *Pyracantha*). Sie bieten guten Schutz und Nistplätze für Vögel (siehe S. 84).

Mauern und Zäune mit Kletterpflanzen (besonders mit Efeu). Das ist ein perfekter Platz für Vögel, um sich zu verstecken und vielleicht auch einzunisten.

Vogelhäuser. Für unterschiedliche Arten gibt es unterschiedliche Vogelhäuser. Befestigen Sie sie an Mauern, Zäunen und in Bäumen in mindestens 2 Metern Höhe.

Womit wird mein Garten grüner?

ES GIBT SO VIELE RATSCHLÄGE für einen umweltfreundlichen Garten, da kann es schwierig werden herauszufinden, womit man anfangen soll. Soll man alles schnell durchziehen und viel in Insektenhotels und Vogelhäuser investieren? Oder ist es besser, einen Blick darauf zu werfen, was der Garten im weiteren Sinne leisten kann?

Das Anlegen eines Teiches gilt allgemein als die effektivste Art und Weise, die Tierwelt im Garten zu unterstützen. Und fast jede Pflanze ist besser für die Umwelt als eine Steinplatte. Die Ökobilanz kleiner, blühender Bäume wie des Holzapfelbaums oder der Vogelbeere ist besonders hoch.

Weiße Seerose
Nymphaea alba

Teiche sind besonders effektiv, darin können Sie auch schöne Wasserpflanzen anbauen.

Der Begriff „Ökosystemdienstleistungen" ist relativ neu. Er beschreibt, was Pflanzen und Gärten im weitesten Sinne für unsere Umwelt tun können, von der Bereitstellung von Lebensräumen für Wildtiere bis hin zur Unterstützung bei der Bekämpfung der Ursachen und Auswirkungen des Klimawandels.

Unsere Gärten können enorm wertvolle Kräfte entwickeln. Überlegen Sie, wie die einzelnen Elemente Ihres Gartens die Ökosystemdienstleistungen noch steigern können. Vielleicht könnte ein Schuppen ein grünes Dach bekommen, um Nektar für bestäubende Insekten zu liefern. Wenn Sie einen Baum pflanzen wollen, der Ihnen etwas Privatsphäre vor den Nachbarn bietet, entscheiden Sie sich doch für einen bienenfreundlichen Baum.

Die besten Elemente für Ökosystemdienstleistungen

Teiche – sie locken alle Arten von Wasserlebewesen sowie Vögel und Säugetiere zum Trinken an. Die von ihnen unterstützten Insekten können zu einer wichtigen Nahrungsquelle für Vögel und Fledermäuse werden.

Hecken – sie helfen, die Verschmutzung zu reduzieren, sind gut für Wildtiere und können sogar Überschwemmungen verhindern, weil sie den Wasserabfluss bei Regenfällen verlangsamen. Mit einer gemischten Hecke aus mehreren verschiedenen Pflanzenarten können Sie Wildtiere besonders unterstützen.

AKTUELLE SCHWIERIGKEITEN – WIE GÄRTNER HELFEN KÖNNEN, SIE IN DEN GRIFF ZU BEKOMMEN

Den Gebrauch von Kunststoff verringern. Bauen Sie selbst Obst und Gemüse an, vor allem solche Sorten, die leicht anbaubar, aber kaum ohne Plastikverpackung erhältlich sind, wie etwa Salate. Verwenden Sie Töpfe mehrmals oder geben Sie sie zur Wiederverwendung im Gartencenter ab.

Bienen helfen. Pflanzen Sie einen bienenfreundlichen Baum. Bäume sind nicht nur gut für Gartentiere und die Umwelt, sondern manche unterstützen besonders effektiv die Bienen. Die Stars unter ihnen sind der Holzapfelbaum, Vogelbeeren, der Gewöhnliche Trompetenbaum *(Catalpa bignonioides)* und die Samthaarige Stinkesche *(Tetradium daniellii).*

Den CO2-Fußabdruck reduzieren. Untersuchungen haben gezeigt, dass immergrüne Kletterpflanzen an Hauswänden isolierend wirken und das Haus im Winter wärmer und im Sommer kühler halten. Eine Studie belegte eine fast 40-prozentige Reduzierung des Energieverbrauchs auf efeubewachsenen Flächen.

Sonnenblume
Helianthus spp.

Wiesen – lassen Sie einen Teil des Rasens stehen und er wird von Schmetterlingen, Bienen und anderen Insekten belebt. Außerdem sparen Sie so Energie (und reduzieren Ihren ökologischen Fußabdruck) und Zeit, wenn Sie den Rasenmäher im Schuppen lassen. Für einen pfiffigen und gewollt aussehenden Look schneiden Sie einfach nur die Kanten und einen Weg.

Beete – sie können das ganze Jahr über eine Speisekammer für Wildtiere sein. Vögel picken gern die Beeren von Sträuchern wie Zwergmispeln und Berberitzen und ebenso die Samen von Sonnenblumen und Karden. Achten Sie beim Kauf auf den Hinweis „bienen- und schmetterlingsfreundliche Pflanze“.

F Ist es in Ordnung, Kompost zu kaufen?

UNTER UMWELTASPEKTEN BETRACHTET, schlägt nichts den selbst gemachten Kompost. Das ist meist auch die günstigste Option. Aber was, wenn Sie keinen haben oder Ihr Kompost noch nicht reif ist? Ist es dann in Ordnung, Komposterde zu kaufen? Und ist selbst gemachter Kompost für jeden Gebrauch im Garten geeignet?

A Selbst gemachter Kompost ist grundsätzlich besser für die Umwelt und für Ihren Garten. Außerdem ist er billiger als gekaufter in Beuteln. Aber dieser ist nützlich, wenn Sie Samen aussäen oder spezielle Pflanzen wie Orchideen, Kakteen und krautartige Sorten wie Heidelbeeren anbauen. Achten Sie immer darauf, dass er ohne Torf ist.

Bei der Herstellung von eigenem Kompost kann man hervorragend Küchen- und Gartenabfälle verwerten und erhält damit einen gesunden und fruchtbaren Boden. Außerdem trägt selbst gemachter Kompost zu einer guten Klimabilanz bei. Denn durch die Vermeidung von Müll entsteht weniger Methan, ein starkes Treibhausgas. Und nicht nur das, Sie geben damit dem Boden auch einen Kohlenstoffschub, da hausgemachter Kompost dazu beiträgt, Kohlenstoff im Boden zu binden und nicht in die Atmosphäre abzugeben.

Hausgemachter Kompost ist jedoch nicht immer die richtige Lösung. In einem neuen Garten gibt es vielleicht einfach nicht genug Material, um eine brauchbare Menge Komposterde herzustellen. Mehr ist definitiv mehr, wenn es um nährstoffarmen Boden geht, wie er bei vielen Neubauten zu finden ist: Sie saugen den ganzen Kompost auf, den Sie ihm geben können.

Auch andere Situationen rechtfertigen den Kauf von Komposterde. Zum Beispiel bei der Aussaat von Saatgut. Denn selbst gemachter Kompost enthält Pilze, Insekten und Unkrautsamen, das ist zwar gut für den Garten, aber schlecht für empfindliche Sämlinge. Wenn Sie krautartige Pflanzen wie Heidelbeeren anbauen möchten, die einen sauren Boden erfordern, setzen Sie sie mit spezieller Komposterde in Kübel, falls Ihr Gartenboden nicht sauer ist. Da sich dieser Kompost nur schwer selbst mischen lässt, kaufen Sie am besten einen ohne Torfzusatz.

Heidelbeeren
Vaccinium

Was ist mit Torf?

Torf ist eine sehr wertvolle natürliche Ressource. Torfmoore helfen im Kampf gegen den Klimawandel, da sie CO_2 aus der Atmosphäre absorbieren, Wasser speichern und viele wunderbare Wildtiere unterstützen. Wenn Sie torffreien Kompost verwenden, helfen Sie der Natur sehr. Wenn es in Ihrem Gartencenter keine torffreie Sorte gibt, fragen Sie nach, warum.

▶ Vermeiden Sie unbedingt Komposterde auf Torfbasis, denn sie hat einen negativen Einfluss auf die Umwelt.

WAS IST IM BEUTEL DRIN?

Sie sollten wissen, dass wahrscheinlich Torf drin ist, außer wenn explizit „ohne Torf" auf der Packung steht. Viele Arten von Komposterde sind heute torfreduziert, was schon einmal ein Anfang ist.

Universalkompost. Traditioneller „Universalkompost" besteht fast ausschließlich aus Torf, dem ein wenig Dünger und Kalk hinzugefügt wurde. Heutzutage ist er zunehmend torffrei oder torfreduziert. Um das herauszufinden, muss man die Packung sorgfältig studieren. Hauptsächlich wird er für Topfpflanzen verwendet, kann aber auch für die Aussaat (vor allem von größeren Samen) geeignet sein. „Universal" ist unzutreffend, graben Sie diesen Kompost nicht unter die Gartenerde.

Komposterde. Sie ist feiner als Universalkompost und wurde gesiebt, damit empfindliche Sämlinge durch grobe Partikel nicht überschwemmt werden. Er enthält geringe Mengen an Dünger, da Saatgut und Stecklinge im Anfangsstadium nicht so viele Nährstoffe benötigen.

Spezial-Komposterde (für Orchideen, Kakteen und krautartige Pflanzen). Einige Pflanzen benötigen besondere Bodenbedingungen, dafür gibt es eine Reihe von speziellen Kompostarten. Im Allgemeinen lohnt es sich nicht, Kompost selbst zu mischen, sodass man ihn lieber kaufen sollte, wenn man solche Pflanzen anbauen will. Stellen Sie nur sicher, dass der Kompost torffrei ist.

Bodenverbesserer. Im Allgemeinen sind das Mischungen aus verrottetem Stallmist und unterschiedlich hohem Anteil an kommunal kompostiertem Grünabfall, manchmal auch kompostierter Rinde. Wie der Name schon sagt, sind sie zum Ausbringen oder Eingraben in die Gartenerde bestimmt und eignen sich nicht für Topfpflanzen oder Sämlinge.

Was hilft der Umwelt mehr – Blumen oder Gemüse?

FÜR DEN UMWELTBEWUSSTEN GÄRTNER kann das eine schwierige Entscheidung sein. Möchten Sie Lebensmittel mit allen ökologischen und gesundheitlichen Vorteilen oder entscheiden Sie sich aufgrund ihrer Schönheit und ihres Nutzens für die Tierwelt für Blumen? Ist das eine besser als das andere? Oder kann man beides haben?

Sowohl Obst- oder Gemüsesträucher als auch Zierblumen können für den umweltbewussten Gärtner von hohem Wert sein. Bauen Sie sie mit nachhaltigen Methoden an, dann wird der Ertrag für Sie (und die Umwelt) groß sein. Wenn Sie sich nicht zwischen Gemüse und Blumen entscheiden können, sollten Sie wissen, dass es viele hübsche essbare Pflanzen gibt, die auch einen Nutzen für die Tierwelt haben. Jeder Garten und Gärtner ist anders: Bauen Sie an, was zu Ihnen passt.

Warum ist der Eigenanbau „ökologisch"?

Ungefähr 30 Prozent aller Treibhausgasemissionen gehen auf Lebensmittel zurück, die wir kaufen. Fleisch und Milchprodukte sind die größten Übeltäter. Die Auswirkung von Obst und Gemüse ist viel geringer (aber immer noch bedeutsam). Der Transport, die Verarbeitung, die Verpackung, der Müll und der Einsatz von chemischen Düngemitteln spielen dabei alle eine Rolle – das kann man alles vermeiden, wenn man selbst anbaut.

Kamille

Selbst gemachte Produkte helfen uns auch dabei, eine Reihe anderer Umweltprobleme zu umgehen, die auftreten können, wenn Obst und Gemüse weit weg von zu Hause angebaut werden. Dass Wasser von Einheimischen und Wildtieren abgezweigt wird, um durstige Feldfrüchte für den Export zu füttern, ist in einigen Gebieten ein großes Problem. Und natürlich gibt es die unvermeidliche Geißel der Verschmutzung durch Plastik, die sowohl vom Anbau als auch von der Verpackung der Pflanzen herrührt. Der Anbau eigener Salatblätter ist in dieser Hinsicht besonders wertvoll.

Was ist mit Blumen?

Blumen aus dem Garten können durchaus auch Zeugnisse von Umweltbewusstsein sein. Die Schnittblumenproduktion in Übersee ist zum Teil ökologisch problematisch, denn es gibt Berichte über den übermäßigen Einsatz von Chemikalien und über die Verletzung von Arbeitnehmerrechten. Daneben spielen Fragen der Nutzung von Wasser und Land eine Rolle sowie der Kli-

PFLANZEN SIE DIE SUPERSTARS: OBST UND GEMÜSE MIT FLOWER POWER

Lavendel
Lavandula sp.

Lauch: Lassen Sie ein oder zwei Lauchstängel blühen, dann sehen Sie, dass sie mit dem hübschen, ach so modischen Zierallium verwandt sind. Für die Bienen spielt die Mode keine Rolle, aber sie mögen die Lauchblüten sehr.

Grünkohl: Auch diese Pflanze offenbart ihre Verwandtschaft, wenn sie verblüht. Wenn man am Ende der Saison ein paar Pflanzen blühen lässt, wird man mit Bergen von leuchtend gelben, rapsähnlichen Blüten belohnt. Sie riechen nach Honig und sind ein großer Hit bei den Bestäuberinsekten.

Karden und Artischocken: Dieses attraktive, aristokratische Gemüse ist eine auffällige Ergänzung in einem Beet. Bauen Sie einige extra an, um sie blühen zu lassen und nicht zu ernten. Vor allem Hummeln locken ihre riesigen, pollenreichen violetten Blüten an.

Obstbäume: Pfirsiche, Pflaumen und Aprikosen eignen sich hervorragend für eine frühe Blüte, die schön anzusehen ist und vielen verschiedenen früh fliegenden Bienen das Leben retten kann. Äpfel und Birnen haben ebenfalls wunderbare Blüten und sind eine hervorragende Quelle für Bestäuber.

Kräuter: Viele Kräuter ziehen Insekten an. Kultivierter Oregano und Majoran sind eng mit den entsprechenden Wildblumen verwandt und werden besonders von Schmetterlingen geliebt. Lavendel, Ysop, Thymian, Rosmarin, Minze und sogar Lorbeer werden empfohlen, um Bestäuberinsekten anzulocken.

maauswirkungen durch den Transport im Luftverkehr über so große Entfernungen. Das alles macht einen Strauß aus eigenem Anbau umso attraktiver.

Wählen Sie Ihre Blumen sorgfältig aus, dann fliegen die Tiere direkt in Ihren Garten. Es ist offensichtlich, dass durch den Anbau von Blühpflanzen Bestäuberinsekten unterstützt werden. Informieren Sie sich bei Fachleuten, welche Blumen Bienen, Schmetterlinge und andere Insekten anlocken. Machen Sie sich aber nicht zu viele Sorgen, ob Sie die „richtige" ausgewählt haben. Irgendetwas zu pflanzen, ist besser als nichts, und es gibt keine definitive richtige Antwort darauf, was Sie in Ihrem Garten anbauen sollten.

Minze
Mentha sp.

Kann eine Bepflanzung zu dicht für Insekten sein?

EINE DICHTE, ÜPPIGE BEPFLANZUNG in Gärten mit vielen versteckten Stellen und Blumen gilt allgemein als gut für Wildtiere. Aber gilt das für alle Tiere? Gibt es auch Lebewesen, die freien Boden schätzen?

Pflaume
Prunus domestica

Wenn Sie an einen wildtiergerechten Garten denken, stellen Sie sich wahrscheinlich viel Grün, einen Platz mit zahllosen Blumen, Bäumen und Sträuchern vor. Und denken an eine Biene oder stellen sich wahrscheinlich eine kleine geschäftige Honigbiene vor, die in einem Bienenstock lebt. Beides bildet nur einen Teil des großen Ganzen ab.

Die Honigbiene ist nur eine von etwa 270 verschiedenen Bienenarten, die in Großbritannien heimisch sind.

Ein reich bepflanzter Garten ist besonders umweltfreundlich. Aber einige Lebewesen kommen gerne über offene Bereiche, daher sollte man nicht der Versuchung erliegen, den ganzen Garten vollzustopfen. Versuchen Sie für beste Ergebnisse, eine Balance zwischen Bepflanzung und freien Stellen dazwischen zu erzielen. Auf diese Weise locken Sie noch Erdbienen an, die fantastische Bestäuber für Obst und Gemüse sind.

Dort gibt es Sandbienen, Mauerbienen, Blattschneiderbienen und sogar Gemeine Pelzbienen! Viele von ihnen nisten in der Erde und schätzen Gebiete mit nacktem Boden. Sie nisten oft in Wegen oder kahlen Stellen auf kurzen Rasenflächen.

Ein verräterisches Zeichen für erdnistende Bienen sind kleine „Vulkane“ aus feinen Bodenpartikeln auf Ihrem Rasen. Keine Sorge, das schadet dem Gras nicht, und es ist sehr unwahrscheinlich, dass die darin lebenden Sandbienen Menschen stechen.

Offene, sonnige Gebiete ohne zu viel Vegetation sind auch für Eidechsen und Blindschleichen attraktiv. Diese kaltblütigen Reptilien schätzen warme Plätze, an denen sie die Sonne genießen und ihren Körper wärmen können. Ärgern Sie sich also nicht, wenn Ihr Garten nicht von Wand zu Wand mit Blumen bepflanzt ist: Selbst nackte Erde hat ihren Nutzen.

ERDNISTENDE BIENEN

2

3

1

Viele unserer heimischen Bienen nisten unter der Erde. Einige Hummeln nisten in bestehenden Hohlräumen, etwa Mauselöchern, während andere Arten wie Sandbienen echte Grabspezialisten sind. Diese Wildbienen sind exzellente Bestäuber an vielen Obstbüschen im Garten, wie etwa Himbeeren, Äpfel und Tomaten. Am ehesten sieht man sie im Frühling und Frühsommer.

1. Sandbiene mit rotem Rumpf, auch Rotschopfige Sandbiene (*Andrena haemorrhoa*) Ein häufiger Besucher im Garten. Mit schwarzem Hinterleib und behaarter Unterseite.

2. Graue Sandbiene (*Andrena cineraria*) Manchmal bilden sich große Kolonien (obwohl jedes Nest separat ist und sich dort jeweils nur ein Weibchen aufhält). Die Weibchen sind schwarz mit zwei aschgrauen pelzigen Streifen.

3. Gemeine Pelzbiene (*Anthophora plumipes*) Wie der Name schon sagt, ist dies eine hübsche behaarte Biene mit Haarfedern an den Beinen. Sie huscht schnell herum und liebt insbesondere Taubnesseln.

4. Rotpelzige Sandbiene (*Andrena fulva*) Eine unverwechselbare, leuchtend orangefarbene Biene. Halten Sie nach ihr an Stachelbeer- und Johannisbeersträuchern Ausschau. Die Nester sind vertikale, 20 bis 30 cm tiefe Schächte.

5. Rote Mauerbiene (*Osmia bicornis*) Diese häufig vorkommende Biene nistet an verschiedenen Orten, etwa in Bienenhotels und in nacktem Boden. Sie benötigt Zugang zu nackten Schlammflächen, um ihre Nistkammern abzudichten. Ein sehr nützlicher Bestäuber.

Himbeere
Rubus idaeus

4

5

F Sind Wildblumen am besten?

Wenn man Insekten in den Garten locken möchte, sind dann Wildblumen am besten geeignet dafür? Ist eine Wildblume dasselbe wie eine heimische Blume? Was heißt heimisch überhaupt, und ist es von Bedeutung?

A Heimische Pflanzen und Wildblumen sind wunderbar für Wildtiere. Aber nicht heimische Pflanzen sind ebenfalls wichtig. Und die Frage, ob etwas heimisch ist oder nicht, wird zunehmend irrelevant, weil sich unser Klima zukünftig weiter verändert.

Viele Wildblumen wie diese Kornblume sind hübsche, wildtierfreundliche Gartenpflanzen.

Kornblume
Centaurea cyanus

Der Begriff „Wildblume" meint schlicht eine nicht kultivierte Pflanze, die ohne menschliche Hilfe wächst. Wenn wir an Wildblumen denken, meinen wir häufig heimische Pflanzen, wie Primeln oder Wiesen-Kerbel.

Aber „heimisch" ist ein willkürlicher Begriff, der weltweit variiert. In Großbritannien beispielsweise gilt eine Pflanze im Allgemeinen als heimisch, wenn sie seit dem Ende der letzten Eiszeit hier wächst. In Kanada hingegen gilt eine Pflanze im Allgemeinen als heimisch, wenn sie dort vor dem Beginn der europäischen Besiedlung vor nur wenigen hundert Jahren gewachsen ist.

Traditionelle Definitionen von heimischen Pflanzen berücksichtigen auch nicht die Tatsache, dass sich die Natur im Laufe der Zeit verändert und sich natürliche Lebensräume einer bestimmten Art ausdehnen oder verkleinern können. Es gibt zahlreiche fossile Beweise dafür, dass Flusspferde, Elefanten und sogar der gefürchtete *Rhododendron ponticum* während der warmen Perioden zwischen den vergangenen Eiszeiten auf den Britischen Inseln heimisch waren.

Schon heute beschleunigt der vom Menschen verursachte Klimawandel die Migration der Arten in einem noch nie dagewesenen Tempo. Die alpinen Pflan-

Bergahorn
Acer pseudoplatanus

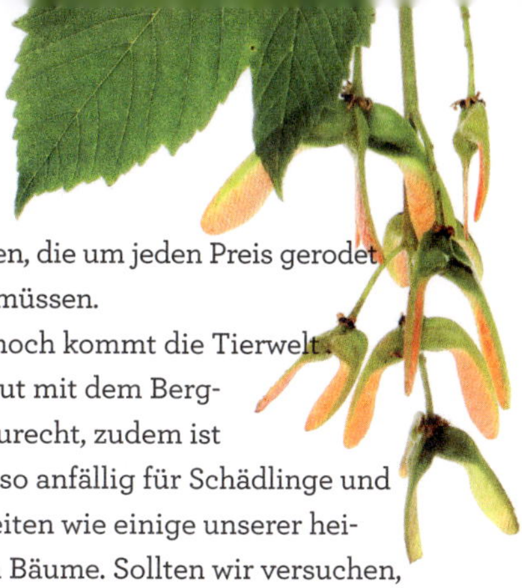

zen wandern immer höher in die Berge und die Pflanzen wachsen näher an die Pole heran als je zuvor. Tatsächlich bewegen sich unsere Gärten mit einer Geschwindigkeit von 12 Metern pro Tag nach Süden, sodass das, was vor 10.000 Jahren heimisch war, vielleicht nicht mehr heimisch ist.

Jüngste Beispiele für eine sich verändernde Verbreitung von Arten sind die Baumhummel (*Bombus hypnorum*) und der Zungenstendel (*Serapias spp.*). Der Berg-Ahorn (*Acer pseudoplatanus*) ist eine heiß umstrittene Pflanze, wobei einige Botaniker argumentieren, man könne ihn als heimisch bezeichnen, da er irgendwann hierher gelangt wäre, während andere ihn zu den invasiven Arten zählen, die um jeden Preis gerodet werden müssen.

Dennoch kommt die Tierwelt relativ gut mit dem Berg-Ahorn zurecht, zudem ist er nicht so anfällig für Schädlinge und Krankheiten wie einige unserer heimischen Bäume. Sollten wir versuchen, ihn zusammen mit der Baumhummel (die zufälligerweise ausgezeichnete Bestäubungseigenschaften besitzt) auszurotten, nur weil er nicht unserer Definition von heimisch entspricht? Wir sollten in Zukunft mehr Vielfalt akzeptieren, der Klimawandel wird dies nur noch dringlicher machen.

PFLANZEN FÜR KÄFER

Die Royal Horticultural Society (RHS) hat eine Untersuchung durchgeführt, um festzustellen, ob Insekten heimische Pflanzen bevorzugen. In Gärten stehen im Durchschnitt nur 30 Prozent heimische Pflanzen – übersehen Gärtner also einen Trick, wenn es um die Tierwelt geht?

Während der vierjährigen Studie zählten die Wissenschaftler der RHS über 80.000 wirbellose Tiere von über 300 verschiedenen Arten. Das Ergebnis war, dass heimische Pflanzen im Garten für einige Tierarten hilfreich sind, dass aber auch gut ausgewählte, nicht heimische Pflanzen viel zu bieten haben.

Eine Mischung aus heimischen und nicht heimischen Pflanzen erwies sich als besonders hilfreich für bestäubende Insekten, da exotische Pflanzen dazu beitragen, die Blütezeit in den Gärten zu verlängern. Die Studie zeigte auch, dass im Allgemeinen eine dichte Bepflanzung mit einigen freien Flecken Erde am besten für Wildtiere ist.

So sagte einer der beteiligten Wissenschaftler: „Das Wichtigste ist, dass für Wirbellose jede Bepflanzung im Garten besser ist als keine, und die Vielfalt der Pflanzenherkunft in einem Garten ist eine Stärke, keine Schwäche."

F Kann ein Garten schnell dicht bepflanzt werden?

GIBT ES SO ETWAS WIE „INSTANT GARDENING“? Gibt es schnelle Lösungen für einen schönen Garten? Können sie auch umweltfreundlich sein?

Samen und Ableger (in biologisch abbaubaren Töpfen) vorzuziehen, ist eine umweltfreundliche Möglichkeit, viele Pflanzen zu erhalten.

Wenn Sie Ihren Garten schnell anlegen möchten, gibt es viele Techniken, mit denen Sie ein fertiges Aussehen erzielen können. Am besten legen Sie sich einen langfristigen Plan zurecht und arbeiten ihn nach und nach ab. Wenn Sie mehrjährige Pflanzen gesetzt haben, die sich noch entwickeln müssen, kann der Platz zwischen ihnen anfangs etwas leer wirken. Füllen Sie ihn doch vorübergehend mit einjährigen Pflanzen (zum Beispiel Kosmeen und Kornblumen). Das sieht schön aus und die Bienen werden es Ihnen danken.

A

Setzen Sie einjährige Blumen, Kletterpflanzen und ein oder zwei schnell wachsende Sträucher, dann sieht Ihr Garten gleich zu Beginn schön aus. Es lohnt sich selten, in große, fertige Pflanzen zu investieren, und es gibt einige gute ökologische Gründe, darauf zu verzichten. Kleinere Pflanzen wachsen im Allgemeinen besser an und gedeihen schnell. Es gehört zum Gärtnern dazu, mit Freude zu beobachten, wie sich der Garten mit der Zeit entwickelt.

Für eine spektakuläre, schnelle, hübsche und preiswerte Gestaltung können Sie die Idee mit den einjährigen Blumen noch weiterführen und eine „malerische Wiesenmischung“ säen. Sie blühen teilweise bereits drei Monate nach der Aussaat und bringen Schwaden prächtiger Farben hervor. Auf diese Weise haben Sie monatelang wildtierfreundliche Blumen für wenig Geld, allerdings müssen sie jedes Jahr neu gesät werden.

Pflanzen kaufen: Das müssen Sie wissen

Es kann verlockend sein, durch ein Gartencenter zu laufen und für dichte Beete richtig große Pflanzen zu kaufen. Aber es gibt gute Umwelt- und praktische Gründe, das nicht zu tun.

Viele ausgewachsene Pflanzen werden von weit her importiert. Damit ist ein hoher Kohlenstoffverbrauch für den Transport verbunden, außerdem das Risiko, neue Schädlinge und Krankhei-

SCHNELL WACHSENDE PFLANZEN FÜR EINEN NEUEN GARTEN

Säckelblumen (*Ceanothus*) Eine hervorragende Gruppe schnell wachsender Sträucher. Viele sind immergrün und alle haben blaue oder weiße Blüten, die von den Bienen sehr geliebt werden. Versuchen Sie es mit den Sorten ‚Concha', ‚Skylark' oder ‚Autumnal Blue'.

Buschmalven (*Lavatera* x *clementii*, *L. maritima*) Ein strauchartiger Verwandter der Stockrose, wächst sehr schnell zu einem blühenden Strauch heran. Ein nützlicher Lückenfüller zwischen langsamer wachsenden Dauerpflanzen. Ideal für trockene, sonnige Gärten.

Chinaschilf (*Miscanthus sinensis*) Ein hohes Gras, das bei richtigen Bedingungen bis zu 2 Meter hoch wächst. An Wirkung ist es kaum zu übertreffen. Schneiden Sie im Spätwinter einfach fast den gesamten Bewuchs ab – ein wenig sollten Sie stehen lassen, damit die Vögel es als Nistmaterial verwenden können.

Waldgeißblatt (*Lonicera periclymenum*) Eine heimische blühende Kletterpflanze, die für viele Lebewesen, insbesondere Vögel und Falter, gut ist. Braucht Unterstützung, also stellen Sie einen Rankstab oder ein Spalier für seine sich windenden Stämme bereit.

Waldgeißblatt
Lonicera periclymenum

ten zu importieren. Allgemein passen sich kleinere Pflanzen schneller an die Bedingungen im Garten an und können schon bald die größer gekauften übertreffen. Kaufen Sie immer in Deutschland gezogene Pflanzen, falls möglich.

Bei manchen Pflanzen lohnt es sich niemals, sie in größeren Töpfen anzuschaffen. Buschige, mediterrane Kräuter wie Lavendel sind im Allgemeinen kurzlebig (vor allem unter den angenehmen Bedingungen einer Gärtnerei). Wenn Sie solche also groß kaufen, erhalten Sie nur etwas, das nicht so lange lebt wie eine kleinere, billigere Pflanze.

Gestaltungstipps

Erzielen Sie mit Bögen und Rankhilfen in Beeten und mit Spalieren an Zäunen gleich eine gewisse Höhe. Haselruten aus regionalem Anbau sind ein umweltfreundliches Baumaterial und verleihen dem Garten einen rustikalen Charme. Pflanzen Sie viele Kletterpflanzen, viele von ihnen wachsen schnell und sorgen für die so wichtige Höhe, die Gärten sofort gewachsen wirken lässt. Das Waldgeißblatt, Kletterrosen und Efeu sind besonders wildtierfreundlich.

F Wie wichtig ist Sonnenlicht?

SONNENLICHT, direktes wie indirektes, ist die grundlegende Energiequelle für fast alles Leben auf der Erde. Aber muss ein wildtiergerechter Garten in einer sonnigen Lage liegen? Oder kann ein schattiger Garten ebenfalls Vorteile für die Tierwelt bieten?

Pflanzen sind unglaubliche Organismen. Sie nutzen das Sonnenlicht, um Kohlenstoffdioxid, Wasser und Mineralstoffe des Bodens in energiereiche Stoffe zu verwandeln, einschließlich essbarer Früchte, Blätter, Triebe, Wurzeln und Samen. Das funktioniert über die Fotosynthese, dabei entsteht auch Sauerstoff. Wir haben den Pflanzen also viel zu verdanken!

Sonnenlicht ist überall sehr wichtig. Aber wie viel brauchen Pflanzen davon, und brauchen sie alle dieselbe Menge? Voll belaubt, können die Bäume in einem Wald mehr als 90 Prozent des Sonnenlichts verschlingen, bevor es auf den Waldboden trifft. Dennoch sind auch in Laubwäldern auf dem Boden viele Pflanzen und Wildtiere.

Wenn Ihr Garten schattig ist, wehren Sie sich nicht dagegen: Wählen Sie Waldpflanzen wie Farne, Primeln und Glockenblumen, die an das Wachstum bei geringeren Lichtverhältnissen angepasst sind. Efeu ist eine großartige Schattenpflanze und sehr nützlich für eine Reihe verschiedener Insekten und Vögel. Konzentrieren Sie sich darauf, Waldtiere wie Käfer, Fledermäuse und Spechte anzulocken. Und dann könnten Sie auch noch das Thema Wald weiter verfolgen und einen Holzstapel anlegen.

Sommerwurzen
Orobanche

Parasitäre Pflanzen

Einige wenige Pflanzen weigern sich, „fair" zu sein und machen sich überhaupt nicht die Mühe, das Sonnenlicht zu nutzen. Einige sind parasitär, wie z. B. Sommerwurzen (*Orobanche*) und Schuppenwurzen (*Lathraea*), und klammern sich an den Wurzeln ihres Wirtes fest, um Nährstoffe zu stehlen. Das Lila Zahnkraut (*Lathraea clandestina*) kann manchmal wild an den Wurzeln von Weiden, Pappeln und Erlen wachsen.

A Fast alle Pflanzen brauchen wenigstens etwas Sonnenlicht zum Wachsen. Aber viele kommen auch im Schatten gut zurecht. Geschützte, schattige Winkel können ein idealer Lebensraum für viele Lebewesen sein. Informieren Sie sich über die Bedingungen im Wald, dann können Sie nicht falsch liegen!

Was macht man mit Bauschutt?

BEI NEU GEBAUTEN HÄUSERN findet man oft eine ganze Ladung von Unrat unter der Oberfläche. Übrig gebliebener Bauschutt hat häufig unbeabsichtigt den Boden verdichtet oder wurde nur durch eine dünne Schicht dazugekaufter Erde versteckt. Wie kommt man am besten von dieser schlammigen Sauerei zu blühenden Beeten?

Bauschutt im Garten zu finden, kann ein ärgerliches Hindernis sein, aber das verdammt Ihren Garten nicht für immer. Am besten entfernen Sie ihn, bevor Sie den Garten anlegen, aber Sie können stattdessen auch einfach weitere Bodenerde darauflegen. Es hängt davon ab, wie viel Zeit Sie sich nehmen und wie lange Sie in dem Haus wohnen bleiben wollen.

Der gründlichste Weg, Bauschutt zu entfernen

Auf Nummer sicher gehen Sie dabei, wenn Sie den Garten in Abschnitte unterteilen und diese der Reihe nach gründlich umgraben und den Müll entfernen, sobald Sie ihn finden. Wenn Sie bereits einen Entwurf im Kopf haben, legen Sie zuerst Ihre Wege an, damit Sie nicht auf Schlamm herumtrampeln müssen. Fügen Sie dann so viel Bodenverbesserer hinzu, wie irgend möglich.

Ein wenig mogeln

Wenn Sie den Schutt nicht beseitigen können, schütten Sie am besten den Boden auf. Verwenden Sie dabei Bodenverbesserer wie kommunalen Kompost von Grünabfällen oder gut verrotteten Stallmist. Wenn der Boden verdichtet ist, arbeiten Sie das mit einer Grabgabel ein. Durch großzügiges Mulchen mit Holzhackschnitzeln oder zerkleinerter Rinde wird das Bodenprofil mit der Zeit aufgebaut.

BAUSCHUTT ENTFERNEN

Bauschutt kann eine nützliche Quelle für Unterlagen von zukünftigen Projekten sein, etwa Wegeplatten. Zerbrochene Dachziegel, Ziegelsteine und Rohre können auch als interessante Füllung für Gabionen in einem tierfreundlichen Garten dienen. Wenn Sie sie gänzlich loswerden wollen, bringen Sie sie zum örtlichen Recyclinghof oder bezahlen Sie jemanden für die Entsorgung.

Bauschutt

F

Ist ein kleiner Baum besser als überhaupt keiner?

GIBT ES WIRKLICH SO ETWAS wie einen kleinen Baum, oder wird jeder Baum mit der Zeit groß? Sind alle Bäume nützlich für die Tierwelt? Was können Bäume noch leisten? Und sind sie schwer zu pflegen?

A

Bäume sind unsere Freunde. Lieben, umarmen Sie sie, pflanzen Sie welche! Bäume bieten der Tierwelt zahlreiche Vorteile und machen nur sehr wenig Arbeit. In fast jeden Garten, wie klein auch immer er ist, passt ein Baum. Und erfreulicherweise sind einige der Bäume mit dem größten Nutzen für die Tiere die hübschesten!

Bäume sind wichtig. Sie geben uns die Luft, die wir atmen, schützen uns vor Überflutungen und Hitzewellen und geben Tieren Nahrung und Schutz. In fast jedem Garten ist ein einziger Baum besser als gar keiner!

Viele Gärtner befürchten, dass kleine Bäume nach und nach zu Riesen werden, ähnlich wie sich „Mini-Koniferen" in vielen Gärten der 70-er Jahre zu Giganten ausgewachsen haben. Zum Glück gibt es viele kleine Bäume mit Nutzen für die Tierwelt, die niemals größer als Ihr Haus werden. Bäume machen im Allgemeinen wenig Arbeit. In den ersten Jahren müssen sie gestützt und bei Trockenheit gegossen werden, danach muss man höchstens unerwünschte oder beschädigte Zweige entfernen.

Tipps zum Baumpflanzen

In Töpfen gezogene Bäume können zu jeder Jahreszeit gepflanzt werden, am besten aber im Herbst oder zu Beginn des Winters. So haben sie viel Zeit, vor der sommerlichen Trockenheit neue Wurzeln zu bilden.

1. Graben Sie ein Loch, das etwas breiter und ein klein wenig tiefer als der Topf ist, setzen Sie den Baum hinein und schütten Sie die Erde wieder über die Wurzeln. Drücken Sie sie vorsichtig fest, gießen Sie den Baum gut und stützen Sie ihn bei Bedarf ab.

2. Damit der Baum gut anwächst, sollte man in einem Radius von 1 Meter um den Stamm Rindenmulch aufbringen.

Einen Busch in einen Baum verwandeln

Um einen kleinen Baum zu erhalten, der nie riesengroß wird, kann man einen Strauch in einen Baum verwandeln, indem man dabei gezielt eine Krone aufbaut. Dies funktioniert ziemlich gut mit den kräftigen Säckelblumen (auch „kalifornischer Flieder", *Ceanothus*), Kirschlorbeer (*Prunus laurocerasus*), Zwergmispel und dem Perückenstrauch (*Cotinus*). Sie können dies bei einer bestehenden Pflanze tun, indem Sie die unteren Zweige bis zum Stamm entfernen. Oder Sie erziehen einfach eine neue Pflanze.

VIER DER AM BESTEN FÜR WILDTIERE GEEIGNETEN BÄUME

1. Felsenbirne. Das ist vielleicht der perfekte kleine Baum. Der Name spielt auf die kleinen, aber schmackhaften Früchte an, die von Vögeln geliebt werden. Hübsche Frühlingsblüte, zartes Sommerlaub und tolle Herbstblattfarbe. Zu den empfohlenen Sorten gehören *Amelanchier lamarckii* und *A. x grandiflora* ‚Robin Hill'.

2. Holzapfel. Es gibt viele Sorten von Holzapfelbäumen, und sie alle eignen sich hervorragend für die Tierwelt. Auf die üppige Frühlingsblüte – von den Bienen geliebt – folgen kleine Äpfel, die in den kälteren Monaten eine nützliche Nahrungsquelle für Vögel darstellen. Zu den empfohlenen Sorten gehören *Malus toringo* ‚Scarlett', *Malus sylvestris* (unser heimischer Holzapfel) und *Malus* ‚Evereste'.

3. Zwergmispel. Vielleicht denken Sie dabei an Sträucher, aber einige sind groß genug, um als kleine Bäume angebaut zu werden. Die Zwergmispel ‚Cornubia' ist ein prächtiger, wintergrüner Baum, der den Menschen Privatsphäre und gleichzeitig Nahrung und Unterschlupf für Vögel bietet. Weiße Blüten im Sommer werden zu leuchtend scharlachroten Herbstbeeren.

4. Weißdorn. Unsere heimischen Weißdorngewächse (*Crataegus monogyna* und *C. laevigata*) und ihre einblütigen Kultursorten (wie z. B. ‚Punicea') bilden großartige kleine Gartenbäume. Sie haben im Frühjahr weiße oder rosa Blüten und rote Früchte im Herbst. Sie werden von Vögeln, Bienen und Schmetterlingen geliebt.

3

1

2

4

F Ist ein schmaler Garten noch nützlich für die Tierwelt?

EIN GARTEN, der in seiner Form eher einer Startbahn gleicht, ist ein häufiges Problem. Hohe Zäune und gerade Betonwege machen die Sache oft noch schlimmer. Kann ich trotzdem einen interessanten, grünen Garten anlegen, ohne dass er kleiner wirkt?

A Sie können die längliche, schmale Form eines Gartens leicht verschleiern und ihm mehr Raum geben, indem Sie ihn mit verschiedenen Formen gestalten. Diagonalen und Kreise eignen sich hervorragend, um die Weite eines Raumes hervorzuheben. Unterteilen Sie den Garten in separate Bereiche und betonen Sie mit Kletterpflanzen und Bögen, die den Blick durchlassen, eine gewisse Höhe, dann wird man kaum bemerken, dass er einmal ein Streifen war.

Geben Sie ihm Form

Alles, was Sie tun können, um die Breite Ihres Grundstücks zu betonen, wird es größer erscheinen lassen. Diagonalen sind dabei nützlich; indem Sie die quer durch den Garten verlaufenden Linien verlängern, erweitern Sie die Perspektive. Legen Sie im ganzen Garten auch Pflasterungen, Beete oder sogar den Formschnitt von Pflanzen diagonal an. Kreise sind eine gute Möglichkeit, das Auge festzuhalten. Mähen Sie Ihren Rasen kreisförmig oder legen Sie eine kreisförmige Terrasse an. Oder kombinieren Sie beide Prinzipien und fügen Sie einige schwungvolle Linien von einer Seite zur anderen in das Design ein.

Grenzen aufbrechen

Verbergen oder entfernen Sie Grenzzäune möglichst. Mit Kletterpflanzen, Sträuchern und Bäumen kann man unansehnliche Zäune verstecken. Wenn man nicht genau sieht, wo der Garten endet, wird man ihn als größer wahrnehmen. Verwenden Sie Spalierstangen, um wildtierfreundliche Kletterpflanzen wie Geißblatt zu stützen, und pflanzen Sie kleine Bäume wie Holzäpfel. Sie müssen auch nicht ganz am Rand des Gartens stehen, denn wenn sie näher am Haus sind und man durch, unter oder um sie herum schauen kann, hilft das, das Gefühl der Enge zu vertreiben.

Planen Sie in die Höhe!

Nutzen Sie den vertikalen Raum zu Ihrem Vorteil. Bäume, Stangen, Torbögen und Sträucher nehmen zwar etwas Platz weg, aber sie lenken das Auge nach oben und nach außen und lassen den Raum größer erscheinen. Kleine Gärten brauchen keine kleinen Elemente; wenn Sie alles im Kleinformat anlegen, wirkt es beengt und winzig. Wählen Sie ein paar Lieblingselemente aus und schaffen Sie Platz, um diese gut umzusetzen.

Durch das Gartentor

Einen länglichen, schmalen Raum in eine Raumfolge zu unterteilen, ist ein bewährtes Mittel, das Beste aus einem streifenförmigen Garten zu machen. Jeder Raum kann anders gestaltet und vielleicht auf eine bestimmte Tierart zugeschnitten werden. Der Schlüssel für diese Gestaltungsweise liegt darin, dass man immer von einem Raum in den nächsten blicken kann. Torbögen können dabei helfen oder auch ein geschwungener Pfad, der den Blick hinausführt.

KLEINE BÄUME FÜR DIE TIERWELT

Schmale, säulenartige Bäume machen sich gut in länglichen Gärten, weil sie ihnen Höhe verleihen und dabei aber nur wenig Platz beanspruchen. Hier sind ein paar Vorschläge.

***Sorbus aucuparia* 'Fastigiata'** Eine aufrechte Form unserer heimischen Mehlbeere.

***Hoheria* 'Borde Hill'** Malvengewächs, immergrün, blüht im Sommer.

***Juniperus scopulorum* 'Skyrocket'** Blaugrauer Wacholder, dorniges Blattwerk, ideal für Vogelnester.

***Malus* 'Van Eseltine'** Schmaler Holzapfel, im Frühling mit rosa Blüten.

***Eucryphia lucida* 'Pink Cloud'** Immergrün mit rosa Blüten im Sommer, nützlich für Bienen.

▼ Die Unterteilung in unterschiedliche Bereiche und Höhen lassen einen Garten größer wirken.

F Wie kann man eine Gartenmauer für noch mehr Tiere attraktiver machen?

Ist eine Mauer nur eine Barriere oder hat sie auch Vorteile für die Tierwelt und für Gärtner? Sollte man Kletterpflanzen daran hochwachsen lassen, damit sie tierfreundlich ist, oder haben kahle Ziegelsteine auch einen Wert für die Natur?

A Gartenmauern sind ein unglaublich vielfältiger Lebensraum für viele Tierarten. Bienen, Vögel und sogar Fledermäuse schätzen deren Wärme und Schutz. Bepflanzen Sie sie für maximale Umweltfreundlichkeit mit Kletterpflanzen. Wenn Sie dafür die richtigen auswählen, wird Ihre Mauer zu einem besonders wertvollen Habitat.

Mauer klingt zunächst nach einem besonders schlechten Element im naturnahen Garten. Aber Mauern können für überraschend viele Tiere Lebensräume sein. Auch nackte Mauern, darin siedelt sich oft die Rote Mauerbiene (*Osmia bicornis*) an, eine flaumige, rötlich-braune kleine Biene, die gerne in alten Nagellöchern nistet. Rote Mauerbienen sind hervorragende Bestäuber, besonders von Apfelbäumen. Wenn Sie eine sonnige Mauer ohne Nagellöcher haben, bohren Sie doch kleine Löcher hinein, dann werden Sie sehen, dass die kleinen Kreaturen schnell hineinfliegen.

Nach Osten oder Norden ausgerichtete Mauern sind auch prima Standorte für Vogelhäuser. Standardhäuschen für Blaumeisen, Stare und Sperlinge sollten in 2–4 Metern Höhe angebracht werden. Wenn Sie eine sehr hohe Mauer haben (über 4 Meter), ist ein Kasten für Fledermäuse auch eine Möglichkeit.

Den besten Nutzen für die Tierwelt erzielen Sie mit Kletterpflanzen. Sie stellen Beeren und natürliche Nistplätze für Vögel, Blüten für Bestäuberinsekten und Lebensraum für viele kleine und große Tiere bereit. Setzen Sie Kletterpflanzen im Abstand von etwa 30 Zentimeter unten vor die Mauer. Als Stütze können Sie Drähte anbringen und diese durch Ringschrauben ziehen. Oder stellen Sie ein Spalier auf, das Sie an 6 Zentimter langen Latten befestigen, die in die Wand geschraubt werden.

Gerüstkletterer oder Selbstklimmer

Während die meisten Kletterpflanzen eine Stütze brauchen, damit sie an der Wand hochwachsen können, haften manche von selbst an Mauern. Efeu, die Selbstkletternde Jungfernrebe, Kletterhortensien und Trompetenblumen (*Campsis*) haften alle mit speziellen (Adventiv-) Wurzeln von selbst, dabei beschädigen Sie gesundes Mauerwerk nicht.

Efeu
Hedera helix

TIERFREUNDLICHE KLETTERPFLANZEN FÜR SONNIGE UND SCHATTIGE MAUERN

Kletterhortensie, (*Hydrangea anomala subsp. petiolaris;* Schatten) Hübsche weiße Blüten im Sommer, von Bienen geliebt. Gedeiht in schattigen Gärten, erträgt etwas Sonne, mag es aber nicht an heißer, trockener Stelle. Die Blätter färben sich hellgelb, bevor sie im Herbst abfallen.

Kletterhortensie (*Pileostegia viburnoides;* Schatten) Eine Verwandte der Hortensie, die im Spätsommer und Frühherbst flauschige weiße Blüten trägt, nach denen die Bienen verrückt sind. Braucht eine geschützte Stelle, Schatten und zuverlässig feuchte Erde. Immergrün, also ein Winterrefugium für einige Arten.

Efeu (*Hedera helix;* Sonne oder Schatten*)* Efeu ist ein Star unter den tierfreundlichen Pflanzen. Sein dichtes, immergrünes Wachstum beherbergt viele Tiere über den Winter und seine Herbstblumen sind eine wertvolle Nektarquelle für Bestäuber. Vögel mögen die bläulichen Beeren im Winter und Frühling. Es gibt viele Efeusorten, auch einige mit goldenen oder gescheckten Blättern.

Clematis, (*Clematis tangutica ‚Bill Mackenzie‘;* Sonne oder Halbschatten) Eine schöne, mehrjährige Mehrzweck-Clematis. Auf leuchtend orange-gelbe Blüten im Spätsommer und Herbst (eine nützliche Blütezeit für Bienen) folgen attraktive, flaumige Samenköpfe, die sich gut als Nistmaterial für Vögel eignen.

Feuerdorn (*Pyracantha;* Sonne oder Halbschatten) Vögel mögen Feuerdorn, weil seine dornigen Zweige ihnen sichere Nistplätze bieten und seine intensiv leuchtenden roten, orangen oder gelben Beeren auch eine nützliche Nahrungsquelle sind. Bestäubende Insekten werden seine weißen Blüten im späten Frühling und Frühsommer zu schätzen wissen. Er ist keine Kletterpflanze, sondern muss sanft an eine Wand geführt werden.

F Kann ein umweltfreundlicher Garten preisgünstig gestaltet werden?

IST EIN UMWELTFREUNDLICHER GARTEN nur etwas für Menschen, die sich einen Hybridwagen leisten können und Platz für einen Wildrasen haben? Heißt umweltfreundlich teuer oder kann man auch Geld bei der Rettung des Planeten sparen?

Rote Johannisbeere
Ribes rubrum

Lassen Sie Luxus-Bienenhotels und teure Igelhäuser links liegen. Bei umweltfreundlicher Gartenarbeit geht es im Kern darum, weniger und nicht mehr zu kaufen. Wirklich ökologisch zu handeln bedeutet, externe Zusätze (zugekaufter Dünger usw.) zu minimieren und selbst gemachten, recycelten und wiederverwendeten Produkten sowie Heimwerkerarbeiten den Vorrang zu geben. Umweltfreundliche Gartenarbeit ist also von Natur aus ökonomisch.

Bauen Sie Obststräucher an

Der Anbau von eigenem Obst und Gemüse ist sehr umweltfreundlich und, je nachdem was und wie man es anbaut, auch ziemlich gut für den eigenen Geldbeutel. Mit leichten, widerstandsfähigen Pflanzen erzielt man in dieser Hinsicht die beste Wirkung. Nehmen Sie zum Beispiel einen Johannisbeerstrauch. Die Pflanze selbst kostet wenig und liefert etwa zehn Jahre lang Früchte, etwa 3,5 kg in einer Saison. So sparen Sie nicht nur Geld für das Obst, sondern auch noch mehr als 200 Plastikkörbchen für die Verpackung. Plus die CO_2-Emissionen des Verkehrs und der Supermärkte. Keine schlechte Rendite für Investitionen.

A Ein umweltfreundlicher Garten ist von Natur aus günstig. Im Zentrum steht das Prinzip, weniger, nicht mehr zu kaufen. Indem man ökologische Methoden beim Gärtnern anwendet – wie die Anzucht von Pflanzen aus Samen, die Herstellung eigenen Düngers und den Anbau von eigenem Obst und Gemüse – spart man Geld und hilft zugleich der Umwelt.

SIND ALLE BLUMEN GLEICH?

Was Blumen betrifft, gibt es große Unterschiede. Wenn Sie Blumen selber aus Samen ziehen, ist das besonders umweltfreundlich und billig. Aber natürlich ist es nicht immer so. Denken Sie an die perfekte Pflanze auf einem Marktstand oder in einem Gartencenter, üppig, mit vielen Blüten und völlig makellos. Keine Informationen darüber, wo sie angebaut wurde oder wer sie gezüchtet hat. Ein Fingerhut in voller Blüte Ende März und nicht wie üblich im Juli – ein Vorbote der kommenden Saison. Sollten Sie ihn kaufen?

Das könnte durchaus eine ökologische Katastrophe sein. Der schwarze Plastiktopf ist wahrscheinlich aus unbenutztem, nicht recyceltem und nicht wiederverwertbarem Plastik. Der Kompost wahrscheinlich zu 100 Prozent Torf, was für ein zerbrechliches Torfmoor eine ökologische Katastrophe ist und aufgrund des CO_2-Verbrauchs schon an Klimakriminalität grenzt. Der Grund, warum die Pflanze so perfekt aussieht, liegt darin, dass sie möglicherweise mit Insektiziden, Unkrauthemmern und Fungiziden behandelt wurde, von denen einige so giftig sind, dass, wenn Bienen sich von Pollen pestizidbehandelter Pflanzen ernähren, die Gehirnentwicklung ihrer Nachkommen beeinträchtigt wird, mit dauerhaften und irreversiblen Auswirkungen, wie eine Studie kürzlich ergab. Und warum blüht der Fingerhut im März? Weil er in einem beheizten Gewächshaus gezogen wurde. Dies ist ein extremes Beispiel, aber es zeigt einige der wahren Kosten für den Kauf von Pflanzen.

Beweisen Sie Grips beim Einkauf

Kaufen Sie kleinere und wurzelnackte Pflanzen und kaufen Sie in der Saison, wann immer möglich. Kaufen Sie bei örtlichen Gärtnereien und fragen Sie nach torffreien Pflanzen. Erwägen Sie, Beetpflanzen durch Stauden zu ersetzen. Ziehen Sie so viele Ihrer eigenen Pflanzen, wie Sie können, aus Saatgut. Das ist viel, viel billiger. Und viel, viel besser für die Welt, ökonomisch und ökologisch betrachtet.

Plastik ist alles andere als fantastisch

Plastik ist ein Knackpunkt, weil es so billig ist. Und da es wasserdicht ist, scheint es ideal für den Einsatz im Freien zu sein. Die meisten Kunststoffartikel zersetzen sich jedoch bei den hohen UV-Strahlen im Freien relativ schnell: Netze ermüden schneller, Gießkannen bekommen Löcher, Etiketten reißen. Ziehen Sie also Alternativen wie Gießkannen aus Metall in Betracht: Sie haben eine längere Lebensdauer und sind recycelbar.

F Muss ein tierfreundlicher Garten immer ungepflegt sein?

Muss ein Garten „designed" werden, um erfolgreich zu sein, oder kann man ihn sich einfach im Laufe der Zeit entwickeln lassen? Sind feste Strukturen wie Pflaster notwendig oder gibt es Alternativen?

A

Eine Vorstellung davon zu haben, welche Funktion die einzelnen Bereiche des Gartens haben sollen, ist gut, damit Sie Ihre Pläne umsetzen können. Die Prinzipien der Permakultur sind dabei eine nützliche Richtschnur, um Ihren Garten so tier- und umweltfreundlich wie möglich zu gestalten und gleichzeitig nützliche Dinge für den Menschen zu schaffen.

Einen Plan für den Garten auszuarbeiten, ist sehr nützlich, um das Beste aus ihm herauszuholen. Ein Plan kann alles sein, von einer detaillierten maßstabsgetreuen Zeichnung auf Papier bis hin zu einer einfachen Vorstellung davon, wofür jeder Bereich in Bezug auf Menschen und Tiere bestimmt ist. Einen Plan zu entwerfen, kann bei der Gestaltung eines neuen Gartens wirklich helfen, etwas Schönes und Nützliches zu schaffen, wohingegen in bestehenden Gärten die Grundlagen vielleicht schon vorhanden sind und Sie an der Entwicklung von Konzepten und der Differenzierung von Bereichen arbeiten können.

Das Führen eines Gartentagebuchs ist dabei sehr hilfreich. Anhand Ihrer Aufzeichnungen können Sie über die Jahre zurückverfolgen, was funktioniert hat und was nicht, und diese Informationen für zukünftige Entscheidungen nutzen.

Der Begriff „Struktur" bezieht sich normalerweise auf die festen Teile des Entwurfs wie Wege, Hecken und Zäune. Generell gilt: Je weicher und natürlicher die Struktur, desto besser ist sie für die Tierwelt und Umwelt. So haben zum Beispiel Wege aus zerkleinerter Rinde oder Kies eine viel geringere Umweltbelastung als Beton oder importierter Stein, und Hecken haben eine viel bessere Ökobilanz als Zäune oder Mauern.

Kann man auch in einem sauberen Garten Tiere anlocken?

Das Beste, das Sie für die Tierwelt tun können, ist, viele Pflanzen anzubauen und falls möglich, einen Teich anzulegen. Während einige Arten unzweifelhaft ungestörte Wildheit schätzen, bedeutet ein ordentlicher Garten nicht, dass es keine Wildtiere gibt. Ein sehr berühmter Wildgarten gehört zu einem vorstädtischen Doppelhaus in Leicester. Hier registrierte die Wissenschaftlerin Jennifer Owen während einer 30-jährigen Studie unglaubliche 2.673 Pflanzen- und Tierarten auf ihrem „sauberen, produktiven Grundstück".

LEHREN AUS DER PERMAKULTUR

Permakultur ist eine umweltfreundliche Art, zu gärtnern und zu leben, die den menschlichen Bedürfnissen gerecht wird und gleichzeitig die Artenvielfalt erhöht. Sie bietet Ihnen viele praktische Möglichkeiten, über Ihren Platz nachzudenken. Permakultur legt auch Wert auf minimale Arbeit bei maximalem Ertrag und verfolgt einen ganzheitlicheren Ansatz der „Belohnung": Sie zeigt sich vielleicht nicht in der Produktion oder in Geld, sondern im Nutzen für Gesundheit und Wohlbefinden. Hier ist eine Auswahl von Permakultur-Prinzipien, die für Hausgärten besonders relevant sind:

Beobachten und handeln. Lernen Sie Ihren Garten und seine Tierbewohner kennen, bevor Sie den Spaten in die Hand nehmen. Faktoren wie Baumschatten, Parkplatz oder die Verhinderung von Überflutungen können viel leichter gelöst werden, wenn Sie Ihre Nachbarn kennen und mit Ihnen zusammenarbeiten.

Gewinn erzielen. Gewinn kann in köstlichen, selbst angebauten Früchten und Gemüse liegen, oder in Wohlfühlfaktoren. Überlegen Sie, welchen Gewinn jedes Element im Garten bringen kann.

Produzieren ohne zu verschwenden. Recyceln Sie, indem Sie kompostieren, überlegen Sie, wo Ihre gekauften Produkte herkommen und wie Sie sie und die Verpackungen nach Gebrauch entsorgen können.

Vom großen Entwurf zu Details. Betrachten Sie die Gesamtheit, die Sie mit dem Garten erreichen möchten und welche Bedingungen dort herrschen, und entwerfen Sie ihn davon ausgehend anstatt etwas zu installieren, was nicht passt.

▶ Gartenteiche sind sehr wertvoll für Wildtiere und können auch sehr schön sein.

Sind alle Hecken gut für die Tierwelt?

Riesen-Thuja
Thuja plicata

Europäische Eib
Taxus baccata

EINE HECKE anstelle eines Zauns zu setzen, ist ein Gewinn für die Natur. Aber haben alle Heckenpflanzen denselben Vorteil für die Tierwelt und die Umwelt? Welche Situationen sind gut dafür?

Hecken unterschiedlicher Höhen sind toll für die Umwelt. Sie stellen Futter und Schutz für Wildtiere bereit, aber sie haben noch viele weitere fast unmerkliche Effekte. Sie reduzieren Luftverschmutzung und Lärm, verringern den Abfluss von Regenwasser, wodurch Überflutungen verhindert werden, und binden Kohlenstoff aus der Atmosphäre. Eine grüne Hecke anstelle eines Zauns oder einer Mauer ist auch immer für die Menschen gut.

Wenn sie einmal fest angewachsen sind, bieten sie auch einen Windschutz. Daher tun Sie mit Hecken nicht nur etwas für die Natur, sondern vermeiden nach einem Sturm auch Kosten für die Instandsetzung von Zaunpaneelen. Bedenken Sie, dass für unterschiedliche Höhen verschiedene Heckenpflanzen geeignet sind, daher sollte man sich zuerst informieren. Wählen Sie die richtige Art, damit Sie sie nicht dauernd schneiden oder nicht zu lange warten müssen, bis sie die gewünschte Höhe hat. Prüfen Sie auch immer, ob ein Zaun auch wirklich Ihnen gehört und nicht dem Nachbarn, bevor Sie ihn ersetzen.

Luftverschmutzung

In Vorgärten an stark befahrenen Straßen kann jede Heckenpflanze den Kohlenstoff von bis zu 60 Dieselfahrzeugen pro Jahr binden! Europäische Eibe (*Taxus baccata*), Zwergmispel und Riesen-Thuja (*Thuja plicata*) sind in dieser Hinsicht besonders wertvoll. Lassen Sie für eine maximale Wirkung Ihre Hecke mindestens 1,5 Meter hoch und 1 Meter breit werden.

Einen Zaun durch einen Hecke zu ersetzen, ist fantastisch für Gartentiere und für die Umwelt. Hecken erbringen viele Ökosystemdienstleistungen, wie die Verringerung der Umweltverschmutzung, die Verhinderung von Überschwemmungen und die Bereitstellung von Lebensräumen für nistende Vögel. Es gibt viele verschiedene Heckenpflanzen, informieren Sie sich daher, um die richtige auszuwählen.

FÜNF HECKENPFLANZEN MIT VIELEN VORTEILEN FÜR DIE UMWELT

Rotbuche (*Fagus sylvatica*). Diese heimische Pflanze unterstützt die Tierwelt und bindet Kohlenstoff. Im Herbst färben sich die Blätter kupferfarben und bleiben während des Winters an der Pflanze. Geeignet für 1,20 bis 6 Meter hohe Hecken.

Kartoffel- (oder Apfel-)Rose (*Rosa rugosa*). Eine leicht anzubauende Rose mit schönen, zart rosa oder weißen Blüten. Nützlich für Bestäuberinsekten und Vögel. Wächst besonders gut auf sandigen Bögen und in Meeresnähe. Geeignet für 1,20 bis 1,50 Meter hohe Hecken.

Ovalblättriger Liguster (*Ligustrum ovalifolium*). Eine klassische Heckenpflanze in Vorstädten, aus gutem Grund, denn sie erträgt Umweltverschmutzungen, ist wildtierfreundlich und hilft auch, Überschwemmungen zu verhindern. Sie ist teilimmergrün und behält so in milden Wintern die meisten Blätter. Geeignet für 1,20 bis 3 Meter hohe Hecken.

Europäische Stechpalme (*Ilex aquifolium*). Eine sehr beliebte heimische Pflanze, die sich hervorragend für die Tierwelt eignet. Ihre stacheligen, immergrünen Blätter und roten Beeren machen sie zu einem idealen Lebensraum für Vögel. Nützlich zur Lärmreduzierung, wächst auch an schattigen Plätzen gut. Geeignet für 1,20 bis 5 Meter hohe Hecken.

Riesen-Thuja (*Thuja plicata*). Meist eine bessere Wahl als die Leyland-Zypresse (*Cuprocyparis leylandii*), da sie nicht ganz so stark wuchert und besser nachwächst, wenn sie stark beschnitten wird. Empfohlen zur Lärmreduzierung. Geeignet für 1,20 bis 3 Meter hohe Hecken.

Wildtiere unterstützen

Stachelige, blühende Heckenpflanzen wie der Feuerdorn und Weißdorn sind für Wildtiere besonders wertvoll. Sie bieten Vögeln Unterschlupf und die Dornen schrecken Katzen und andere Feinde ab – die Vögel scheinen die Stacheln nicht zu stören. Sie bieten Nahrung für Wildtiere in Form von Nektar und Blütenpollen sowie Beeren für Vögel.

Ovalblättriger Liguster
Ligustrum ovalifolium

Muss Komposterde in Plastik abgepackt werden?

WENN SIE WENIGER KUNSTSTOFF verwenden wollen, kann Komposterde ein heikles Thema sein. Muss sie immer in Plastiktüten geliefert werden? Sind die Säcke wiederverwendbar? Gibt es Alternativen zum Kauf von Komposterde in neuen Plastiktüten?

Einige Gartenzentren verkaufen jetzt Kompost in wiederverwendbaren Säcken, und die einzige Möglichkeit, solche Angebote auszuweiten, ist der anhaltende Druck der Verbraucher. Alternativ dazu kann durch einen Großeinkauf Plastikabfall reduziert werden, oder man verwendet Kompostsäcke wieder. Auf Bauernhöfen und kommunalen Kompostierungsstellen kann man Komposterde selbst abfüllen.

Jeder, der eine Weile im Garten gearbeitet hat, wird einen Haufen gebrauchter Kompostsäcke haben, einen zusammengefalteten Stapel Säcke oder einfach einen Sack voll anderer Säcke. Es kann frustrierend sein, dass eine so „grüne" Tätigkeit wie die Gartenarbeit so viel Plastikbelastung zu verursachen scheint.

Plastiktüten sind ein Problem, weil es Jahrhunderte dauert, bis sie sich zersetzen und sie dabei die Umwelt verwüsten (etwa ein Drittel aller produzierten Plastikverpackungen landet im Meer). Selbst wenn man sie wiederverwerten kann, werden sie es oft nicht. Es ist am besten, so weit wie möglich darauf zu verzichten und die, die man hat, noch einmal zu benutzen. Säcke für Kompost, Rinde, Sand und Kies können alle leicht wiederverwendet werden.

Sehr gut kann man etwa alte Säcke mit Mist aus örtlichen Ställen füllen. Gut verrotteter Stallmist ist gut für die Struktur und Fruchtbarkeit des Bodens, und im Allgemeinen sind die Stallbesitzer froh, ihn loszuwerden.

DEN BODEN OHNE KUNSTSTOFF VERSORGEN

Bauen Sie Gründünger an (siehe S. 55), dies ist eine der umweltfreundlichsten Methoden zur Verbesserung des Bodens. Kaufen Sie Dünger lose, wenn Sie können, vor allem wenn Sie einen Kleingarten versorgen oder Bodenverbesserungsmittel für einen neuen Garten benötigen. Außer Plastik sparen Sie viel Geld!

F Wo soll man bei einem neuen Garten anfangen?

DIE NATUR IST LAUNISCH und Gärten können voller Überraschungen sein. Manchmal geht die schönste gesetzte Pflanze ein und diejenige, die Sie schon aufgegeben haben, treibt auf wunderliche Weise Blüten. Wie kann man seine Erfolgschancen steigern?

A Ein bisschen trial and error gehört bei jedem Garten dazu. Lernen Sie ihn und seine Bodenbedingungen kennen, indem Zeit im Garten verbringen und ihn über längere Zeit aus der Nähe beobachten. Je besser Sie ihn kennen, desto erfolgreicher werden Sie sein.

Den eigenen Garten kennenlernen

Beobachten Sie, wo die windigen Ecken sind, wo sich Frost bildet und wo die Sonne zu den verschiedenen Tageszeiten steht. Eine am Morgen in der Sonne liegende Mauer kann mittags schattig sein.

Machen Sie das über ein paar Monate hinweg, damit Sie ein gutes Gefühl für den Platz bekommen. Vielleicht entdecken Sie Ecken, die nach Regen ein paar Tage lang nass sind, das wäre die perfekte Stelle für Pflanzen wie die Sibirische Schwertlilie (*Iris sibirica*).

Achten Sie auch auf Unkraut. Manchmal wachsen die wilden Verwandten unserer Gartenpflanzen aus eigenem Antrieb und geben uns einen hilfreichen Hinweis von Mutter Natur.

Das Ruprechtskraut (*Geranium robertianum*) ist ein Verwandter unserer robusten Storchschnäbel. Wenn Sie es also sehen, warum pflanzen Sie dann nicht eines an, etwa den herrlichen *Geranium* ,Orion'?

Was Unkraut über den Boden erzählt

Die Pflanzen, die ohne menschliches Zutun gedeihen, sind in gewisser Weise hilfreiche Verbündete des Gärtners, da sie einen guten Hinweis auf den Boden und die allgemeinen Bedingungen geben.

Brennnesseln (*Urtica dioica*) sind Futterpflanzen und kommen nur dort im Überfluss vor, wo der Boden reich und fruchtbar ist. Schneiden Sie sie zurück, bevor sie sich aussäen, und geben Sie sie auf den Komposthaufen oder verwenden Sie sie zur Herstellung von Flüssigdünger.

Löwenzahn (*Taraxacum spp.*) wächst auf verdichteten Böden. Seine robusten Pfahlwurzeln sind in der Lage, dort durchzustoßen, wo andere Pflanzen es nicht schaffen, was ihnen einen Vorteil verschafft. Das ist ideal für die langfristige Gesundheit des Bodens, da er Nährstoffe an die Oberfläche bringt und anderen Pflanzen hilft, sich zu etablieren.

Kann man einen Ökogarten terrassenartig anlegen?

AN VIELEN ORTEN auf der ganzen Welt werden Gärten terrassiert, um Landwirtschaft selbst an den steilsten Hängen zu ermöglichen. Denken Sie an terrassierte Olivenhaine in mediterranen Regionen oder gestufte Reisfelder in Südostasien. Aber ist diese Technik für Gärten in Deutschland geeignet?

Wenn Sie an einem Hang wohnen, kann eine Terrassierung eine gute Möglichkeit sein, mehr Nutzfläche zu erhalten. Bei Gärten in Hanglage kann man durch die Anlage einer großzügigen Terrasse auf gleicher Höhe einen ganz neuen Eindruck erzielen.

Das Grundprinzip besteht darin, eine Reihe von über einen Hang verlaufenen Mauern anzulegen. Jede Mauer stützt einen Teil des Hangs, der dann zwischen der Oberkante der einen und der Unterseite der nächsten Mauer geglättet wird. Wenn Ihr Hang nicht sehr steil ist, sind nur ein oder zwei Terrassenmauern erforderlich.

Terrassieren ist harte Arbeit, aber die Ergebnisse sind großartig. Das ist eine gute Möglichkeit, um aus einem Garten in Hanglage mehr nutzbare Fläche zu gewinnen. Warum nicht die verschiedenen Terrassen nutzen, um Themenbereiche wie eine Wildblumenwiese oder ein Gemüsebeet zu gestalten? Die Terrassenmauern selbst können attraktive Elemente sein.

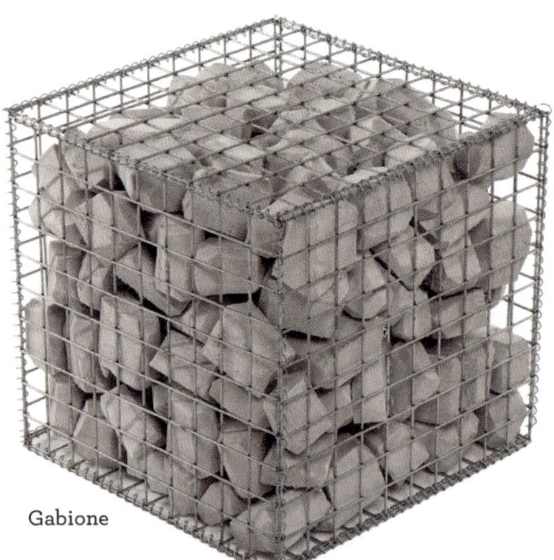

Gabione

Gabionen auf kreative Weise füllen. Alte Maschinenteile, Gestein, Schiefer, Lochziegel, zerbrochene Töpfe oder Rohrstücke bilden interessante Füllungen.

Zerbrochene Töpfe

Gabionen zur Wiederverwertung

Generell ist das Terrassieren eine Aufgabe für Experten. Aber auf seichten Hängen können Sie das auch selbst machen. Gabionen (mit Steinen gefüllte Metallkörbe) eignen sich hervorragend als Stützmauern und sind eine nützliche DIY-Option.

Gabionen werden in Form von flach verpackten Platten geliefert, die mit Spezialschrauben in den Ecken montiert werden. Sobald der Boden und die Seiten befestigt sind, können sie mit Steinen, großen Kieselsteinen oder anderen schweren Materialien gefüllt werden – verwenden Sie, wenn möglich, Steine aus der Region. Gabionen ersparen komplexe Bauarbeiten, da sie durch ihr Eigengewicht an Ort und Stelle gehalten werden. Achten Sie nur darauf, die Gabionen vor dem Befüllen aneinander zu befestigen.

Um Geld zu sparen, können Sie die hintere Hälfte Ihrer Gabionen mit Schutt auffüllen und nur in der vorderen, am Ende einzig sichtbaren Hälfte, Ziersteine verwenden. Dies ist besonders nützlich in neu angelegten Gärten, in denen möglicherweise viel Schutt beseitigt werden muss.

Wenn kein großes Gewicht an Erde gestützt werden muss, kann man leichtere Füllungen für Gabionen in Betracht ziehen. Auf gleiche Länge geschnittene Baumstämme oder dicke Äste können etwa eine wildfreundliche Füllung bilden, oder versuchen Sie es mit Lochziegeln, Teilen von Tonröhren oder alten Ziegeln und stapeln Sie sie auf attraktive Weise.

Alte Maschinenteile

Baumstämme

Wiederverwertete Bauziegel

▲ Sie können verschiedene Materialien als Gabionenfüllung verwenden. Manche, etwa Lochziegel und Holzstämme, können für Tiere wertvollen Lebensraum bilden.

ÖKO-TERRASSEN

Wenn Ihr Garten mehrere verschiedene Terrassen haben soll, versuchen Sie, jeder einzelnen ein eigenes Thema zu geben. In einem sonnigen Garten könnten Sie zum Beispiel eine Wildblumenwiese über einer Gemüsegarten-Terrasse anlegen. Wenn Sie die Bodenarbeiten durchführen, bringen Sie so viel Mutterboden wie möglich von der Wildblumenterrasse auf die Gemüsebeet-Terrasse. Ihre Wildblumenwiese braucht wenig nährstoffarmen Boden, damit die Blumen zwischen den Gräsern blühen, und Ihr Gemüse wird im tieferen Boden darunter gedeihen.

Kapitel 3

Bio-Gartenfrüchte

Ökologische Gartenfrüchte?

WENN SIE JEMALS KOHL angebaut haben, kann es sich so anfühlen, als ob jeder Schädling in der Nachbarschaft davon weiß. Es kann schwierig sein, damit umzugehen, wenn man perfekt aussehende Blätter haben möchte und nicht lauter Netze im Garten spannen oder nach Spray greifen will. Gibt es Gemüse, das Schädlinge nicht zu stören scheint?

Manche Gemüsesorten sind von Natur aus weniger anfällig für Schädlinge, wie Zucchini, Bohnen und Mangold. Pflanzen aus der Familie der Kohlpflanzen, insbesondere solche, die lange brauchen, um zu wachsen, wie Blumenkohl, sind viel stärker gefährdet. Es hilft, wenn Sie die Feinde kennenlernen und Sie entsprechend die Anbaupraktiken ändern, sodass sie nicht mehr gleichzeitig mit den Lebenszyklen der Schädlinge wachsen.

Großer Kohlweißling
Pieris brassicae

Kohl
Brassica

In gewisser Weise könnte man sich den Kohl als das ultimative wildtierfreundliche Gemüse vorstellen. Dutzende anderer Tiere wie Vögel, große weiße Schmetterlinge (im Volksmund als Kohlweißlinge bekannt) und Mottenschildläuse wollen sie mit Ihnen teilen. All diese Insekten und auch Schnecken sind jedoch nur ein weiterer Teil der Nahrungskette.

Bevor das meiste von Ihrer Ernte von den Schädlingen gefressen wird, könnten Sie versuchen, den Kohl mit sehr feinen Netzen abzudecken, anderes Gemüse daneben zu pflanzen und Feinde anzulocken ... oder Sie bauen einfach etwas anderes an.

Schädlinge überlisten

Sie können einige Gemüsesorten viel schädlingssicherer machen, indem Sie die Zeiten für die Aussaat verändern. Die Karottenfliege ist ein schrecklicher kleiner Schädling, dessen Maden die Möhrenwurzeln aushöhlen und ungenießbar machen. Wenn Sie Ihre Möhren jedoch nach Mitte Mai säen, sollte die erste Generation der Fliege schon weg sein. Wenn Sie vor Ende August ernten, vermeiden Sie die zweite Generation der Fliege. Wenn Flohkäfer jeden Sommer Ihren Rucola verunstalten, versuchen Sie,

Schnecke
Gastropoda

ihn über den Winter im Gewächshaus anzubauen, säen Sie ihn dafür im Frühherbst. Mini-Gemüse anzubauen ist eine andere Möglichkeit, die Schädlinge zu überlisten. Bauen Sie Babykarotten, -grünkohl und -brokkoli während der warmen, langen Tage im späten Frühling und Sommer an. Wenn Sie zu dieser Zeit säen und das noch kleine Gemüse ernten, beschränken Sie die Wachstumszeit (und damit die Schädlingsbelastung) auf ein Minimum. Alle diese Nutzpflanzen können anfällig für Schädlinge sein, aber so können Sie sie wahrscheinlich ernten, bevor die Schädlinge sie entdecken.

ZISCHT AB! SCHÄDLINGSRESISTENTES GEMÜSE

- Mehrjähriger Spinat (auch bekannt als Spinatrübe) ist eine wirklich nützliche Kulturpflanze, die kaum von Schädlingen aufgesucht wird, die eher anderes Blattgemüse befallen, meistens welches aus der Familie der Brassica oder des Kohlgemüses. Selbst Tauben lassen ihn eher in Ruhe.
- Bohnen – Während Erbsen kurz nach der Aussaat von Mäusen gefressen werden können und von Tauben, sobald sie Blätter bilden, sind alle Arten von Bohnen im Allgemeinen viel schädlingssicherer. Feuer- und Brechbohnen sind in dieser Hinsicht besonders gut.
- Zucchini sind generell problemlos und vermehren sich stark. Einzig wenn sie noch sehr klein sind, können sie von Schnecken aufgesucht werden. Aber wenn sie eine Größe von etwa 20 cm erreicht haben, besteht keine Gefahr.
- Verschiedene Kürbissorten sind mit der Zucchini verwandt und ungefährdet. Schützen Sie junge Pflanzen vor Schnecken und erfreuen Sie sich am wuchernden Wuchs. Sie eignen sich prima für Kinder – wenn Sie Riesenkürbisse haben wollen, lassen Sie nur eine Frucht an der jeder Pflanze.
- Rhabarber ist eigentlich ein Gemüse, auch wenn er oft zum Obst gerechnet wird, und sehr resistent gegen Schädlinge. Sein säuerlicher Geschmack passt hervorragend zu herzhaften Gerichten – als Ausgleich zur gehaltvollen Makrele und Schweinefleisch oder in süßsauren Asia-Gerichten.

Rhabarber
Rheum rhabarbarum

F Welche Geheimtipps gibt es für die eigene Aussaat?

SAMEN SÄEN, sie keimen und zu schönen Pflanzen heranwachsen zu sehen, ist eine der größten Freuden bei der Gartenarbeit. Gibt es eine Standardtechnik, die für alle Samen funktioniert? Muss man die Anweisungen auf der Verpackung genau befolgen?

A Die Aussaat ist keine exakte Wissenschaft, und Sie werden immer wieder Überraschungen erleben. Sehen Sie die Packungsanweisung als Leitfaden, aber machen Sie sich nicht zu viele Sorgen, wenn Sie sie nicht genau befolgen können. Das Einzige, was sicher ist: Wenn Sie die Samen in der Packung lassen, werden sie definitiv nicht wachsen!

Aussaat von Saatgut 101

Eine einfache Regel für die Aussaat ist, das Saatgut der eigenen Größe entsprechend mit Erde zu bedecken. Je kleiner also das Saatgut ist, desto flacher sollte es ausgesät werden und umgekehrt. Für große Samen wie Erbsen und Bohnen ist Mehrzweckerde gut geeignet. Wenn das Saatgut winzig klein ist, säen Sie es auf die Oberfläche spezieller Anzuchterde und bedecken Sie es entweder mit einer feinen Schicht Vermiculit oder mit einer Plastikhülle (idealerweise mit beiden). Immer torffreie Komposterde verwenden.

Die Packung lesen!

Packungsanweisungen geben die idealen Bedingungen für die Keimung an. Sehen Sie sie als Leitfaden – auch wenn Sie sie nicht exakt befolgen, werden Sie bestimmt Erfolge erzielen. Die Zeit für die Aussaat ist im Allgemeinen wichtiger als die genaue Temperatur. So muss man etwa Tomaten früh aussäen, damit sie im Hochsommer zu großen Pflanzen werden und viele

▼ Pflanzen aus Samen zu züchten, lohnt sich sehr – das verliert nie seinen Nervenkitzel, egal wie oft man es tut!

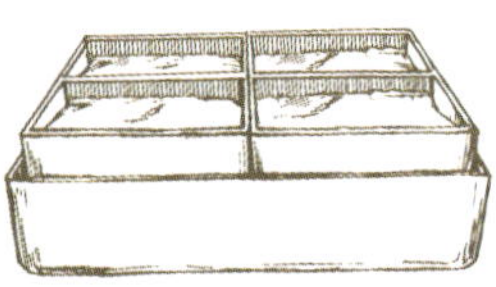

1. Die Samen ihrer Größe entsprechend mit Erde bedecken.

2. Für beste Licht- und Temperaturverhältnisse die Packungsanweisung befolgen.

3. Nach dem Frost die Pflanzen nach draußen setzen.

SIND MANCHE SAMEN BESONDERS UMWELTFREUNDLICH?

Es gibt ein paar Worte, auf die der Ökogärtner auf den Saatgutpaketen achten sollte. Mit „behandeltes Saatgut" kann eine Chemikalie wie z. B. ein Fungizid verschleiert werden, was sich in gewissem Umfang auf die Tierwelt Ihres Gartens auswirkt. Lesen Sie die Packung sorgfältig durch, um zu sehen, um was für eine Behandlung es sich handelt.

F1-Hybriden sind künstliche Kreuzungen zwischen zwei Selektionen derselben Pflanze – ihre Produktion ist weniger umweltfreundlich als die von normalem (offen bestäubtem) Saatgut, und Sie können selbst kein Saatgut für das nächste Jahr aufheben. Allerdings bringen F1-Gemüsekulturen tendenziell mehr Ertrag als andere Sorten.

Die umweltfreundlichsten Samen sind die, die Sie selbst aus Pflanzen entnehmen. Stangenbohnen, Mohn und Studentenblumen kann man leicht aus eigenen Samen züchten. Aber lassen Sie es bei Pflanzen, wie z. B. beim Weißen Fingerhut und bei Kürbissen sowie allen F1-Hybridpflanzen, denn sie lassen sich nicht aus Samen ziehen.

Am besten bewahren Sie Ihr Saatgut in einer verschlossenen Plastikdose im Kühlschrank oder Schrank auf. Dunkelheit, Kühle und gleichmäßige Temperaturen sind entscheidend. Verstauen Sie sie nicht in einem Gewächshaus oder Schuppen, da dies ihre Lebensdauer erheblich verkürzen könnte.

Klatschmohn *Papaver rhoeas*

Früchte tragen. Wenn Sie aber Brechbohnen früh säen, wachsen sie zu schnell und verpassen die Sommerhitze, die sie für eine gute Ernte brauchen. Manche Samen brauchen zum Keimen Licht, andere Schatten, auch davon hängt es ab, wie tief sie gesät werden. Manche keimen eher bei Wärme (etwa Brechbohnen), andere in kälteren Phasen (etwa winterharte Bäume wie Eichen und Buchen).

Beurteilen Sie selbst, wann ins Freie gesät werden soll, insbesondere im zeitigen Frühjahr. Wenn der Boden zu kalt ist, werden Ihre Samen nicht keimen. Prüfen Sie bei der Aussaat von winterharten Pflanzen wie Rote Bete und Karotten, ob Unkraut zu keimen beginnt. Wenn das der Fall ist, wissen Sie, dass der Boden warm genug ist für die Aussaat. Verfallsdaten sind bei einigen Pflanzen nützlicher als bei anderen. Sie werden Mühe haben, Karotten und Pastinaken aus Packungen anzubauen, die älter als ein Jahr sind. Erbsen, Saubohnen und Mohn werden Sie vielleicht noch überraschen.

Wie kann ich mehr Komposterde herstellen?

SELBST GEMACHTE KOMPOSTERDE ist Treibstoff für gesunde, glückliche Gärten. Sie duftet süßlich, ist bröckelig und braun, erweckt Erde zum Leben und lässt Pflanzen größer und besser wachsen. Fast alle Pflanzen profitieren davon – je mehr Kompost Sie herstellen können, desto besser. Wie macht man also mehr von diesem wunderbaren Zeug?

> Denken Sie über diese Grün- und Brauntöne nach – plötzlich kann es mehr Quellen für Kompostierungsmaterial geben, als Ihnen bewusst war. Sie zu befeuchten und miteinander zu vermischen ist der Schlüssel zum Erfolg der Kompostierung. Sobald Sie eine erfolgreiche Charge produziert haben, kann Kompostieren überraschend süchtig machen!

Ein dynamischer Mix aus Küchen- und Gartenabfällen trägt zu einem gesunden Komposthaufen bei.

Fast alle Gartenabfälle verrotten irgendwann und bereichern den Boden auf irgendeine Weise. Der Schlüssel zur schnellen Herstellung eines guten Komposts ist eine Mischung aus trockeneren, holzigen und feuchteren, grünen Zutaten.

Holziges Material wird allgemein als „braun" bezeichnet, dazu gehört holziger Baumschnitt, Pappe und alle strohähnlichen verwelkten Äste. Sie sind kohlenstoffreich und verleihen dem Kompost Volumen und Struktur. „Grünes", wie Rasenschnitt und Küchenabfälle, ist feuchter und gibt dem Gemisch Nährstoffe (insbesondere Stickstoff). Daher wird in einigen Büchern zur Kompostherstellung auf das Verhältnis von Kohlenstoff zu Stickstoff hingewiesen.

Stellen Sie sich Kompost wie die Zubereitung eines Nudelgerichts vor. Sie möchten, dass ein gutes Verhältnis von Nudeln (braun) zu Soße und anderen Zutaten (grün) besteht. Mischen Sie alles gut durch. Halten Sie es feucht, aber nicht nass, rühren Sie es leicht um, sodass alles in Kontakt, aber nicht verdichtet und matschig ist. Das Gleichgewicht dieser verschiedenen Elemente – Kohlenstoff, Stickstoff, Luft und Wasser – ist der Schlüssel zur Herstellung von gutem Kompost.

Mehr Kompost herstellen

Ein Häcksler ist ein unschätzbares Werkzeug, um schneller mehr Kompost herzustellen. Durch das Zerkleinern des Schnittgutes von Bäumen und Sträuchern maximieren Sie dessen Oberfläche und machen es durch das verborgene Heer von Pilzen, Bakterien und wirbellosen Tieren, die Abfall in braunes Gold verwandeln, viel besser verwertbar.

Wenn Sie viel braunes, holziges Material zerkleinern, mischen Sie auf jeden Fall ausreichend Grünzeug, wie z. B. Gemüseschalen oder Rasenschnitt, unter. Wenn Sie nicht genügend grünes Material haben, um das braune auszugleichen, verwenden Sie es lieber als Mulch im Garten. Oder gießen Sie es gut und streuen stickstoffreiche Zusätze wie Kompostaktivatoren oder pelletierten Hühnermist darüber, um die Zersetzung zu fördern.

Ein guter Häcksler kann teuer sein. Sie müssen jedoch nicht unbedingt einen kaufen – schließen Sie sich mit Nachbarn zusammen oder leihen Sie einen nach Bedarf. So sparen Sie Geld und Garagenplatz und reduzieren die Umweltbelastung, weil weniger Geräte hergestellt werden müssen.

Rasenmäher sind Verbündete des Komposthaufens. Denn Rasenschnitt ist die nährstoffreichste Quelle unter dem „Grünzeug“. Wenn Sie im Herbst das Laub auf dem Rasen liegen lassen und zusammen mit dem Gras mähen, haben Sie ideales Basismaterial für tollen Kompost, denn das ist die perfekte Mischung aus „Grün“ und „Braun“.

GEBOTE UND VERBOTE BEIM KOMPOSTIEREN

Was Sie auch kompostieren können

- Pullis aus reiner Wolle
- Staubsaugerinhalt aus dem Haus
- Hunde- und Katzenfell, Menschenhaar
- Baumwollkleidung (nur aus 100 % Baumwolle)
- Benutztes Streu von Hamstern, Mäusen und Kaninchen

Was nicht auf den Kompost darf

- Kot (außer von Pflanzenfressern wie Kaninchen)
- Abfälle von Fleisch- und Milchprodukten
- Viele „kompostierbare“ Kunststoffe wie Einwegbecher brauchen sehr lange, bis sie sich auf dem eigenen Komposthaufen zersetzen

Der Anbau von welchem Gemüse ist besonders energieeffizient?

DER ANBAU VON EIGENEM GEMÜSE nimmt in der Skala der „grünen“ Aktivitäten einen ziemlich hohen Rang ein. Dabei kann man im Vergleich zu Supermarktgemüse fast alle Energiekosten einsparen: Der Eigenanbau gewinnt beim Transport, spart aber auch stark beim Energieverbrauch aufgrund der Verarbeitung, Lagerung und Verpackung. Aber welche Nutzpflanzen sind von allen am energieeffizientesten?

Die Energieeffizienz von selbst angebautem Gemüse hängt von der Sorte und der Art ab, wie Sie es anbauen.

Winterharte Pflanzen wie Rote Bete, Karotten und Ackerbohnen sind am wenigsten energieintensiv von allen. Denn sie werden direkt ins Freiland in die Erde gesät. Dabei entstehen keine potenziellen Energiekosten wie beim Anbau im Gewächshaus. Keine Plastiktöpfe, keine CO_2-Fußabdruck bei der Produktion und Transport von Kompost und keine Heizkosten.

Alles hängt vom Timing ab

Viele Pflanzen können früher unter Abdeckung gesät werden. Das ist in nördlichen Klimazonen nützlich, aber in wärmeren Gärten nicht nötig. Zuckermais, Stangenbohnen, Brechbohnen, Zucchini und Kürbisse sind alles Beispiele für Pflanzen, die man sehr gut nach dem Frost im Freien aussäen kann.

▼ Kürbisse können Ende Mai direkt ins Freiland gesät werden, so spart man Töpfe und Erde.

Die energieeffizientesten Nutzpflanzen sind solche, die man direkt in den Boden sät, und nicht in Töpfen vorzieht. Wenn Sie sich über Energieeffizienz Gedanken machen, versuchen Sie es mit Karotten, Roter Bete, Saubohnen und anderen widerstandsfähigen Pflanzen. Auch mehrjähriges Gemüse lohnt sich, da es noch weniger Aufwand erfordert. Bauen Sie Gründünger an (siehe S. 55), um die Bodenfruchtbarkeit zu verbessern, ohne energieintensive Düngemittel einsetzen zu müssen.

ENERGIEEFFIZIENTES GEMÜSE

Wählen Sie Gemüse, das nicht jedes Jahr neu gesetzt werden muss. Es ist zwar nicht so produktiv wie einjährige Pflanzen, macht aber viel weniger Arbeit. Hier sind die fünf besten:

Spargel: Eine sehr langlebige Pflanze. Spargelbeete können gut ein Jahrzehnt Ernte bringen, weshalb sich die Investition durchaus lohnt.

Lauchzwiebel: Diese sind wie dicke Frühlingszwiebeln, mit grünlich-weißen Blüten. Pflücken Sie die Stiele so, wie Sie sie brauchen, und verwenden Sie sie wie Frühlingszwiebeln.

Artischocke: Große, stattliche Pflanzen, die leicht an sonnigen Standorten wachsen. Säen Sie ein paar extra, damit die Bienen ihre distelähnlichen Blüten genießen können.

Mehrjähriger Spinat (auch Spinatrüben genannt): Kann man monatelang ernten, er liefert schmackhafte, nahrhafte Blätter und Stängel. Gut als gedünstetes Gemüse oder in Nudeln. Nicht wirklich mehrjährig, aber viel länger haltbar als Standardspinat.

Topinambur: Diese sonnenblumen-ähnlichen Pflanzen entwickeln im Herbst Sprossknollen.

Chili
Capsicum annuum

Gewächshäuser und Folientunnel

Einige Nutzpflanzen wie Chilis und Auberginen müssen unbedingt in Wärme unter Abdeckung gesät werden, weshalb sie mehr Energie benötigen. Veredelte Gemüsepflanzen gelten allgemein als produktiver als solche, die aus Samen gezogen wurden. Es ist jedoch unklar, ob der höhere Ertrag ihre energieintensivere Produktion und die Transportkosten aufwiegt.

Die Herstellung von Gewächshäusern und Folientunneln erfordert Energie. Aber das wird durch die erhöhte Produktivität der darin wachsenden Pflanzen mehr als ausgeglichen. Gebrauchte Gewächshäuser aus Aluminium sind eine gute Wahl, da sie fast unbegrenzt haltbar sind und jedes Teil recycelt werden kann.

Energieintensives Gärtnern

Die Herstellung von chemischem Kunstdünger erfordert viel Energie; dadurch entsteht 1 Prozent aller globalen Treibhausgasemissionen. Entscheiden Sie sich lieber für organischen und selbst gemachten Dünger wie pelletierten Hühnermist oder Beinwell-Tee. Stickstoff bindender Gründünger ist eine prima Möglichkeit, den Boden auf energieeffiziente Weise anzureichern. Probieren Sie es mit Klee, Ackerbohnen und Futterwicke.

F Ist die Anzucht aus Samen umweltfreundlicher als der Kauf von jungen Pflanzen?

SAMEN ZU SÄEN und zu beobachten, wie sie keimen und gedeihen, ist besonders befriedigend. Aber lohnt es sich, Zeit und Mühe zu sparen und junge Pflanzen im Gartencenter zu kaufen?

Gurke
Cucumis sativus

A Wenn Sie Ihre eigenen Pflanzen aus Samen züchten, wissen Sie genau, wie „biologisch" sie sind. Wenn die Pflanzen, die Sie kaufen, nicht als biologisch oder torffrei gekennzeichnet sind, wurden sie wahrscheinlich unter Verwendung von Chemikalien und Torf angebaut – beides ist schlecht für die Umwelt. Beim Anbau aus Saatgut haben Sie auch die maximale Auswahl an Sorten.

Es gibt eine Reihe von Möglichkeiten, wie der Eigenanbau aus Saatgut den Zukauf von Pflanzen schlagen kann. Wenn Ihre Pflanzen nicht als „biologisch" gekennzeichnet sind, wurden sie höchstwahrscheinlich mit Chemikalien wie Fungiziden und Pestiziden besprüht. Einige Pestizide, die im Ziergartenbau eingesetzt werden, bringt man mit einer Schädigung des Nervensystems der Bienen in Verbindung – Wochen oder sogar Monate, nachdem sie auf die Pflanze gesprüht wurden.

Plastik ist ein brennendes Thema; zwar ist es für Hobbygärtner schwer zu vermeiden, Sie können es aber zumindest ein paar Mal wiederverwenden und so das neue Plastik, das mit den eingekauften Pflanzen geliefert wird, einsparen. Torf ist ein weiterer Knackpunkt. Die meisten Pflanzen, die zum Verkauf angeboten werden, werden immer noch in Kompost auf Torfbasis angebaut, obwohl einige Unternehmen damit beginnen, torffreie Optionen anzubieten. Insbesondere bei essbaren Pflanzen wie Tomaten haben Sie eine viel größere Auswahl an Sorten, die nur als Saatgut erhältlich sind.

AUSNAHMEN VON DER REGEL

Manchmal lohnt es sich, das eine oder andere kleine Stück einzukaufen, wenn man einen Vorsprung braucht. Bei Chilis braucht man zum Beispiel nur ein oder zwei Pflanzen, außerdem brauchen sie viel Wärme und Licht und eine lange Saison, damit sie gedeihen.

F Kann ich meine Obstbäume schützen?

OBST DIREKT VOM BAUM ZU ESSEN, ist eines der größten Vergnügen von Gärtnern. Leider schätzen nicht nur Menschen saftige Beeren oder einen knackigen Apfel. Vögel, Käfer und andere Kreaturen wollen auch daran teilhaben. Was können Gärtner tun, damit ihre Bäume gesund bleiben und ihre Ernte in der Küche anstatt direkt auf dem Kompost landet?

A

Es gibt viele Möglichkeiten, Obstbäume zu schützen und eine gute Ernte zu bekommen. Physikalische Methoden wie das Spannen von Netzen halten Vögel fern, und wenn Obstbäume als Spalier an einer Mauer oder einen Zaun gesetzt werden, ist es viel einfacher, sie zu schützen. Anstatt beim ersten Anzeichen einer Raupe zur Spritzpistole zu greifen, teilt man besser einen Teil der Ernte mit der Tierwelt im Garten.

SPALIERBÄUME SETZEN

Am einfachsten schützen Sie Obstbäume vor plündernden Vögeln, indem Sie sie als Spaliere oder Fächer an einer Mauer oder einem Zaun wachsen lassen. Das sieht nicht nur toll aus, sondern macht es auch viel einfacher, Netze über den Bäumen anzubringen.

Kirschblüte
Prunus sp.

Vögel können für Obstbauern ein großes Problem darstellen. Sie lieben vor allem Kirschen, aber fast alle Obstbäume sind anfällig für ihre Angriffe. Die beste Lösung ist es, die Bäume mit Netzen zu schützen, wenn man das kann. Billige Plastiknetze sind selten ein Schnäppchen, da sie leicht reißen, sich leicht verheddern und sich im Sonnenlicht schnell zersetzen. Wählen Sie höherwertige Qualitäten – sie machen die höheren Kosten durch eine viel längere Lebensdauer mehr als wett.

In ländlichen Gebieten ist es ratsam, den Stamm vor Schäden durch Kaninchen zu schützen. Kaninchen können jüngere Bäume mit zarterer Rinde stark beschädigen. Verwenden Sie spiralförmige Kaninchenschutzgitter (es gibt biologisch abbaubare Versionen) oder Hühnerdraht – aber achten Sie darauf, diesen während der Wachstumsphase des Baumes zu lockern.

F Kann man von Topfpflanzen ernten?

DURCH DEN ANBAU VON GEMÜSE in Töpfen kann man sehr gut die Anbaufläche erweitern und auch Sorten wählen, für die der Boden im Garten nicht geeignet ist. Aber eignen sich alle Nutzpflanzen dafür? Welche lohnen sich im Hinblick auf eine üppige Ernte besonders?

Es gibt viele gute Gründe, Nutzpflanzen in Töpfen zu ziehen. Zuerst, weil man sie überall hinstellen kann – auch auf windgeschützte, kleine Balkone und Terrassen. Außerdem können Sie so Ihren Lieblingspflanzen die idealen Bodenbedingungen bieten. Wenn Sie zum Beispiel Heidelbeeren mögen und nicht den notwendigen sauren Boden haben, setzen Sie sie in Töpfe mit saurer Erde. Karotten brauchen feine Erde mit wenig Steinen darin. Wenn Ihre voller Kiesel ist, setzen Sie sie in tiefe Töpfe mit sandiger Erde und der Unterschied wird Sie überraschen.

Sehr kräftige Pflanzen mit großen Blättern wie Feuerbohnen trocknen in Töpfen schnell aus und sind empfindlich, wenn Wind über sie herzieht. Wählen Sie kleinere Sorten, etwa ‚Hestia', die von Natur aus niedrig wächst. Obstbäume kann man in große Töpfe setzen – halten Sie nach Terrassenkul-

A Obst und Gemüse in Töpfen anzubauen, ist einfach, extrem befriedigend und macht Spaß. Vor allem Heidelbeeren, Erdbeeren und Salat ergeben eine köstliche Ernte bei nicht zu hohem Aufwand. Mini-Varianten von Obst und Gemüse eignen sich generell besser für Töpfe, weil man sie besser pflegen kann. Sie lassen sich leichter gießen und sind nicht so windempfindlich.

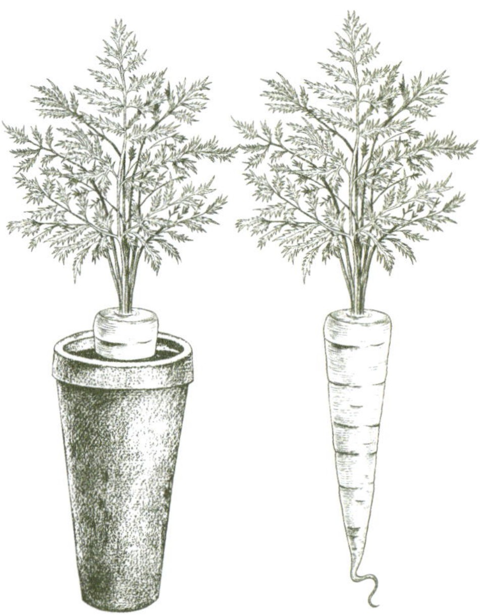

Die Profis unter den Karottenbauern setzen ihre Pflanzen in riesige Behälter mit sandiger Erde.

DIE STARS UNTER DEN OBST- UND GEMÜSEPFLANZEN IN TÖPFEN

- Kartoffeln – Wenn Sie neue Kartoffeln mögen, aber nicht gerne buddeln, versuchen Sie es mit dem Anbau in Töpfen. Viele Lieferanten bieten spezielle „Kartoffelsäcke“ oder Pflanzbehältnisse an, die jedoch potenziell wenig umweltfreundlich sind. Verwenden Sie möglichst selbst gemachte Komposterde.
- Heidelbeeren sind vielleicht die ultimative Topfpflanze. Im Spätsommer produzieren sie unendlich viele Früchte, im Herbst entwickeln sie eine attraktive Farbe und im Frühling hübsche Blüten. Verwenden Sie spezielle, torffreie Erde für krautartige Pflanzen. Wählen Sie dann eine selbstbefruchtende Sorte oder bauen Sie am besten verschiedene Sorten an.
- Erdbeeren wachsen sehr gut in Töpfen, man kann es auch auf der Fensterbank versuchen. Einige Sorten haben attraktive rosa Blüten. Nehmen Sie immertragende Sorten, um die ganze Saison über ernten zu können. Besonders süß sehen Walderdbeeren aus. Verwenden Sie torffreie Allzweckerde.
- Karotten können im Beet schwierig anzubauen sein, wenn der Boden steinig ist. Säen Sie die Samen in große Behältnisse mit sandiger Erde, dann erhalten Sie schöne gerade Wurzeln. Oder versuchen Sie es mit rundlichen Sorten, wenn Sie keine tiefen Töpfe haben.
- Salate eignen sich gut, wenn man wenig Platz hat. Nehmen Sie Schnitt- und Blattsalate statt Salatköpfe. So können Sie ganz nach Bedarf ernten. Alte Pflanztaschen sind ideal für Salatkulturen. Züchten Sie verschiedene Formen und Farben in Töpfen, wie z. B. violette Senfblätter, roter Blattsalat und Mizuna, die so gut schmecken wie sie aussehen.

turen wie Pfirsichen und Aprikosen Ausschau. Sie werden auf speziellen Veredelungsunterlagen angebaut, um ihre Wuchskraft zu verringern, wodurch sie sich viel besser für den Anbau in Töpfen eignen.

Was für Töpfe sind am besten?

Erdfarbene Terrakottatöpfe sind zeitlos schön, aber Achtung! Sie sind porös und geben sehr schnell das Wasser nach außen ab. Das macht es etwas schwierig, die Pflanzen feucht zu halten. An einem trockenen, windigen Sommertag trocknen sie innerhalb weniger Stunden komplett aus. Nehmen Sie daher lieber glasierte Töpfe oder recycelte Plastik- oder Metallbehältnisse.

F Sind Ablenkungspflanzen effektiv?

WENN STUDENTENBLUMEN neben Tomaten stehen, gehen die weißen Fliegen an die Blumen und nicht an das Gemüse. Welche anderen Möglichkeiten gibt es, um Schädlinge von Nutzpflanzen fernzuhalten?

A

Für die verschiedenen Techniken der Begleiterpflanzung gibt es kaum harte Beweise, aber eine Fülle von anekdotischen Belegen. Es kann nicht schaden, es mit Ablenkungspflanzen zu versuchen!

Was bedeutet Begleiterpflanzung?

Pflanzen werden nebeneinander oder in Nachbarschaft zum gegenseitigen Nutzen und dem des gesamten Gartens angepflanzt. Ein gesunder Garten, der auf harmonische Weise gedeiht – indem man mit und nicht gegen die Natur arbeitet – verringert den Gebrauch von petrochemischen Mitteln, Unkrautvernichtern und Schädlingssprays und erlaubt Insekten und anderen Wildtieren, sich in Ruhe zu entfalten.

Durch eine Begleiterpflanzung können die Auswirkungen von Schädlingsbefall signifikant reduziert werden.

Mithilfe von Pflanzen, von denen man weiß, dass sie Insektenfresser anziehen (wie Schwebfliegen, Florfliegen und Marienkäfer), können Schädlinge leicht in Schach gehalten werden.

Der Anbau verschiedener Pflanzen nebeneinander kann die Gefahr, dass ein Schädling oder eine Krankheit eine Nutzpflanze befällt, erheblich verringern.

Einige Pflanzen können gezielt für die Schädlinge angebaut werden, z. B. ein Salatbeet, um Schnecken in Schach zu halten, und Kapuzinerkresse, um Blattläuse anzulocken, damit sie nicht an Bohnen und anderes Gemüse gehen.

Andere Begleitpflanzen scheiden aus ihren Blättern oder Wurzeln chemische Verbindungen aus, die Schädlinge, Krankheiten und sogar Unkräuter verhindern können, ein Phänomen, das als Allelopathie bekannt ist.

▼ Pflanzen wie Studentenblumen zwischen Gemüse zu setzen, kann die Feinde von Schädlingen anziehen und/oder diese durch ihren strengen Geruch abhalten.

WELCHE PFLANZEN KANN MAN NOCH ZUSAMMEN SETZEN?

Der einfachste Weg ist, Gemüse zwischen andere Gartenpflanzen zu setzen und kein reines Gemüsebeet anzulegen. Setzen Sie etwa Obststräucher in ein Strauchbeet oder wenden Sie die Methoden des Waldgartenbaus an. Der Anbau von Pflanzen für Bestäuber trägt ebenfalls zu einer guten Ernte bei (siehe S. 122–123). Die folgenden Pflanzen haben alle einen starken Duft, von dem man annimmt, dass er Schädlinge abschreckt – pflanzen Sie sie in das Gemüsebeet und sehen Sie, was passiert:

- Sommer-Bohnenkraut (*Satureja hortensis*)
- Tabakpflanzen (*Nicotiana taburnum*) halten besonders große weiße Schmetterlinge fern.
- Knoblauch-Schnittlauch (*Allium tuberosum*)
- Basilikum (*Ocimum basilicum*) – kann als Opferpflanze für Weiße Fliegen angepflanzt werden.
- Minze (*Mentha* sp.)
- Wermutkraut (*Artemisia absinthium*)

Studentenblume *Tagetes patula*

Tomate *Solanum lycopersicum*

Passen Studentenblumen und Tomaten zusammen?

Das stark duftende Blattwerk sowohl der *Tagetes patula* als auch *T. minima* – aber nicht der Ringelblumen (*Calendula officinalis*) – hält Blattläuse und Weiße Fliegen fern, insbesondere wenn man sie zahlreich und/oder im Gewächshaus pflanzt. Außerdem locken die leuchtenden Blüten Schwebfliegen und Marienkäfer an, die sowohl als Adulte als auch als deren seltsam aussehenden Larven von Blattläusen leben, sodass sie den Tomaten Schutz bieten können. Die Wurzeln der *Tagetes minuta* sondern auch schwefelhaltige Verbindungen, sogenannte Thiopene, ab, die abschrecken und das Wachstum von Nematoden (Schädlingen im Boden) und Schnecken beeinträchtigen und giftig für einige mehrjährige Unkräuter sind.

Ist es ökologischer, heimisches als exotisches Gemüse anzubauen?

SIE MÖCHTEN IHREN GARTEN möglichst tierfreundlich gestalten und pflanzen viele heimische Arten. Ist es ein logischer Schritt in die richtige Richtung, wenn man an heimischem Gemüse festhält? Lässt es sich leichter anbauen, weil es in unserem Klima entstanden ist?

Pastinak
Pastinac.
sativ

Welches Gemüse ist in Deutschland heimisch?

Vielleicht überrascht es Sie, dass viele Gemüsesorten, die wir als durch und durch deutsch betrachten, in Wirklichkeit alles andere als deutsch sind. Die Stangenbohnen kamen einst aus Mexiko und die Kartoffeln aus Peru. Obwohl Erbsen seit Jahrtausenden in Deutschland angebaut werden, stammen sie ursprünglich aus dem Mittelmeerraum.

Wenn Sie ein rein heimisches Gemüse anbauen wollen, werden Sie sich auf Karotten, Pastinaken, Kohl und Rüben beschränken müssen. Dieses „heimische" Gemüse wurde im Laufe der Jahrhunderte so sehr domestiziert, dass einige von ihnen kaum noch ihren wilden Verwandten ähneln. Rosenkohl ist technisch gesehen die gleiche Art wie unser Gemüsekohl, aber man wird ihn niemals wild auf einer windigen Klippe an der Südküste wachsen sehen. Man könnte also argumentieren, dass er überhaupt nicht mehr heimisch ist.

Machen Sie sich nicht die Mühe, heimischem Gemüse den Vorrang zu geben – es wird schnell langweilig, nur wenige Sorten zu essen. Sogar sogenannte „heimische" Nutzpflanzen wurden meist so stark gezüchtet, dass sie von der Wildpflanze kaum noch zu unterscheiden sind, sodass man sagen könnte, sie sind nicht mehr heimisch. Bauen Sie an, was Sie gerne essen, und genießen Sie es; Sie leisten bereits Ihren Beitrag für den Planeten!

Rübe
Beta vulgaris

Karotte
Daucus carota subsp. *sativus*

Zaunkönig
Troglodytes troglodytes

Den Wildtieren zuliebe nur heimische Arten pflanzen?

Der Blick auf die Tierwelt ist interessant. Sicherlich könnte man argumentieren, dass heimisches Gemüse gut für die Tierwelt ist (siehe S. 70). Sehen Sie sich nur all die Insekten- und Vogelarten an, die sich auf eine Reihe ungeschützter Kohlköpfe stürzen.

Raupen sind zwar genauso wild wie die Blaumeisen, die sich an ihnen laben, aber wollen Sie wirklich Ihren Kohl mit ihnen teilen? Heimische Pflanzen sind nicht einfacher zu züchten – sie mögen sich zwar perfekt an unser Klima angepasst haben, aber sie sind auch schon lange genug da, sodass viele Wildtiere (Schädlinge) auch auf den Geschmack gekommen sind. Nicht heimische Nutzpflanzen wie Stangenbohnen und Zuckermais werden oft – wenn auch nicht immer – weniger von Schädlingen befallen.

Wenn man bedenkt, dass es so viele wildtierfreundliche Pflanzen gibt, die nicht zufällig Gemüse sind, und dass die Frage, was heimisch ist, ohnehin zur Debatte steht (siehe S. 74), müssen Sie sich auf keinen Fall Gedanken darüber machen, ob Ihr Gemüse heimisch ist oder nicht.

WILDSORTEN

Um einen echten Geschmack von heimischem Gemüse zu bekommen, gehen Sie in der Natur auf die Suche. Einige der nicht kultivierten essbaren Pflanzen, die wild wachsen, sind absolut köstlich und kostenlos!

Brennnesseln (*Urtica dioica*) sind der Star unter dem Wildgemüse, denn es gibt sie reichlich und sie sind nahrhaft und vielseitig. Pflücken Sie die jungen Pflanzen im Frühling und verwenden Sie sie für Suppen, Pesto und Nudelfüllungen. Das gilt ebenso für Bärlauch (*Allium ursinum*), Giersch (*Aegopodium podagraria*) und Löwenzahn (*Taraxacum* spp.).

Ein paar nützliche Hinweise: Pflücken Sie niemals an befahrenen Straßen, in Naturreservaten und fragen Sie private Grundstücksbesitzer nach Erlaubnis. Stellen Sie immer sicher, dass Sie alles, was Sie essen, genau identifizieren können und graben Sie niemals die Wurzeln aus. Die goldene Regel: Im Zweifelsfall lieber die Finger davon lassen!

Wenn Sie unbedingt heimische, wildtierfreundliche Nutzpflanzen anbauen möchten, pflanzen Sie Obst an. Himbeeren, Brombeeren und Johannisbeeren sind allesamt heimisch und eignen sich hervorragend für Bienen – und für Vögel, wenn man sie die Früchte essen lässt!

F Ist es umweltfreundlich, ganzjährig Nutzpflanzen anzubauen?

FÜR VIELE MENSCHEN geht es beim Eigenanbau hauptsächlich darum, im Juli Erdbeeren und im August und September Tomaten und Stangenbohnen zu ernten. Aber was ist mit dem Rest des Jahres? Ist es möglich, sich in jedem Monat heimischer Ernte zu erfreuen?

A Mit ein wenig Planung ist es möglich, jeden Tag des Jahres etwas Essbares aus dem Garten zu ernten, selbst auf einem kleinen Grundstück. Die wichtigsten Tricks dabei sind, sicherzustellen, langlebige Pflanzen anzubauen und die Aussaat anderer Pflanzen zuzulassen.

Noch einmal! Sukzessive Aussaat

Es ist ein häufiger Fehler, den junge Gärtner machen: Sie kaufen eine Packung Salatsamen und säen sie aus. Alles auf einmal. Und zwei Monate später haben sie mehr Salat als sie essen können, und danach gar nichts mehr.

Wenn man in kleinen Mengen und über einen längeren Zeitraum hinweg sät, kann man die Ernten verlängern. Auf diese Weise lässt sich jeder Fest- oder Hungerzyklus unterbrechen.

Sukzessives Aussäen eignet sich am besten für schnell wachsende Kulturen wie Salat, Frühlingszwiebeln und Radieschen. Wenn man bei diesen Sorten mit der Ernte zu lange wartet, bilden sie neue Samen und werden ungenießbar. Säen Sie alle paar Wochen im Frühling, Sommer und frühen Herbst aus.

Andere Gemüsepflanzen, wie Möhren und Rote Bete, blühen länger, profitieren aber dennoch von einer oder zwei Wiederholungsaussaaten. Zum Beispiel eine Aussaat im März, gefolgt von einer im Mai und einer weiteren im Juli. Fruchtgemüse wie Tomaten und Gurken brauchen keine Nachsaat, da jede Pflanze ohnehin über einen langen Zeitraum viele Früchte produziert.

Salatpflanzen

Wählen Sie moderne, robustere Sorten von zartem Gemüse wie Melonen, die nicht extra beheizt werden müssen.

Nicht forcieren!

Viele ältere Gartenbaubücher schlagen vor, Gewächshäuser zu beheizen, um außerhalb der Saison ernten zu können. Das war sinnvoll in einer Zeit, als Treibstoff billig war, weniger Menschen Gefriertruhen hatten und niemand vom Klimawandel gehört hatte. Heute sind die Gärtner umweltbewusster und Treibstoff wird immer teurer. Ganz zu schweigen von der Tatsache, dass viele Produkte leicht für den Winter eingefroren werden können – so lohnt es sich für die meisten nicht, Gewächshäuser zu beheizen, um Nahrungsmittel anzubauen. Unbeheizte Gewächshäuser sind im Winter für den Anbau von Salat sowie im Sommer von empfindlicheren Pflanzen wie Melonen, Tomaten und süßer Paprika sehr nützlich.

DIE HUNGERLÜCKE

„Hungerlücke" ist ein etwas altmodischer Begriff für den Zeitpunkt im Jahr, an dem die Vorrats- und Winterernte aufgebraucht ist und die Frühjahrspflanzen noch keine Ernte liefern. Das ist im April, Mai und manchmal bis Anfang Juni der Fall.

Es gibt mehrere Möglichkeiten, die Hungerlücke zu vermeiden. Züchten Sie Frühlingsgrün (im Herbst ausgesäter Blattkohl), Rhabarber und violett keimenden Brokkoli. Wenn Sie ein Gewächshaus oder einen Folientunnel haben, können Sie ihn noch weiter nutzen und frühen Salat, Radieschen, Erbsen, Rote Bete und Babykarotten im Februar und März darin aussäen. Und natürlich gibt es auch Spargel …

Beliebtes Mikrogrün

Wenn Sie, wie viele andere auch, nicht so organisiert sind, wie Sie es gerne wären, dann gibt es schnellen Ersatz für selbst angebautes Gemüse, wenn Sie knapp bei Kasse sind. Mikrogrün sind Mini-Salate und Kräuter, die in Samenschalen im Haus angebaut und geerntet werden, wenn sie nur wenige Zentimeter hoch sind. Kresse aus dem einundzwanzigsten Jahrhundert, im Grunde genommen! Dazu gehören etwa: Fenchel, Rettich, Koriander und Mizuna. Halten Sie Ausschau nach Saatgutpaketen für Mikrogrün, so bekommen Sie viel mehr Samen für Ihr Geld als in normalen Packungen.

Kann ein Folientunnel umweltfreundlich sein?

GIBT ES NOCH EINEN PLATZ für Folientunnel in unseren Gärten und Kleingärten, wo ‚kunststofffrei' zu einem verbreiteten umweltpolitischen Anliegen geworden ist? Überwiegen die ökologischen Vorzüge die Umweltkosten, und können sie recycelt werden?

> Da mit Folientunnel über einen längeren Zeitraum mehr Früchte angebaut werden können, können sie dazu beitragen, die ernährungsbedingten Umweltauswirkungen zu reduzieren. Kümmern Sie sich um Ihren Tunnel, damit er solange wie möglich hält, dann sollten die ökologischen Vorteile Ihrer Nutzpflanzen die Umweltauswirkungen bei der Herstellung mehr als wettmachen.

Aufgrund der geschützten Bedingungen, die Folientunnel bieten, kann in mehr Landesteilen eine größere Vielfalt an Pflanzen angebaut werden. Sie bieten auch höhere Erträge als Freilandkulturen und ermöglichen ganzjährige Ernten. All dieses zusätzliche selbst angebaute Obst und Gemüse kann die ernährungsbedingten Umweltauswirkungen erheblich verringern.

Indem der Folientunnel Pflanzen gegen das Unwetter schützt, kann er dazu beitragen, einige Krankheiten wie die Tomaten- und Kartoffelfäule zu reduzieren. Zudem sind die warmen Bedingungen ideal für den Einsatz biologischer Schädlingsbekämpfungsmittel – so kommen Gärtner weniger in Versuchung, Pestizide einzusetzen.

Wiederverwerten und recyceln

Irgendwann wird die Polyäthylenabdeckung des Folientunnels ersetzt werden müssen, entweder weil die UV-Strahlung sie geschwächt hat oder weil sie gerissen ist. Aber was machen Sie mit der alten Abdeckung?

Die Wiederverwendung sollte für den umweltbewussten Gärtner immer die erste Wahl sein. Wie schlimm der Schaden auch sein mag, es werden immer einige brauchbare Teile übrig bleiben. Diese können für Rahmen für Frühbeete, Mini-Folientunnel für Setzlinge oder als Planen verwendet werden.

Die Abdeckungen werden aus Weich-Polyethylen (LDPE) hergestellt, ein wiederverwertbares Material. Es lohnt sich jedoch, sich zuerst bei der Gemeindeverwaltung zu erkundigen, bevor es dem Abfall hinzugefügt wird. LDPE wird zur Herstellung von Gartenabfallsäcken, Müllbeuteln oder Silofolie recycelt.

Was ist veganes Gärtnern?

VEGANISMUS IST EINE WACHSENDE BEWEGUNG. Wie kann man vegane Ethik auf Gartenarbeit übertragen? Ist vegan auf jeden Fall umweltfreundlicher?

Organischer Dünger

Laut der Vegan Society ist Veganismus eine „Lebensweise, die versucht, soweit möglich und praktikabel, alle Formen der Ausbeutung von und Grausamkeit gegen Tiere für Nahrung, Kleidung oder andere Zwecke auszuschließen“.

Es könnte überraschen, wie viele tierische Produkte bei der Gartenarbeit anfallen, insbesondere Dünge- und Bodenverbesserungsmittel – viele davon sind Nebenprodukte der tierischen Landwirtschaft. Wenn Sie umweltfreundlich gärtnern wollen, lohnt es sich, bei der Auswahl der Produkte darauf zu achten, dass sie technisch gesehen vegan sind.

Vegane Gartenarbeit ist für viele ein organischer, ganzheitlicher Ansatz, der darauf abzielt, potenziellen Schaden für alle Lebewesen zu vermeiden. Es gibt viele Möglichkeiten, dies zu erreichen, wie z. B. der Verzicht auf tierischen Dünger und Düngemittel, indem man pflanzlichen Dünger selbst herstellt, und die Anwendung natürlicher Gartenbautechniken zur Minimierung von Schädlingsproblemen.

Es geht nicht nur darum, die tierischen Produkte wegzuwerfen, denn viele Alternativen sind Kunststoffe, die auf fossilen Brennstoffen basieren.

Die meisten Befürworter des veganen Gartenbaus verfolgen einen viel ganzheitlicheren, organischen Ansatz, der die Ökosysteme als Ganzes betrachtet. Anstatt also von Knochenmehl (auf tierischer Basis) auf ein synthetisches veganes Produkt umzustellen, sollten Sie Ihren eigenen Kompost und Beinwell-Dünger herstellen. Ihr Garten und seine Geschöpfe – und der Planet – werden es Ihnen danken.

Ökologisches Gärtnern

Nutzen Sie die Technik der Begleitpflanzungen, um Schädlingsproblemen vorzubeugen, wie z. B. Studentenblumen neben Tomaten. Fördern Sie natürliche Feinde wie Schwebfliegen, indem Sie bestäuberfreundliche Blumen pflanzen. Mulchen Sie statt zu graben, denn das stört das empfindliche Ökosystem des Bodens, wobei unweigerlich Lebewesen geschädigt werden. Mulchen Sie also mit Kompost und lassen Sie zu, dass Würmer ihn in die Erde ziehen.

Gibt es mehr gute als schlechte Insekten?

Deutsche Wespe
Vespula germanica

Gemeine Wespe
Vespula vulgaris

DAS WORT „INSEKT“ kann unangenehme Assoziationen hervorrufen: stechende Wespen, nervende Fliegen und krabbelnde Kakerlaken. Aber sind die über 33.000 Insektenarten in Deutschland alle schlecht? Haben die allseits bekannten Bösewichte wie Wespen auch andere Eigenschaften?

Unsere Gärten beherbergen eine unglaubliche Vielfalt an Insekten. In einer bahnbrechenden 30-jährigen Studie untersuchte die Wissenschaftlerin Dr. Jennifer Owen diese Wildtiere in ihrem durchschnittlich großen Vorstadtgarten in Leicester. Sie erfasste fast 2.000 Insektenarten, wobei ihrer Aussage zufolge einige Gruppen nicht gezählt wurden, sodass die Gesamtsumme laut dem Ökologen und Autor Ken Thompson eher bei 8.500 hätte liegen können. Das ist eine Fläche, die etwa doppelt so groß ist wie eineinhalb Basketballplätze.

Diese erstaunliche Zahl beeindruckt umso mehr, wenn man sie aufschlüsselt. Dr. Owen fand 533 Arten parasitärer Wespen. Große Sache? Eigentlich ja, wenn man bedenkt, dass sie zwar für den Menschen harmlos, aber wichtige Räuber von Gartenschädlingen wie Raupen und Blattläusen sind. Wenn Sie jemals hohle, papierartig aussehende, tote Blattläuse an Ihren Pflanzen sehen, müssen Sie wissen, dass unsere kleinen Verbündeten hart gearbeitet haben.

Selbst die geizigen, summenden Wespen, die wir alle von Sommerpicknicks kennen, haben ihre Bestimmung. Korrekterweise – wenn auch für Nicht-Wissenschaftler etwas ironisch – nennt man sie „soziale Wespen“ (vielleicht sollten sie eher „unsoziale“ Wespen heißen?). Dabei begegnet Ihnen wahrscheinlich die Gemeine Wespe (*Vespula vulgaris*) und die Deutsche Wespe (*Vespula germanica*). Beide sind wichtige heimische Bestäuber und wie ihre parasitären Vettern schlemmen sie gerne an Gartenschädlingen wie Blattläusen und Raupen. Der Hauptunterschied besteht darin, dass sie ihre Beute gerne von außen nach innen anknabbern, statt wie andere Parasiten von innen nach außen zu fressen. Ist die Natur nicht manchmal herrlich?

Unter den Tausenden von Insektenarten, die selbst in bescheidenen Gärten auftreten, gelten nur wenige als Schädlinge. Streben Sie daher ein Gleichgewicht an und tolerieren Sie nicht nur einige wenige Schädlinge, denn dies kann dazu beitragen, Populationen ihrer Feinde aufzubauen.

DIE WICHTIGSTEN GARTENINSEKTEN

Honigbiene
Apis mellifera

Außer Wespen gibt es noch viele andere Insekten, die im Garten nützlich sind, beim Bestäuben von Nutzpflanzen bis hin zum Vertilgen von Blattläusen.

Schwebfliege (*Syrphiadae*) Diese harmlosen Fliegen imitieren zu ihrer eigenen Sicherheit Wespen und Bienen. Die Larven einiger Arten verschlingen Blattläuse und die Adulten helfen auch bei der Bestäubung von Pflanzen. In Deutschland gibt es ungefähr 450 Arten.

Schwebfliege
Syrphidae

Marienkäfer (*Coccinella* spp.) Schauen Sie sich die Marienkäferlarven genau an: Sie sehen furchterregend aus, wie Science-Fiction-Gestalten mit grau-schwarzen Körpern, die mit Stacheln und Flecken in Gelb und Orange bedeckt sind. Für den Menschen sind sie harmlos, aber jede von ihnen kann bis zu 5.000 Blattläuse fressen. In Deutschland wurden 82 Arten gezählt.

Gemeine Florfliege (*Chrysoperla carnea*) Auch bei diesem Insekt sind die Adulten hübsch, aber die schädlingsfressenden Larven eher hässlich. 35 Arten gibt es in Deutschland, die meisten haben einen schimmernden grünen Körper, durchscheinende Flügel und lange Fühler. Sowohl Adulte als auch Larven fressen gerne Blattläuse.

Bienen (*Apis* spp.) Es gibt viel mehr Bienen als nur Honigbienen. In Deutschland gibt es etwa 561 Wildbienenarten; sie werden – darunter auch Honigbienen und Hummeln – als „Solitärbienen" bezeichnet. Sie alle bestäuben Blumen, was für Nutzpflanzen wie Äpfel und Himbeeren wichtig ist.

Käfer (*Coleoptera*) Laufkäfer und Kurzflügler sind Räuber aller Arten von Gartenschädlingen, von Schnecken bis hin zu roten Spinnmilben und Blattläusen. In Deutschland gibt es etwa 7.000 Käferarten.

Marienkäfer
Coccinella septempunctata

Gemeine Florfliege
Chrysoperla carnea

F Sind traditionelle Kräuter umweltfreundlich?

MANCHE KRÄUTER wie Ingwer und Ginseng haben heilende Eigenschaften – haben auch solche, die hier angebaut werden, ähnlich therapeutische Wirkung? Welche Kräuter sollte man für den Hausgebrauch anpflanzen?

Gewöhnliche Schafgarbe *Achillea millefolium*

A

Viele Kräuter haben einen Nutzen, der weit über den kulinarischen hinausgeht. Die meisten locken auch hervorragend Bestäuber und andere nützliche Insekten an. Legen Sie ein eigenes Kräuterbeet an oder rahmen Sie damit ein Gemüse- oder Obstbeet ein.

Schon in mittelalterlichen Klostergärten, eigentlich aber schon seit sich der Neandertaler vor mehr als 40.000 Jahren in Deutschland ansiedelte, nutzen Menschen Kräuter zum Heilen und zur Kräftigung. Immer noch sind in 80 Prozent der UNO-Mitgliedsstaaten Kräuter der Hauptbestandteil von Medikamenten. Mit der Zeit hat sich die Gestaltung von Kräutergärten verändert, vom geordneten Apothekergarten wie dem Chelsea Physic Garden in London über die Knotengärten in der Elisabethanischen Ära bis zu der Üppigkeit mit Formstrenge verbindenden Gärten des zwanzigsten Jahrhunderts wie Sissinghurst in Kent.

Eine heilende Tasse Tee

Die therapeutischen Vorteile vieler Kräuter können durch die Zubereitung eines einfachen Kräutertees genutzt werden. Gute Kräuter für Tees zur Beruhigung der Verdauung sind Minze, Kamillenblüten und Fenchelsamen (zerstoßen). Um den Geist in stressigen Zeiten zu beruhigen und zu entspannen, probieren Sie Zitronenmelisse, Lavendel oder Lindenblüten (*Tilia*). Zitronenverbene scheint keine wesentlichen Vorteile zu haben, schmeckt aber köstlich und ist eine gute Ergänzung zu jedem anderen Kräutertee.

Zur Zubereitung eines Kräutertees nehmen Sie eine Handvoll frischer Kräuter – einzelne Sorte oder eine Mischung – und (nachdem Sie sie abgespült und/oder auf Insekten untersucht haben) zerreißen Sie sie grob und geben sie in eine Teekanne. Oder legen Sie einen Deckel auf den Becher, damit die Kräuteröle im Dampf nicht entweichen. Kochen Sie das Wasser auf, lassen Sie es eine Minute stehen, damit das heiße Wasser die Blätter nicht verbrennt, und gießen Sie es dann über die Kräuter. Den Deckel aufsetzen und den Aufguss bis 10 Minuten vor dem Servieren ziehen lassen. Trinken Sie nicht mehr als dreimal am Tag einen Kräutertee aus denselben Kräutern.

Kräuter gegen Erkältung und Grippe

Andere weitverbreitete Gartenkräuter und -pflanzen sind nützlich, um den Körper zu unterstützen, sich von Erkältungen und Grippe zu erholen. Ein gekühlter Aufguss von Salbei (wie oben beschrieben zubereiten, aber vor der Anwendung vollständig abkühlen lassen) ist ein ausgezeichnetes Gurgelwasser bei Halsschmerzen, und frische Eukalyptusblätter können zur Dampfinhalation in eine Schale mit heißem Wasser gegeben werden, um eine verstopfte Nase zu befreien. Es ist erwiesen, dass roher Knoblauch das Immunsystem kräftigt.

Erste Hilfe aus dem Garten

Viele Menschen kennen die lindernde Wirkung eines zerdrückten Breitwegerichblatts bei einem Brennnesselstich. Flache Kratzer und Schnitte (mit klarem Wasser gereinigt) können mit Schafgarbe, Braunelle und Ruprechtskraut gelindert werden. Die Blätter des letzten helfen, wenn man es auf die Haut reibt, Moskitos und andere Ungeziefer abzuwehren.

VORSICHT BEI DER HÄUSLICHEN VERWENDUNG

Stellen Sie immer sicher, dass Sie die Pflanze richtig identifiziert haben, verwenden Sie sie in Maßen und nicht für Kinder unter zwei Jahren. Viele Kräuter haben Kontraindikationen während der Schwangerschaft und Stillzeit. Wenden Sie sich im Zweifelsfall an einen qualifizierten Kräuterspezialisten oder Arzt.

▼ Kräuter sind besonders wertvolle Pflanzen für die Bestäubung von Insekten, aber auch geschätzte Heilpflanzen.

Ruprechtskraut *Geranium robertianum*

F Wie kann man Bienen und andere Bestäuber zu Gemüsebeeten locken?

BIENEN UND ANDERE BESTÄUBERINSEKTEN sind überraschend nützliche Verbündete beim Anbau von eigenem Gemüse. Sie bestäuben nicht nur Nutzpflanzen wie Erdbeeren, die für einen guten Ertrag gedüngt werden müssen, einige dieser geflügelten Wunder können auch helfen, Schädlingsprobleme zu verringern. Wie lockt man sie also an?

Wer braucht Bienen?

Bienen und andere Bestäuber sind für die erfolgreiche Ernte fast aller Obstpflanzen von entscheidender Bedeutung. Damit sind natürlich alle Baum- und Beerenfrüchte gemeint, aber auch Zucchini, Kürbisse und so weiter. Unbestäubt fallen die Blüten von diesen Pflanzen ab und welken und man erhält überhaupt keine Ernte. Die Bestäubung ist auch lebenswichtig, wenn Sie die Samen Ihrer Pflanzen retten wollen.

A

Holen Sie Bienen und andere Bestäuber in Ihren Garten, indem Sie viele Blühpflanzen neben Ihr Gemüse setzen. Viele Kräuter eignen sich hervorragend für die Bestäubung von Insekten und sind in der Küche nützlich. Daher ist die Anlage eines Kräutergartens innerhalb oder neben dem Gemüsebeet eine praktische Möglichkeit, die Tierwelt und Ihre kulinarischen Kreationen gleichzeitig zu fördern.

Einige Bestäuber sind auch Raubtiere, insbesondere Schwebfliegen und Wespen (siehe S. 118–119), sodass sie auch bei der Beseitigung von Schädlingsproblemen helfen. Schwebfliegenlarven ernähren sich von Blattläusen, während Wespen nützliche Feinde der Raupen sind.

Bienen anlocken

Eine goldene Regel des bestäuberfreundlichen Gärtnerns ist, die Spritzpistole wegzulegen. Insektizide können sehr leicht Bienen, Schmetterlinge und viele andere Verbündete im Garten töten oder verletzen. Besprühen Sie vor allem keine blühenden Pflanzen, auch nicht mit organischen oder selbst gemachten Mitteln. Ermutigen Sie die Bestäuber, länger zu verweilen, indem Sie Lebensräume wie Insektenhotels und Bienentränken zur Verfügung stellen – zum Beispiel flache Wasserschalen mit Kieselsteinen, die es den Insekten ermöglichen, sicher zu trinken.

Machen Sie Platz für einige Blumen. Viele Kräuter haben schöne, bestäuberfreundliche Blüten und sind nützliche Begleiter von selbst angebautem Obst und Gemüse. Züchten Sie Schnittblumen und lassen Sie einige für die Bestäuber stehen. Lassen Sie auch ein paar Gemüsepflanzen zur Aussaat stehen (siehe S. 71). Blühendes Gemüse ist ein Magnet für Bienen.

▶ Viele Kräuter sehen nicht nur toll aus und schmecken gut, sie sind auch nützliche Pflanzen für Bestäuber.

Borretsch
Borago officinalis

KRÄUTER MIT FLOWER POWER: EINEN NEKTAR-KRÄUTER-STREIFEN ANLEGEN

Locken Sie Bienen an, indem Sie einen bestäuberfreundlichen Streifen mit Nektarblumen in oder neben Ihrem Gemüsebeet anlegen. Es gibt Hunderte von geeigneten Pflanzen, einige schmecken zufällig auch gut, warum also nicht einen Mehrzweck-Nektar-Kräuter-Streifen pflanzen? Wählen Sie einen sonnigen Platz und machen Sie sich nicht die Mühe, Kompost in den Boden zu geben, da die meisten Kräuter besser wachsen und einen stärkeren Geschmack haben, wenn sie in nährstoffarmen Boden gepflanzt werden.

Fenchel (*Foeniculum vulgare*) Ein hochgewachsenes Kraut mit hübschen gelben Blüten im Sommer, die besonders Schwebfliegen mögen. Jeder Teil der Pflanze ist essbar – verwenden Sie den Pollen als essbare Beilage für Suppen.

Rosmarin (*Salvia rosmarinus,* früher *Rosmarinus officinalis*) Ein immergrünes Kraut mit violett-bläulichen Blüten im Frühling und teilweise auch das ganze Jahr über. Bienen schätzen die lange Blütezeit.

Oregano/Wilder Majoran (*Origanum vulgare*) Sorten mit rosa Blüten locken vor allem Bienen und Schmetterlinge an (in einer Studie der Universität von Sussex werden sie als besonders bienenfreundliche Pflanzen aufgeführt). Schmeckt köstlich zu Tomaten und ist einfacher als Basilikum anzubauen.

Borretsch (*Borago officinalis*) Eine tolle Nektarquelle für Insekten, auch perfekt in einem Glas Pimm's! Lockt vor allem Honigbienen, aber auch Wildbienen und Schmetterlinge an.

Wie kann ich meine Erträge steigern?

DIE PRODUKTIVSTEN BEETE mit heimischem Gemüse können kommerzielle Höfe in Bezug auf den Ertrag erheblich übertreffen. Wie stellen Sie sicher, dass Ihr Gemüseanbau produktiv ist und Ihre Erträge auf umweltfreundliche Art und Weise gesteigert werden?

Halten Sie den Boden in gutem Zustand, indem Sie ihm viel selbst gemachten Kompost beifügen. Versuchen Sie immer vorauszusehen, wann ein Beet in Ihrem Garten frei wird, damit Sie immer etwas säen oder pflanzen und Ihre Fläche das ganze Jahr über optimal nutzen können.

Zeit und Raum

Versuchen Sie, so wenig nackten Boden wie möglich in Ihrem Gemüsebeet zu haben. Der Zwischenfruchtanbau ist eine nützliche Technik, bei der die Lücken zwischen bestimmten Pflanzen genutzt werden, um schnell wachsende Pflanzen hinzuzufügen, solange noch Platz vorhanden ist. Säen Sie zum Beispiel frühen Salat zwischen Spargelreihen – er wird viel Licht haben, bis sich das Blätterdach des Spargels im Hochsommer schließt.

Tomaten, Kräuter und Salat machen sich gut als Zwischenfrucht für Spargel.

Zu diesem Zeitpunkt ist der Salat ohnehin geerntet.

Sukzessives Aussäen hilft, zu viel und zu wenig Ernte in einem bestimmten Zeitraum zu vermeiden. Sie sollten während der gesamten Vegetationsperiode alle paar Wochen kleine Mengen aussäen. Man kann Gemüse oder Salat in Töpfe säen und in den Boden setzen, wenn eine andere Kultur beendet ist. Das ist besonders im Spätsommer nützlich, denn so haben junge Pflanzen Zeit, vor dem Winter erntereif zu werden.

Wenn es nichts gibt, was Sie anbauen können oder wollen, säen Sie Gründünger aus oder mulchen Sie den Boden mit Gartenkompost oder Stallmist.

Technische Hilfe

Zwei technische Möglichkeiten zur Ertragssteigerung sind ein Gewächshaus oder ein Folientunnel (siehe S. 130) sowie die Verwendung von F1-Hybridsaatgut. Dieses wird speziell für optimale, einheitliche Ergebnisse und hohe Erträge gezüchtet. Die Produktion ist jedoch energieintensiver, außerdem kann man diesen Pflanzen kein eigenes Saatgut entnehmen, weshalb es nicht unbedingt die umweltfreundlichste Option ist.

Sonneblume
Helianthus spp.

Anbauen, was passt

Bauen Sie an, was bei Ihnen gut gedeiht. Wenn Sie zum Beispiel einen sehr sauren Boden haben, pflanzen Sie eher Heidelbeeren als Kohl an.

Nutzen Sie den gesamten verfügbaren Platz. Es gibt Pflanzen, die im Schatten wachsen, wie z. B. rote Johannisbeeren, und Kürbisse kann man sogar auf einem Komposthaufen anbauen!

Bestäubung sicherstellen

Viele Obst- und Gemüsepflanzen müssen bestäubt werden, um Früchte zu produzieren. Setzen Sie daher bestäuberfreundliche Pflanzen wie Kräuter, Sonnenblumen und Ringelblumen (*Calendula officinalis*) dazu.

DIE FRUCHTBARKEIT DES BODENS STEIGERN

Fruchtbarer Boden ist der Schlüssel zu einem ertragreichen Gemüsegarten, aber es geht nicht darum, möglichst viel Dünger auszubringen. Seien Sie sich bewusst, dass das Ausbringen von handelsüblichem Allzweckdünger die Chemie Ihres Bodens und die Verbindung zwischen Pflanzen und nützlichen Pilzen (oder Mykorrhizen) stören kann.

Am umweltfreundlichsten erhöht man die Fruchtbarkeit des Bodens, indem man viel Kompost herstellt und als Mulch ausbringt. Gründünger, insbesondere aus Leguminosen, erhöht zusätzlich die Fruchtbarkeit. Selbst gemachter Dünger, etwa aus Beinwell oder Brennnesseln, ist ebenfalls hilfreich, vor allem bei Tomaten.

Denken Sie daran, dass verschiedene Düngemittel unterschiedliche Wirkungen haben. Stickstoffreicher Dünger wie pelletierter Hühnermist ist gut für Blattpflanzen wie Kohlsorten, während kaliumreicher Dünger die Blüte und Fruchtbildung fördert und daher perfekt für Pflanzen wie Chilis und Paprika ist.

Pelletierter Hühnermist

Lohnt sich ein Wurmkomposter?

DIE IDEE EINES WURMPARADIESES hinter dem Haus klingt vielleicht nicht gleich verlockend. Aber viele Leute haben so etwas, worin liegt also der Reiz? Welche Vorteile hat er für die Umwelt und für Ihren Garten?

Wurmkomposter erzeugen wunderbare Produkte, die man im Garten vielfältig verwenden kann. Damit kann man selber umweltfreundlichen Dünger und Bodenverbesserer herstellen, der den Pflanzen richtig guttut. Ein Wurmkomposter ist besonders nützlich, wenn Sie eigenen Biodünger herstellen wollen, Ihr Garten aber zu klein ist und nicht genug Abfälle für einen Komposthaufen abwirft.

„Es gibt kein schöneres Haustier", sagt Amy Stewart, Autorin von The Earth Moved, einem 212-seitigen Werk über den Regenwurm. Das scheint eine kühne Aussage für eine viel geschmähte Kreatur zu sein. Wenn Sie jedoch etwas tiefer graben, werden Sie sehen, dass Würmer ziemlich erstaunliche und nützliche Lebewesen sind.

Was ist ein Wurmkomposter und was macht er?

Wurmkomposter sind Behältnisse, in denen Würmer auf engem Raum gehalten werden, sodass man sie leicht füttern und den von ihnen produzierten Dünger ernten kann. Füttern Sie die Würmer mit Küchenabfällen wie Gemüse-, Eierschalen und Teebeuteln. Die Bakterien bauen sie dann ab und die Würmer ernähren sich von den Bakterien und den Speiseresten. Das klingt vielleicht eklig, aber es produziert die besten natürlichen Düngemittel, die es gibt.

Ein Wurmkomposter besteht zunächst aus Stapelschalen, die mit Küchenabfällen gefüllt werden. Wenn die Würmer eine Schale fertig bearbeitet haben, wandern sie zur nächsten, wobei nährstoffreiche Stoffe und Flüssigkeit zurückbleiben, die nach unten filtriert werden. Sie enthalten nützlichen Stickstoff (fördert das Blattwachstum) und Kalium (fördert Früchte und Blüten). Am Boden sammelt sich Flüssigkeit, die man mit einem Wasserhahn entnehmen kann. Verdünnen Sie sie 1:10 mit Wasser und verwenden Sie sie als Flüssigdünger.

Material für einen gesunden Wurmkomposter.

Gibt es noch eine Ernte, wenn man Schädlinge auf Gemüse lässt?

Wenn man zimperlich beim Zerquetschen von Schädlingen auf Gemüsepflanzen ist oder sich davor ekelt, kann man trotzdem noch brauchbare Ernten erzielen? Oder geht es beim Gemüseanbau nur ums Ganze?

In älteren Gartenbüchern wird das Gemüsebeet manchmal als so etwas wie ein Kriegsgebiet dargestellt. Die Optionen bestanden darin, giftige Chemikalien oder unangenehme Mittel zu verwenden, um das marodierende Insektenleben physisch zu vertreiben. Glücklicherweise haben sich die Zeiten und die Einstellungen geändert.

Wenn Sie Ihren Garten als kleinen Teil eines größeren Ökosystems betrachten, kann das Ihre Perspektive wirklich verändern. Die ruchlose Gartenarbeit von einst ist nicht mehr die Antwort. Wenn Ihre Kohlköpfe also ein paar Raupen haben, können Sie sie ruhig dort lassen.

Wenn Sie die Nerven behalten, kümmern sich dann Wespen oder Blaumeisen sehr gerne an Ihrer Stelle um die Raupen. Marienkäfer kommen, um die Blattläuse zu fressen, und helfen im Gegenzug, die folgende Generation von Feinden zu ernähren, um mit dem nächsten Schädlingsangriff fertig zu werden.

Das Besprühen der Pflanzen mit chemischen Pestiziden tötet die Feinde ebenso wahrscheinlich wie die Schädlinge. Bei schwerem Befall, bei dem keine Feinde in Sicht sind, können Sie entweder biologische Mittel (schädlingsvernichtende Organismen, meist feindliche oder parasitäre Insekten) kaufen oder die Schädlinge physisch entfernen, indem Sie sie mit einem Schlauch abspritzen.

Ein weniger gewalttätiger Umgang mit Pflanzenschädlingen ist der Einsatz physischer Barrieren, wie z. B. feines Gewebe oder Vlies. Da sie aus Kunststoff bestehen, und so Auswirkungen auf die Umwelt haben, sollten Sie sorgfältig damit umgehen und sie wiederverwenden.

Möhrenfliege
Chamaepsila rosae

Auch wenn einige Schädlinge auf den Pflanzen sind, kann man immer noch ernten. Das trägt dazu bei, die Population ihrer natürlichen Feinde gesund zu halten. Wenn Sie so gärtnern, dass Sie Wildtiere anlocken, sind die Feinde nie weit genug weg. Sie müssen nur die Nerven behalten, bis sie da sind.

F Kann Gartenerde wiederverwendet werden?

AM ENDE DER SAISON haben Sie verblühte Pflanzen aus den Töpfen auf Ihrer Terrasse entfernt, aber es ist immer noch viel Erde im Topfboden übrig. Soll sie in die Tonne oder auf den Komposthaufen? Oder kann sie wiederverwendet werden?

Die Wiederverwendung von Erde bringt viele Pluspunkte für die Umwelt, denn so können die Umweltauswirkungen bei der Herstellung, Verpackung und beim Transport gestreut werden. Es gibt jedoch einige Dinge, auf die Sie achten müssen, damit Sie bei der Wiederverwendung von alter Erde die besten Ergebnisse erzielen.

▼ Erde kann wiederverwendet werden, aber Sie müssen sie zunächst auf Schädlinge untersuchen und möglicherweise auch Dünger hinzufügen.

A In den meisten Fällen ist es in Ordnung, Erde wiederzuverwenden, obwohl es zu bedenken gilt, dass sie, nachdem sie eine Saison lang das Pflanzenwachstum gefördert hat, nicht so viele Nährstoffe enthält wie frisch gekaufte Erde. Fügen Sie also etwas Dünger hinzu oder mischen Sie sie mit frischer Erde, und überprüfen Sie sie auf Schädlinge.

Erde in Töpfen wiederverwenden

Man kann gut Erde aus Töpfen wiederverwenden, aber für ein optimales Wachstum sollten Sie etwas frische Erde untermischen und Dünger hinzufügen. Mehrzweckdünger ist für die meisten Pflanzen in Ordnung; aber stellen Sie sicher, dass Sie alte Erde auf eventuell darin lauernde Schädlinge untersuchen. Düngemittel mit langsamer oder kontrollierter Freisetzung sind besonders nützlich, wenn Sie Erde für langlebige Topfpflanzen wie (Zier-)Sträucher wiederverwenden.

Erde im Garten wiederverwenden

Verbrauchte Erde aus Töpfen und Behältern kann man in kleinen Mengen auf den Komposthaufen geben. Fügen Sie nicht zu viel auf einmal hinzu, denn da sie bereits verbraucht ist, wird dadurch die Zersetzung des Komposts verlangsamt. Sparen Sie sich also die Mühe und graben Sie sie direkt in den Boden ein.

Samen säen

Verwenden sie keine gebrauchte Erde, wenn Sie Saatgut aussäen. In schon einmal verwendeter Erde können sich schädliche Pilze, Bakterien, Unkrautsamen oder Schädlinge angesammelt haben, daher ist es immer am besten, das Saatgut in frischer Anzuchterde auszusäen und es mit Leitungswasser statt aus Regentonnen zu wässern, bis es mindestens vier Blätter hat.

ZWEI BÖSEWICHTE IN GEBRAUCHTER ERDE

Dickmaulrüssler sind der Erzfeind des Hobbygärtners. Sie lieben es, ihre Eier in die Erde von Topfpflanzen zu legen. Sobald die Raupen schlüpfen, fressen sie die Pflanzenwurzeln auf, wodurch die Pflanzen verwelken und manchmal absterben. Die Larven der Rüsselkäfer sind cremeweiße C-förmige Maden mit glänzend braunen Köpfen. Zerquetschen Sie sie oder bringen Sie sie auf biologische Weise unter Kontrolle.

Auch Nacktschnecken lieben Topfpflanzen. Kleine Nacktschnecken lungern oft am Boden des Topfes in der Nähe der Drainagelöcher herum. Manchmal legen sie auch Eier in Töpfen ab. Suchen Sie nach perlweißen oder gelblichen Büscheln mit kleinen runden Eiern. Manchmal verwechseln Gärtner diese mit langsam freigesetztem Düngergranulat; diese sind jedoch im Allgemeinen gelb-braun und man findet sie eher im ganzen Kompost als in Büscheln.

Gefurchter Dickmaulrüssler
Otiorhynchus sulcatus

Tigernacktschnecke
Limax maximus

F Lohnt sich ein Gewächshaus?

IN GANZ EUROPA wird häufig Gemüse und Obst unter einem Folientunnel oder im Gewächshaus angebaut und nicht im Freilandbeet. Auch Hobbygärtner machen das, aber wiegen die Vorteile die Kosten für die Einrichtung auf?

A Ein Gewächshaus oder ein Folientunnel ist für jeden, der Gartenarbeit liebt und gerne selbst Nahrungsmittel anbaut, ein enormer Gewinn. Sie sparen – im wahrsten Sinne des Wortes – ein Paket ein, indem Sie dazu beitragen, Lebensmitteltransporte und Verpackungen zu reduzieren. Erwägen Sie den Kauf eines gebrauchten Gewächshauses und bauen Sie darin so viele Pflanzen an, wie Sie können, um den größtmöglichen Nutzen zu erzielen.

Ein Gewächshaus kann eine große Investition sein – nicht nur in finanzieller Hinsicht, sondern auch was den Platz und die benötigten Umweltressourcen betrifft, um es erst einmal zu installieren. Aber darin können Sie eine größere Palette an Nutzpflanzen anbauen, und zwar über einen längeren Zeitraum im Jahr hinweg. Zudem fällt die Ernte größer aus als im Freilandbeet. Der Anbau im Gewächshaus birgt also viele Vorteile. Gemüse wie Tomaten, Gurken und Basilikum haben sich so vielerorts von leicht riskanten Freilandkulturen zu einem ziemlich garantierten Erfolg von Gemüsebauern entwickelt.

Die billigste und umweltfreundlichste Option ist der Kauf eines gebrauchten Gewächshauses aus Aluminium.

Bedenken Sie, dass Sie es wahrscheinlich auseinandernehmen und wieder zusammenbauen müssen, was Zeit und Geduld erfordert, aber letztendlich lohnt es sich. Gewächshäuser sind auf Kleingartenanlagen besonders nützlich, da dort das Wasser über vorinstallierte Rohre oft in Tonnen geleitet und gesammelt werden kann.

▼ Gewächshäuser ermöglichen den Anbau von vielen unterschiedlichen Gemüsesorten.

Warm und trocken

Eine der größten Freuden der Gartenarbeit ist es, an einem kühlen Tag in ein warmes, trockenes Gewächshaus zu flüchten. Von üppigen Pflanzen und Blumen umgeben zu sein und beim Umtopfen die auf das Dach trommelnden

Regentropfen zu hören, hat schon so manches Gärtnerherz über die Jahre erwärmt. Aufgrund der geschützten Umgebung können Sie viel mehr Pflanzen aus Samen züchten, Neues ausprobieren und generell eine weitere Stufe der Gartenarbeit erlangen.

▶ Trauben sind eine köstliche Gewächshauspflanze. Durch die zusätzliche Wärme erhöhen sich die Chancen auf größere Ernten.

Das ist kein Schnäppchen

Kaufen Sie auf keinen Fall billige, instabile Gewächshäuser aus Plastik, wie sie als Bausatz online oder in Discount-Supermärkten erhältlich sind. Sie sind nicht nur eine Umweltkatastrophe, sondern auf lange Sicht auch sehr teuer. Die dünnen Stangen kippen beim ersten Sturm um und die Plastikabdeckungen halten dem Sonnenlicht nicht lange stand. Sie müssen mindestens alle paar Jahre ersetzt werden, was im Vergleich zu den langlebigeren Alternativen schnell teuer wird.

GEWÄCHSHAUS ODER FOLIENTUNNEL?

Ressourcen: Die Herstellung von Gewächshäusern ist ressourcenintensiver, insbesondere von solchen aus Aluminium. Sie halten jedoch wesentlich länger als Folientunnel. Sowohl das Glas von Gewächshäusern als auch Abdeckungen von Folientunneln sind wiederverwertbar, werden aber bei der Wertstoffsammlung nicht immer angenommen.

Flexibilität: Folientunnel sind auf abschüssigem Boden viel einfacher aufzubauen, und aufgrund der zusätzlichen Höhe kann man mit dem Anbau verschiedener Pflanzen experimentieren. Sie gehen jedoch schneller kaputt, z.B. wenn man die Folie versehentlich mit einem Stock durchsticht.

Preis: Zunächst sind Gewächshäuser viel teurer. Aber da die Folien der Folientunnel alle 5–10 Jahre ausgetauscht werden müssen, gleicht sich der Unterschied mit der Zeit aus.

Instandhaltung: Gewächshäuser aus Aluminium müssen praktisch nicht gewartet werden. Eine schnelle jährliche Reinigung genügt. Folientunnel muss man ebenfalls reinigen, außerdem sind sie anfälliger für Schäden durch Haustiere, Stürme oder Stöcke und müssen dann gleich repariert werden.

F Wie lässt sich eine zu große Ernte vermeiden?

IST ES NICHT KOMISCH, wie Vertrautheit Verachtung erzeugen kann? Eine Zucchini im Juni ist ein Leckerbissen; aber wenn Sie Ihre eigenen Zucchini anbauen, legen Sie sie manchmal Ende August jemandem vor die Haustür, klingeln und laufen davon. Gibt es Möglichkeiten, diese Alles-oder-nichts-Situation zu vermeiden, oder gehört das einfach zum Gemüseanbau dazu?

Erbsen
Pisum sativum

Glücklicherweise gibt es eine ganze Reihe von Möglichkeiten, um zu vermeiden, dass die Ernte im Gemüsegarten zu groß wird. Grundlegend ist, zu vermeiden, dass zu viel von einer Sorte zu einem bestimmten Zeitpunkt gesät oder gepflanzt wird. Bei sehr schnell wachsenden Pflanzen wie Salatblättern und Radieschen sollte man alle paar Wochen im Frühling und Sommer eine geringe Menge Samen aussäen.

Bei etwas langsamer wachsenden Pflanzen wie Karotten und Rote Bete können Sie dreimal säen, einmal im zeitigen Frühjahr, einmal im späten Frühjahr und dann noch einmal im Sommer. Ähnlich verhält es sich mit Brechbohnen und Zucchini, hier nimmt man eine frühe Aussaat unter Glas Ende April oder Anfang Mai vor, dann eine weitere im Freiland im Juni. Auf diese Weise erhalten Sie eine gestaffelte Ernte über viele Monate hinweg und nicht nur eine riesengroße im August. Auch hier gilt: Denken Sie daran, nicht zu viele Samen auf einmal auszusäen.

Von sehr widerstandsfähigen Pflanzen wie Schalotten, Zwiebeln, Knoblauch, Saubohnen und Erbsen gibt es sowohl Herbst- als auch Frühjahrssorten. Bauen Sie einige von beiden an, um Ihre Ernten zu strecken. In der Tat können Sie von vielen Pflanzen verschiedene Sorten verwenden und so Ihre Erntesaison verlängern und nicht so viel auf einmal ernten zu müssen.

A

Um eine zu üppige Ernte zu vermeiden, sollte nie zu viel von einer Kultur zu einem Zeitpunkt gesät oder gepflanzt werden. Staffeln Sie die Aussaat- oder Pflanzzeiten von Nutzpflanzen zeitlich und stellen Sie auf diese Weise sicher, dass Sie über einen langen Zeitraum ernten können. Versuchen Sie, für unterschiedliche Erntezeiten verschiedene Sorten einer Gemüse- oder Obstsorte anzubauen.

WIE MAN GROSSE ERNTEN VERWERTET

Am besten verteilt man eine üppige Ernte: Geben Sie sie Freunden, Nachbarn und Tafeln, wenn diese Frischwarenspenden annehmen. In Kleingartenanlagen macht der Austausch von Ernten viel Spaß; man weiß nie, was man dafür bekommt, und es kann eine prima Möglichkeit sein, neue Gemüse- und Obstsorten zu entdecken, die in Ihrer Gegend gut wachsen.

Sehr nützlich ist auch, eine zu große Ernte einzufrieren – selbst angebautes Obst und Gemüse in der Tiefkühltruhe kann einen tristen Februartag wirklich aufhellen! Frieren Sie in kleinen Portionen ein und beschriften und datieren Sie immer alles, damit Sie den Überblick behalten.

Viele Gemüse- und Obstsorten lassen sich hervorragend einfrieren: Beeren, Bohnen, Mangold, Äpfel und Rhabarber sind gute Beispiele dafür. Blanchieren Sie Gemüse kurz in kochendem Wasser oder Dampf, damit es länger frisch bleibt. Die meisten „mediterranen" Gemüsesorten wie Tomaten, Paprika und Zucchini eignen sich nicht so gut zum Einfrieren, aber wenn sie vorher zu Eintöpfen, Soßen oder Suppen eingekocht werden, kann man auch sie wunderbar in der Tiefkühltruhe lagern.

▼ Mit einer üppigen Ernte lässt sich viel machen: einfrieren, entsaften oder einfach mit Freunden und Nachbarn teilen.

Gefrorene Kirschen

Was muss man bedenken, wenn man Honigbienen halten möchte?

DAS SANFTE SUMMEN fleißiger Bienen, die fröhlich Ihr Obst, Gemüse und Ihre Blumen bestäuben, der goldgelbe Honig, der auf heißen Toast tropft ... Imkerei kann ziemlich verführerisch klingen! Aber gibt es auch harte Wahrheiten, die man kennen muss, bevor man loslegen kann?

Bienen nehmen nicht viel Platz in Anspruch, müssen aber sorgfältig platziert werden, damit sie weder Ihnen noch Ihren Nachbarn Probleme bereiten. Es gibt verschiedene Arten von Bienenstöcken und der Bienenzucht. Erkundigen Sie sich, treten Sie einem Imkerverein bei und sammeln Sie viele Informationen, bevor Sie die Ausstattung kaufen oder sich Bienen zulegen.

Bei der traditionellen Bienenzucht wird ein beweglicher Rahmenstock verwendet. Dabei bauen die Bienen Waben (in die sie Eier legen und Honig lagern) auf mehreren Rahmen, die im Bienenstock liegen. Es ist die Aufgabe des Imkers, diese von April bis August etwa wöchentlich zu inspizieren, um den Gesundheitszustand des Bienenvolkes zu überprüfen und ein Schwärmen zu verhindern. Für das Anlegen der Schutzkleidung, Anzünden des Smokers, die Inspizierung der Rahmen und das Zusammensetzen am Ende benötigt man jede Woche mindestens 30 Minuten. Rahmen voller Honig können recht schwer sein – wenn Sie Probleme mit dem Rücken haben, ist das nichts für Sie. Die Honigernte ist aufwendig und mühsam. Man braucht dafür auch eine Menge Ausrüstung, wobei Sie vielleicht Einiges ausleihen oder mieten können, wenn Sie einem örtlichen Imkerverein beitreten. Sie können sich ihm auch anschließen, wenn Sie keine Bienen haben, um die Imkerei zu erlernen. Wenn Sie in Deutschland Bienen halten möchten, müssen Sie das beim zuständigen Veterinär- und Lebensmittelüberwachungsamt anmelden.

Unterschiedliche Ansätze

Es gibt so viele verschiedene Arten der Bienenzucht wie es Imker gibt. Wichtig ist, dass man sich vorher umfassend erkundigt. Traditionalisten möchten so viel Honig wie möglich ernten und füttern dafür die Bienen mit Produkten auf Zuckerbasis, um sie durch den Winter zu bringen. Imker mit biologischem Ansatz greifen weniger in das Bienenvolk ein und nehmen in Kauf, weniger Honig zu ernten. Dafür haben Sie auch weniger Arbeit.

Unsoziales Verhalten

Honigbienen sind im Allgemeinen fügsame Geschöpfe, die nur stechen, wenn sie sich bedroht fühlen. Sie sollten sich jedoch über ihre Flugbahn im Klaren sein. Achten Sie darauf, dass die Bienenstöcke nicht in stark frequentierten Bereichen aufgestellt sind. Installieren Sie sie relativ nahe an Barrieren wie Zäunen oder Sträuchern, damit die Bienen über Kopfhöhe fliegen. Da die Bienen auch ihren Kot ablegen, wenn sie aus dem Bienenstock herausfliegen, sollten Sie sie nicht in der Nähe von Wäscheleinen oder geparkten Autos aufstellen.

IST ES GUT FÜR DIE UMWELT, BIENEN ZU HALTEN?

Auch wenn es den Anschein haben mag, dass die Bienenhaltung garantiert ein Gewinn für die Natur ist, ist die Wahrheit nicht ganz so einfach. Honigbienen sind nur eine von etwa 560 heimischen Bienenarten in Deutschland, wobei sie die einzigen sind, die in so großen Bienenvölkern leben.

Ein Bienenstock mit vielen tausend Bienen in Ihrem Garten oder Kleingarten wird zweifellos die Bestäubung Ihrer Obst- und Gemüsepflanzen verbessern. Eine so große Anzahl von Bienen konkurriert jedoch unweigerlich mit Wildbienen um Nektar und Pollen. Einige Wildbienenarten sind vom Aussterben bedroht, während Honigbienen vergleichsweise weit verbreitet sind.

In Städten und Gemeinden gibt es eher ohnehin nicht viele Wildbienen. Auch wenn Sie neben einem Naturschutzgebiet oder einem für seine Wildbienenpopulationen bekannten Gebiet wohnen, könnte sich ein Bienenstock auf diese wilden Arten negativ auswirken, weshalb man am besten darauf verzichten sollte.

F Ist es umweltfreundlicher, verschiedene Pflanzenarten im Gemüsebeet anzubauen?

SOLLTE EIN GEMÜSEBEET nur für Gemüse sein, ohne Unkraut und in schnurgeraden Reihen angeordnet? Oder macht es Sinn, die Dinge zu mischen und Blumen zwischen Gemüse zu setzen und alles etwas verwildern zu lassen?

Butternutkürbis und Muskatkürbis *Cucurbita*

Es gibt wissenschaftliche Hinweise, die belegen, dass die Vermischung durch die Nachbarschaft bestimmter Pflanzen den Gemüsepflanzen nutzt (siehe S. 110–111). Zum Beispiel können bestimmte Blumen Feinde von Schädlingen anziehen. Wenn man Fenchelkraut im Gemüsebeet hält, erhält man nicht nur über mehrere Monate hinweg hübsche Blumen. Sie ziehen auch noch Schwebfliegen an, deren Larven Blattläuse vertilgen. Studentenblumen (*Tagetes*) sind ein weiteres gutes Beispiel: Früher hat man sie neben Tomaten angebaut, da sie Wurzelnematoden und andere Schädlinge abhalten.

Es lohnt sich, den Standort des Gemüses von Jahr zu Jahr zu ändern („Fruchtwechsel"). Dabei unterteilt man die gängigsten Sorten in Familien: *Brassica* (Kohl, Grünkohl, Blumenkohl usw.), *Allium* (Zwiebeln, Knoblauch, Lauch), Doldenblütler (Karotten, Sellerie, Pastinaken), Hülsenfrüchte (Erbsen und Bohnen) und Nachtschattengewächse (Kartoffeln und Tomaten). Mehrjährige Sorten wie Spargel rotiert man nicht.

Wenn man also im zweiten Jahr den Standort für Sorten derselben Familie ändert, infizieren Schädlinge oder Krankheiten, die sich angesiedelt haben, die nachfolgenden Pflanzen eher nicht. Das Rotieren der Anbaustellen hilft zudem, die Auszehrung des Bodens zu vermeiden.

A

Es ist gut, Pflanzen zu mischen, um große Monokulturen zu vermeiden, ebenso wie jedes Jahr die Anbaustellen zu rotieren. Blumen, Kräuter und andere Nutzpflanzen im Gemüsebeet sehen hübsch aus und locken nützliche Wildtiere an. So wird sich wahrscheinlich die Bestäubungsrate erhöhen und weniger Schädlinge und auch Krankheiten werden die Pflanzen schädigen.

F Kann man Gemüse auch vertikal anbauen?

WENIG PLATZ, aber Lust auf Gemüseanbau? Die Nutzung von vertikalem Raum im Garten kann eine sehr praktische Möglichkeit sein, den vorhandenen Raum maximal zu nutzen. Aber welche Pflanzen eignen sich dafür?

A Vertikaler Gemüseanbau ist eine nützliche Methode, um selbst in den kleinsten Gärten maximale Ernten zu erzielen. Es gibt viele Kletterpflanzen, die nur allzu gerne Rankbögen schmücken oder an Hütten und Mauern hochwandern. Probieren Sie es mit farbenfrohen und schmackhaften kletternden Brechbohnen und Zucchini oder sogar mexikanischen Mini-Gurken.

Dank moderner Züchtung und verschiedener Unterlagen und Beschneidungstechniken können Sie einen Obstbaum auch in den kleinsten Garten setzen.

Das klassische Beispiel für den vertikalen Gemüseanbau ist ein Bohnen-Tipi für Stangenbohnen. Die meisten Gärtner lassen es dabei bewenden, aber es gibt viele andere Gemüsesorten, die gerne an Stöcken, Spalieren, Bögen oder anderen Hilfsmitteln hochklettern.

So gibt es kletternde Sorten von Zucchini und Erbsen. Mini-Kürbisse und Kürbisse sehen großartig aus, wenn sie an Torbögen hinaufklettern (wobei sie darauf vorbereitet sein sollten, die Früchte bei Bedarf zu stützen). Gurken und Mini-Gurken wachsen hervorragend an Drähten an einem Gewächshaus empor.

Kletterbohnen gibt es in verschiedenen Farben und Hülsenformen – violett, gelb und grün, flach oder rundlich. Wenn die Schoten zäh werden, lassen Sie sie einfach an der Pflanze trocknen – denn eingeweicht und anschließend gekocht schmecken sie köstlich.

Vertikaler Anbau in großem Stil

Vertikaler Gemüseanbau ist eine junge Entwicklung. Man baut sogar Salate, Mikrogrün und Kräuter in Lagerhallen, Frachtcontainern und auch in verlassenen Eisenbahntunneln an! Die Pflanzen wachsen dabei unter kontrollierten hydroponischen Bedingungen mit LED-Beleuchtung. Diese Methoden führen zu außerordentlichen Erträgen, die bis zu zehnmal größer als in der konventionellen Landwirtschaft sind. Da der vertikale Anbau mit weniger Platz auskommt und keinen guten Boden benötigt, ist er ideal für die Lebensmittelversorgung im urbanen Raum.

Kapitel 4

Wildtiere unterstützen

Brauchen Bienen Unkraut?

BROMBEERGESTRÜPP, Disteln, wuchernder Efeu ... einige Wildpflanzen, die wir als Unkraut bezeichnen, haben aus unserer menschlichen Perspektive betrachtet einen ziemlich schlechten Ruf. Aber wie sehen die Bienen das? Ist Unkraut nur für den Menschen Unkraut oder auch für die Tiere?

Baumhummel
Bombus hypnorum

Der Mensch ist evolutionär gesehen nur ein Aufschneider. Die Honigbiene ist seit etwa 35 Millionen Jahren auf der Suche nach Blumen, während wir (in unserer heutigen Form) uns erst seit ein paar Hunderttausend abplagen. Das ist weniger als 1 Prozent der Zeit, in der es Bienen gibt. Hinzu kommt, dass wir Pflanzen erst seit den Anfängen der Landwirtschaft in den letzten paar Jahrtausenden als Unkraut bezeichnen. Kümmert es die Bienen, dass wir eine Pflanze für ein Unkraut halten? Nein!

Unkraut ist oft die erste Pflanze, die hervorsprießt, nachdem der Mensch unsere kostbare Erde mit Bulldozern umgepflügt, gegraben oder gepflastert hat. Aufgrund der Tatsache, dass es solche Wunden in süßen Nektar für Bienen verwandeln kann, verdient es ein wenig Respekt. Viele Unkräuter sind wertvolle Bienenpflanzen und tragen dazu bei, selbst unfruchtbares Land in ein Insektenparadies zu verwandeln.

Sind die Pflanzen, auf die wir diese Definition anwenden, bei Menschen ungeliebt und unerwünscht, aber von Bienen gewollt und geliebt? Es gibt kein einheitliches biologisches Merkmal von Unkräutern, außer, dass sie „Pflanzen am falschen Ort“ sind. Eine Blume ist eine Blume, ob es sich nun um einen Sommerflieder handelt, der in den Ritzen eines verlassenen Gebäudes wächst, oder um eine schöne Kornblume auf einer Wiese. Die Tatsache, dass sie überhaupt da ist, ist das, was für Bienen zählt.

◀ Viele verbreitete Gartenunkräuter sind eine reiche Quelle an Nektar und Pollen für Bienen und andere Insekten.

Saisonale Schätze

Einige nicht heimische Unkräuter können für Bienen besonders wertvoll sein, da sie anders als viele heimische Pflanzen im Spätsommer und Frühherbst reichlich Nektar liefern. Es kann zu dieser Zeit eine kleine Lücke bei dem, was Imker den „Nektarfluss“ nennen, geben, und der Schmetterlingsflieder kann helfen, diese Lücke zu füllen.

Was ist mit Rasenflächen?

Ein perfekter grüner Rasen mag für das menschliche Auge ansprechend aussehen, aber für Bienen könnte er genauso gut grün gefärbter Beton sein. Wenn Ihnen überhaupt etwas an Bienen liegt, dann behandeln Sie Ihren Rasen nicht mit Herbiziden (vermeiden Sie jedes Produkt mit dem Wort „Unkraut“ im Namen) und überlegen Sie sich, ob Sie Teile des Rasens im Frühjahr und Frühsommer für einige Monate ungeschnitten lassen. Dort werden dann nektarreiche Gänseblümchen, Klee und Löwenzahn blühen – und die Bienen werden Sie dafür lieben.

Scharfer Hahnenfuß
Ranunculus acris

UNGLEICHE HELDEN FÜR BIENEN

Einige dieser Unkräuter sind ziemlich unbeliebt – dabei zugleich stark wuchernd. Diese Informationen sollen lediglich zeigen, dass selbst die irritierendsten Pflanzen positive Eigenschaften haben können:

Gewöhnlicher Löwenzahn (*Taraxacum officinale*) Dieses hartnäckige Unkraut ist oft die Geißel eines gepflegten Rasens, aber seine Blüten sind eine reiche Quelle an Pollen und Nektar. Jeder gelbe Kopf hat Hunderte kleinerer Blüten, die lebenswichtige Nährstoffe für die Bienen enthalten.

Weißer Klee (*Trifolium repens*) Diese stickstoffbindende Hülsenfrucht zieht parasitoide Wespen an – ein großer Segen, wenn Sie ein Problem mit Blattläusen, Schildläusen und Weißen Fliegen haben.

Berg-Ahorn (*Acer pseudoplatanus*) Viele Bäume sind sehr wertvoll für Bienen, der Berg-Ahorn ist da keine Ausnahme. Er liefert im Mai reichlich Nektar, deshalb fügen einige Imker ihren Bienenstöcken während seiner Blütezeit weitere Rahmen hinzu, um mit dem zusätzlichen Honig fertig zu werden.

F

Welchen Nutzen haben Nacktschnecken?

SIE HABEN FÜHLER, Schleim, Zehntausende von Zähnen und einen untrüglichen Instinkt, mit dem sie die zartesten und wertvollsten der neu gepflanzten Setzlinge eines Gärtners finden. Schnecken klingen wie der perfekte Feind. Aber sind sie wirklich so schlimm, wie wir glauben? Und sind sie alle gleich schlimm?

A

Ob Sie es glauben oder nicht, die meisten Schnecken sind tatsächlich gut für den Garten. Die meisten essen überhaupt keine lebenden Pflanzen – sie sind die Reiniger der Natur und helfen, alle Arten von Gartenabfällen wegzuräumen. Es gibt nur wenige Arten, die lebende Pflanzen schädigen, und es gibt einige, die andere Schnecken fressen. Sie alle sind ein wichtiger Teil der Nahrungskette für Wildtiere.

▼ Trotz ihres gelegentlich lästigen Appetits auf unsere Lieblingspflanzen haben Schnecken einige überraschend positive Eigenschaften.

Nacktschnecken sind ein hart arbeitendes Pack. Man könnte sie als Reiniger der Natur bezeichnen. Es gibt etwa 40 Arten in Deutschland, und die meisten von ihnen verbringen die meiste Zeit damit, harmlos an totem oder absterbendem Material herumzukauen, was dazu beiträgt, Nährstoffe im Garten wiederzuverwerten und sie für Pflanzen zugänglich zu machen. Schnecken auf dem Komposthaufen sind eigentlich eine gute Sache!

Nur einige wenige Schneckenarten sind Schädlinge. Aber auch diese haben ihre Vorteile. Entgegen der landläufigen Meinung fressen sie auch Unkraut – jedoch bemerken Gärtner kleine Unkrautpflanzen oft nicht. Sie sind auch eine wertvolle Nahrungsquelle für Wildtiere wie Igel, Vögel und Kröten.

GUTE SCHNECKE: SCHLECHTE SCHNECKE

1. Tigerschnegel (*Limax maximus*) auch als Große Egelschnecke bekannt. Zweifellos ist das der Superstar jedes Gärtners. Mit seiner kühlen fleckigen Zeichnung und der Neigung, alle Schnecken (und sogar Schlangen) zu fressen, ist er definitiv einer, den man am Leben lassen sollte.

2. Spanische Wegschnecke (*Arion vulgaris*). Kann bis zu 15 cm groß werden und hat entsprechend Appetit. Ihre Farbe variiert von hellbräunlich-orange bis dunkel schokoladenbraun, aber man kann sie leicht mit anderen Arten verwechseln. Sie frisst fast alles und jedes.

3. *Limacus maculatus* (ohne deutschen Trivialnamen). Frisst vor allem Schimmel und Algen und trägt so zur Wiederverwertung von Pflanzennährstoffen bei, ist also eigentlich ein Verbündeter des Gärtners. Es sei denn, es riecht nach Tierfutter, in diesem Fall kann sie über das Ziel hinausschießen.

4. Genetzte Ackerschnecke (*Deroceras reticulatum*). Eine sehr häufige und variable Art, die ziemlich lästig ist. Ihre Farbe kann von weiß bis fast schwarz variieren. Sie zeichnet sich durch ihre dunklen Sprenkel und ihren milchigen Schleim aus.

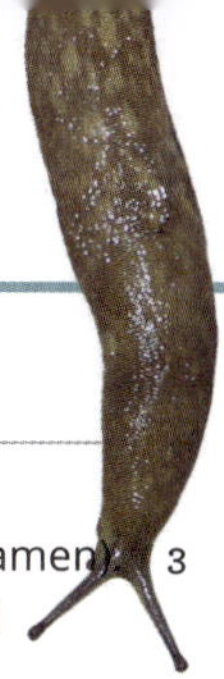
3

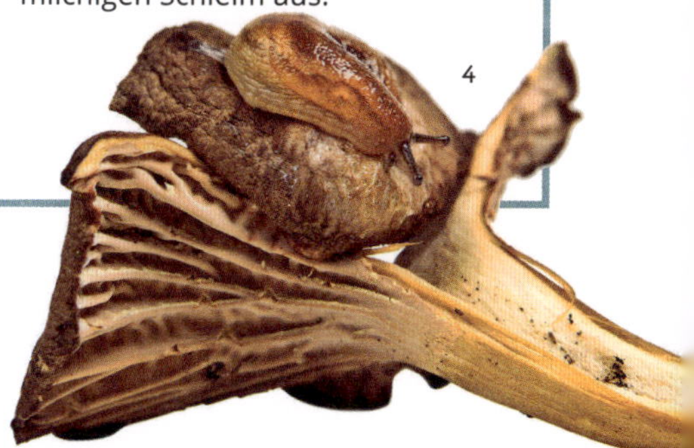
4

Nicht nur vegan

Man könnte meinen, Schnecken würden sich ausschließlich von Pflanzen ernähren. Aber sie mögen viel mehr als nur Ihre Salatsetzlinge; einige sind Detritivoren (Aasfresser, die alles fressen, von abgefallenen Blättern bis hin zu toten Tieren und Exkrementen), Pflanzenfresser (fressen Ihre Pflanzen) und interessanterweise auch Allesfresser und Fleischfresser, die gerne andere Schnecken fressen.

Schneckenkorn: ja oder nein?

Das Bedauerliche an Schneckenkorn ist, dass es alle Schnecken tötet. Selbst die nützlichen, die nichts anderes wollen, als Ihren Gartenabfall recyceln. Es ist auch für andere Wildtiere wie Igel und Vögel giftig. Verwenden Sie Schneckenkorn mit Vorsicht, wenn überhaupt.

Welche Bienen kann man im Garten sehen?

BEIM WORT „BIENE“ denken die meisten Menschen an ein gestreiftes Ding, das Honig produziert. Oder vielleicht an eine große summende Hummel, die an einem Frühlingstag herumschwirrt. Es gibt jedoch etwa 2.000 Bienenarten in Europa. Viele kommen häufig in Gärten vor – wie kann man erkennen, welche welche ist?

Mauerbienen, Sandbienen, Ackerhummeln – die Welt der Gartenbienen ist viel größer als nur die bekannten Honig- und Hummelbienen. Wenn Sie viele Blumen pflanzen und auf den Einsatz von Gartenchemikalien verzichten, werden Sie vielleicht überraschend viele verschiedene Bienenarten in Ihrem Garten sehen.

▼ Solitärbiene in einem hohlen Schilfrohrstamm. Die Errichtung eines einfachen Insektenhotels (siehe S. 172) hilft diesen Bestäubern.

Es überrascht Sie vielleicht nicht, dass es in Deutschland etwa 98 Säugetierarten gibt, aber nur wenige Menschen wissen, dass es etwa fünfmal so viele heimische Bienenarten gibt. Obwohl in Deutschland nur eine einzige Honigbiene lebt, gibt es 41 Hummelarten und mehr als 550 verschiedene Solitärbienen. Der Begriff „Solitär“ bedeutet, dass sie als Individuen leben, im Gegensatz zu „sozialen“ Bienen, die in einer Kolonie leben und eine Königin haben, die alle Eier legt.

Trotz der Bezeichnung als „Solitärbienen“ können diese manchmal in recht enger Nachbarschaft zueinander leben und brüten. Sie haben eine faszinierende Bandbreite an Gewohnheiten. Blattschneiderbienen bauen komplizierte Nester aus Stücken von Blättern und Blüten, während Sandbienen tiefe Kammern im Boden ausheben und Mauerbienen in Mauerrissen leben. Je genauer man hinsieht, desto tiefere Einblicke gewinnt man in die faszinierende Welt dieser wichtigen und unglaublich vielfältigen Lebewesen.

SECHS HÄUFIGE GARTENBIENEN

Nehmen Sie sich an einem sonnigen Sommertag Zeit, um die Bienen in Ihrem Garten kennenzulernen!

1. Gartenhummel (*Bombus hortorum*) Häufig in Gärten zu sehen, liebt röhrenförmige Blüten wie Fingerhut, da sie eine sehr lange Zunge hat (die so lang wie ihr ganzer Körper sein kann!). Drei gelbe Streifen und eine pelzige weiße Unterseite.

2. Baumhummel (*Bombus hypnorum*) Eine weitere flauschig aussehende Biene mit orange-brauner Brust (Mitte), schwarzem Bauch und weißem Schwanz. Nistet oft in ausgedienten Vogelkästen oder in Dächern und ist ein nützlicher Bestäuber von Obststräuchern.

3. Honigbiene (*Apis mellifera*) Im Vergleich zur Hummel klein und schlank. Honigbienen haben einen pelzigen Brustkorb, aber der Bauch mit den bräunlich-gelben und schwarzen Streifen ist viel glatter als bei den meisten anderen heimischen Bienen.

4. Ackerhummel (*Bombus pascuorum*) Klein und flauschig, unterschiedlich in der Farbe. Meist mit rotbraunem Brustkorb und beigebraunem Bauch, manchmal mit ausgeprägten schwarzen Streifen.

5. Rote Mauerbiene (*Osmia bicornis*) Etwa so groß wie eine Honigbiene, aber fett, pelzig und rötlich-gelb, mit einem schwarzen kastenförmigen Kopf. Nistet an verschiedenen Standorten, einschließlich Bienenhotels und nackten Bodenflächen, und ist ein ausgezeichneter Bestäuber.

6. Steinhummel (*Bombus lapidarius*) Mit sehr hellem, scharlachrotem Schwanz, der in starkem Kontrast zum Rest des tiefschwarzen Hinterleibs steht. Sozial, nistet in alten Mäusebauen oder unter Steinen.

F Welche Pflanzenarten sind für Wildtiere am besten?

EINE ROSE IST EINE ROSE IST EINE ROSE, RICHTIG? Nun, je nach Namen der Rose könnte sie ein Bankett für eine Biene sein – oder so öde wie ein Stück Pappe. Wenn es um die Bereitstellung von Pollen, Nektar und anderen Nahrungsquellen für Wildtiere geht, sind nicht alle Blumen gleich. Wie erkennt man den Unterschied?

A Wenn Sie überlegen, welche Sorten einer bestimmten Pflanze Sie anbauen wollen, vermeiden Sie solche mit gefüllten Blüten. Auf diese Weise stellen Sie sicher, dass es Pollen, Nektar und möglicherweise auch Früchte und Samen für Wildtiere gibt. Einige Sorten produzieren von Natur aus mehr Nahrung für Wildtiere als andere. Informieren Sie sich über Bestäuberpflanzen und betrachten Sie beim nächsten Besuch im Gartencenter die Blumen ganz genau.

Es gibt eine einfache Faustregel, mit der Sie herausfinden können, welche Sorten einer bestimmten Pflanze am besten für Wildtiere geeignet sind: Vermeiden Sie solche mit gefüllten Blüten. In der Natur sind die Blüten dazu da, so schnell wie möglich bestäubt zu werden und Samen hervorzubringen. Als Gärtner verlangsamen wir den Prozess gerne ein wenig, manchmal sogar stark. Denn wenn wir eine Pflanze finden, die zufällig eine, wie wir es nennen, „gefüllte" Blüte hervorbringt, bei der die meisten ihrer reproduktiven Teile durch Blütenblätter ersetzt sind, dann retten und bewahren wir sie, obwohl sie biologisch gesehen eher nutzlos ist. Die meisten gefüllten Blüten sind so gut wie unfruchtbar. Sie sind nicht gut für Bienen und andere bestäubende Insekten. Diese zusätzlichen Blütenblätter erzeugen zwar eine prächtigere und langlebigere Blüte, aber sie gehen auf

Kartoffel-Rose
Rosa rogosa

SIND ALLE BLÜTEN GLEICH? WAS DIE WISSENSCHAFT SAGT

Eine 2013 von Wissenschaftlern der University of Sussex durchgeführte Studie ergab, dass gewöhnliche Gartenblumen in ihrer Attraktivität für bestäubende Insekten um das Hundertfache variieren. Was zählte, waren die individuellen Eigenschaften der Sorte, nicht so sehr die Frage, ob sie „hochgezüchtet" war oder nicht.

Hybridsorten wie der Lavendel ‚Grosso' waren für Wildtiere sogar attraktiver als etwa der Schopf-Lavendel, Lavandula stoechas. Bei einigen Blumen spielt die Blütenform eine Rolle, wie z. B. bei Dahlien. Offenblütige Sorten wie ‚Bishop of Llandaff' waren durchweg attraktiver für Bestäuber als Sorten mit Pomponblüten (eine extreme Form der gefüllten Blüte) wie die ‚Franz Kafka'.

Rose
Rosa cv.

▲ Gefüllte Blüten, wie bei dieser Zuchtrose, enthalten oft sehr wenig Pollen oder Nektar.

Kosten der pollen- und nektarführenden Organe, die die Insekten mit Nahrung versorgen. Das andere Problem mit gefüllten Blüten ist, dass sie, da sie weitgehend unfruchtbar sind, auch keine Beeren oder Samen für Wildtiere liefern. Die kräftige Kletterrose (*Rosa filipes*) ‚Kiftsgate' ist großartig für die Tierwelt, weil ihre einfachen Blüten sehr offen für Geschäfte aller vorbeiziehenden Bestäuber sind. Nach erfolgreicher Befruchtung folgen in den kalten Wintermonaten zur Freude der Amseln und vieler anderer Gartentiere auf die Blüten scharlachrote Beeren. Die stachelige, wuchernde Pflanze ist auch ein idealer Brutplatz für Vögel. Am anderen Ende der Skala steht eine fast unfruchtbare gefüllte Edelrose wie ‚Mainzer Fastnacht', die so gut wie keinen Nutzen für die Tierwelt hat.

◀ Einzelblüten mit offener Mitte sind für bestäubende Wildtiere attraktiv.

Welche Bienen brauchen wann was?

In Deutschland gibt es mehr als 560 Bienenarten, mindestens ein Dutzend davon sind in Gärten heimisch. Einige von ihnen sind „sozial“ und andere „solitär“ – was bedeuten diese unterschiedlichen Lebensstile für die Bedürfnisse der Bienen?

Bienen haben einen weitaus ausgeprägteren Jahreszyklus als wir, sodass ihre Bedürfnisse je nach Jahreszeit stark variieren. Ein Honigbienenvolk kann im Hochsommer auf etwa 60.000 Individuen anwachsen, bevor es im Spätwinter auf nur noch 10.000 Individuen schrumpft. Viele Solitärbienen (wie Mauer- und Sandbienen) sind im Winter für uns fast unsichtbar. Denn die Adulten der vorherigen Saison sterben alle aus und die nächste Generation überwintert in Kokons abseits unseres Blickfelds. Das Wichtigste ist, dass sie – ebenso wie Hummeln – sichere Nistplätze haben, etwa Bienenhotels, hohes Gras und Ecken im Garten, die in der Nistzeit nicht allzu aufgeräumt sind.

Bienen brauchen Futter und Unterschlupf. Je mehr pollen- und nektarreiche Pflanzen Sie ihnen im Garten zur Verfügung stellen, umso besser, vor allem wenn es immergrüne sind. Besorgen Sie sich entsprechende Literatur, um Anregungen für die einzelnen Saisons zu finden. Insektenhotels und nackter Boden bieten Unterschlupf für Wildbienen.

Arbeiterin (weiblich)

Drohne (männlich)

Königin

▼▶ Honigbienen haben eine strenge soziale Hierarchie, die Zahl der (weiblichen) Arbeiterinnen und (männlichen) Drohnen ändert sich im Laufe eines Jahres drastisch.

Bedürfnisse der Bienen im Jahresverlauf

Frühling: Bienen brauchen viele pollenreiche Blüten, damit sie ihre Jungen füttern können. Nackter Boden ist wichtig als Niststätte und Material für einige Solitärbienen.

Sommer: Pflanzen Sie viele verschiedene Blumen, um unterschiedliche Bienenarten anzulocken.

Herbst: Für Honigbienen wird Nektar jetzt besonders wichtig, da die Brutaufzucht abnimmt und das Bienenvolk Honigvorräte für den Winter anlegt.

Winter: Honigbienen und manche Hummeln fliegen in milden Wintern und schätzen alle winterblühenden Pflanzen in Ihrem Garten.

Pracht-Herbst-Krokus
Crocus speciosus

DIE BESTEN PFLANZEN FÜR BIENEN

Samthaarige Stinkesche (*Tetradium daniellii*). Ein schöner mittelgroßer Baum, im Spätsommer mit weißen, duftenden Blüten, die den Honigbienen helfen können, für den Winter reichlich Honig anzulegen.

Efeu (*Hedera helix*). Viele Menschen überrascht es, dass Efeu eigentlich eine brillante Bienenpflanze ist. Er blüht im Herbst und gibt reichlich Nektar, den die Bienen zu schätzen wissen, um den Winter zu überleben. Efeublüten bilden sich nur an älteren Pflanzen, die buschig geworden sind.

Sal-Weide (*Salix caprea*). Die flauschigen Kätzchen der Sal-Weide, eine der am frühesten blühenden Weiden, sind eine ausgezeichnete frühe Pollenquelle. Bienen füttern ihre Jungen damit, da sie proteinreich und üppig sind, sodass es ein großer Vorteil ist, wenn man einige dieser Weiden in der Nähe hat.

Krokus. Alle Arten und Hybriden werden von den Bienen geliebt. Der *Crocus tommasinianus* gedeiht gut im Rasen, während die großen holländischen Hybriden viel Pollen und Nektar sowie einen warmen Rastplatz für frühe Hummeln bieten.

Was macht eine Wiese aus?

WEICHES GRAS, übersät mit bunten Wildblumen und voller Leben, wie das Zirpen der Grillen, Summen der Bienen und die vorbeifliegenden Schmetterlinge zeigen ... Ein verführerisches Bild, das viele Hobbygärtner zu kopieren versuchen. Welche sind die geheimen Zutaten dafür? Und kann das im eigenen Garten gelingen?

Eine echte Wiese ist heutzutage ein seltener Anblick. Wildblumenreiches Gras, von dem so viele von uns träumen, hängt von zwei Dingen ab. Das erste ist ein relativ nährstoffarmer Boden, damit die Blumen nicht von kräftigen Gräsern überwuchert werden. Traditionell wurden Wiesen gemäht und das Schnittgut als Heu entfernt, was im Laufe der Jahre die Fruchtbarkeit des Bodens verringerte. Zweitens ist der Zeitpunkt des

Einer einfachen Definition zufolge ist eine Wiese eine Kombination aus Blühpflanzen und Gräsern. Es gibt zwei Möglichkeiten, eine Wiese im Garten anzulegen. Wenn Ihr Boden nährstoffreich ist, schaffen Sie eine einjährige Wiese, indem Sie jedes Jahr graben und säen. Wenn Ihr Boden nährstoffarm ist, mähen Sie die Wiese nicht so oft, dann kann sich Ihr Rasen ganz von selbst in eine Wiese verwandeln.

▼ Viele Pflanzen, die wir heute als Wildblumen schätzen, waren einst gewöhnliches Unkraut auf Acker- oder Weideflächen.

Schnittes wichtig: In der Regel wurden die Heuwiesen zwischen Mitte Juli und September gemäht und dann oft bis zum zeitigen Frühjahr abgeweidet. So konnten die Wildblumen im Frühjahr und Frühsommer ungestört blühen und sich aussäen.

Es gibt noch eine andere Art von Wiese – sozusagen eine Neuerfindung des früheren Ackers, der jedes Jahr umgepflügt wurde (Heuwiesen wurden niemals umgepflügt). Mohnblumen, Kornblumen, Ringelblumen und so weiter bieten jedes Jahr ein buntes Bild. Obwohl das eigentlich keine Wiese ist, kann man sie viel einfacher auf nährstoffreicheren Böden aussäen, wo sie erfolgreich blühen (Gartenböden sind meist zu nährstoffreich für eine echte Wildblumenwiese). Einjährige Ziergräser wie Großes Zittergras *(Briza maxima)* und Samtgras *(Lagurus ovatus)* sehen wunderbar zusammen mit den Blumen aus – oder Sie spielen Wiesenroulette, indem Sie Vogelfutter säen und sehen, was auftaucht!

WELCHE ART VON WIESE PASST ZU MIR?

Beide Arten von Wiesen brauchen volle Sonne, um gut zu gedeihen. Sie dürfen auch nicht von Menschen oder Haustieren betreten werden. Wenn Ihr Garten klein ist, legen Sie an einer Seite eine Miniwiese an. Bei größeren Grundstücken können Sie einen Weg durch die Mitte mähen oder einen Teil Ihres Rasens umgestalten.

Wenn Ihr Gras immer dick und üppig ist und Ihr einziges Unkraut der Löwenzahn ist, säen Sie am besten einjährige Wiesenblumen, da Ihr Boden wahrscheinlich nährstoffreich ist. Graben Sie den Boden um und säen Sie jedes Jahr im Frühling Kornblumen oder bunte Wiesensamenmischungen aus.

Bei Rasenflächen, auf denen mehr Gänseblümchen, Ehrenpreis und Klee als Gras wächst, sind Sie auf der Gewinnerseite. Sie sind bereits auf dem Weg zu einer Wildblumenwiese! Mähen Sie die Kanten und alle Wege regelmäßig, aber lassen Sie den Rasenmäher ansonsten zwischen März und August im Schuppen.

F

Soll man Futter für Wildtiere bereitstellen?

Sie möchten zu den Besuchern Ihres Gartens freundlich sein und Ihnen die besten Möglichkeiten bieten – aber kann es am Ende den Tieren schaden, wenn man Ihnen zu viel Futter bereitstellt? Kommen dann auch unerwünschte Besucher?

A

Füttern Sie Wildtiere wie z. B. Vögel vorsichtig und konsequent. Manchmal zu füttern und dann plötzlich aufzuhören, könnte mehr Schaden anrichten als gar nicht zu füttern. Wenn man zu viel Futter ausstreut, besteht die Gefahr, dass es verdirbt oder Ungeziefer wie Ratten anzieht. Die nachhaltigste Art zu füttern besteht darin, viele verschiedene samen- und beerentragende Pflanzen zu setzen und so natürliche Nahrungsquellen zu schaffen.

Das Anpflanzen von samen- und beerentragenden Pflanzen ist die umweltfreundlichste Art, Wildtiere zu ernähren.

Ein Vogelfutterspender oder ein Vogeltisch bringt Gärtnern viel Freude. Freche Blaumeisen lieben Erdnüsse und Rotkehlchen sind so verrückt nach Mehlwürmern, dass man sie leicht zähmen kann, sodass sie einem aus der Hand fressen. Gärtner, die sich glücklich schätzen können, Igel im Garten zu haben, streuen gerne Katzenfutter für sie aus.

Im Allgemeinen fressen Wildtiere nicht zu viel. Es ist wahrscheinlicher, dass Menschen sich überessen und Reste herumliegen lassen. Das ist ein Problem, weil diese entweder verderben und für Wildtiere schädlich werden können oder aber Ungeziefer anziehen. Wenn Sie im Freien füttern, z. B. auf Vogeltischen, versuchen Sie, nur so viel Futter auszulegen, dass die Vögel am Ende des Tages alles weggepickt haben. Nahrungsmittel von Menschen, wie z. B. Küchenabfälle, ziehen eher Ratten an und sollten daher am besten nicht ausgelegt werden. Am besten baut man Pflanzen an, die natürlche Nahrungsquellen wie Beeren und Samen liefern.

SAMEN UND BEEREN

Beerensträucher sind eine großartige Nahrungsquelle für Vögel: Probieren Sie es mit Zwergmispel, Weißdorn und Berberitze. Auch Samen sind wertvoll, etwa von Sonnenblumen, Karden oder Zierdisteln, wie z. B. *Cirsium rivulare*.

Lohnt sich ein winziger Teich?

OFT SAGT MAN, dass das Beste, was man für Wildtiere im Garten einrichten kann, eine Wasserstelle ist. Was aber, wenn man nur Platz für einen winzigen Teich hat, kaum größer als eine Spülschüssel? Reicht das aus, um den Vögeln, Bienen und anderen Gartentieren einen Mehrwert zu bieten?

Jedes Wasser in Ihrem Garten hat einen gewissen Wert für die Tierwelt: Das kann eine Trinkwasserquelle sein, ein Ort zum Baden oder ein ganzer Lebensraum an sich.

Steinspülen, halbe Fässer oder sogar alte Spülschüsseln können tolle Mini-Teiche bilden. Reinigen Sie sie gründlich, geben Sie eine Schicht gewaschenen Kies auf den Boden und füllen Sie sie mit Regenwasser. Bepflanzen Sie sie mit heimischen Wasserpflanzen wie Hornblatt, um das Wasser mit Sauerstoff anzureichern, und mit Randpflanzen wie Sumpf-Vergissmeinnicht und Sumpfdotterblumen. Fügen Sie einen Zugang in Form eines Stücks unbehandelten Holzes hinzu, das halb im Wasser und halb auf dem Rand ruht, damit versehentlich hineingefallene Lebewesen leichter wieder herauskommen.

Selbst die kleinste Wassermenge im Garten ist für die Tierwelt bedeutsam, egal ob es sich um eine in eine Bienentränke umfunktionierte Schachtel oder eine Steinspüle handelt. Mini-Teiche können sich sehr lohnen, da sie die Möglichkeit bieten, aus der Nähe zu beobachten, wie sich mit der Zeit ein ganz anderes Ökosystem entwickelt.

BIENENTRÄNKE BAUEN

Die kleinste Wasserstelle könnte eine Bienentränke sein. Nehmen Sie einfach einen flachen Behälter, z. B. einen Topfuntersetzer oder eine saubere Schachtel, und füllen Sie ihn mit einer Schicht Kieselsteine. Fügen Sie Wasser hinzu, sodass die Kieselsteine halb bedeckt sind. Setzen Sie sich an einen sonnigen Platz, und die dankbaren Bienen werden bald auf einen Drink einfliegen.

F Kann man bei sorgfältiger Planung Vögel das ganze Jahr über mit Pflanzen ernähren?

VÖGEL MIT SELBST ANGEBAUTEM FUTTER ZU FÜTTERN, bringt viele Umweltpunkte. Zudem werden viele vogelfreundliche Sträucher auch von Menschen wegen ihrer farbenfrohen Beeren geschätzt. Aber können Gartenpflanzungen dazu beitragen, die Vögel das ganze Jahr über zu ernähren?

Die Hauptquellen für natürliches Vogelfutter auf Pflanzenbasis sind Beeren und Samen. Einige Beerensträucher und vor allem Bäume produzieren enorme Mengen an Früchten, die für Vögel wirklich nützlich sein können. Am besten setzt man verschiedene Pflanzen, um über einen möglichst langen Zeitraum Nahrung zu liefern. Besonders wertvoll sind Weißdorne (*Crataegus* spp. und Hybriden) und Holzäpfel (*Malus* spp. und Hybriden). Zudem bietet der Weißdorn mit seinem verzweigten, stacheligen Wuchs wertvolle Nistplätze. Felsenbirnen liefern frühe Beerenfrüchte und haben auch eine schöne Frühjahrsblüte.

Holzapfel
Malus sylvestris

A Wenn Sie Ihre Pflanzen sorgfältig auswählen und einige Samenkörner für den späteren Gebrauch aufbewahren, können Sie die Vögel das ganze Jahr über ausschließlich von den Pflanzen in Ihrem Garten ernähren. Aber für die meisten Menschen lohnt es sich jedoch wahrscheinlich, zumindest etwas Futter zu kaufen, vor allem im späten Winter und zeitigen Frühling.

Vögel lieben auch ihre Samen. Disteln sind eine besonders nützliche Pflanzenart, die Samen liefert, und bevor Sie die Hände vor Entsetzen in die Höhe strecken – es gibt einige sehr schöne Disteln für den Garten, die nicht zu invasiv oder stachelig sind. Sonnenblumen sind leicht anzubauen, auch deren Samen sind Vogelfutter. Trocknen Sie die ganzen reifen Blütenköpfe im Spätsommer und Herbst, bewahren Sie die Samen auf (an einem Ort, der vor Mäusen sicher ist) und füttern Sie damit die Vögel im späten Winter und im zeitigen Frühling, wenn andere Nahrungsquellen erschöpft sind.

Allesfresser

Vergessen Sie nicht, dass Vögel nicht nur Samen oder Beeren fressen. Viele ernähren sich vielfältiger. Zum Beispiel fressen Blaumeisen im Winter gerne Erdnüsse aus dem Futtertrog, erfreuen sich im Sommer aber gleichermaßen an Blattläusen und Raupen. Der Verzicht auf Insektizide trägt dazu bei, dass es genügend natürliche Nahrungsquellen gibt, ebenso wie der Anbau insektenfreundlicher Pflanzen.

▶ Disteln sind vielleicht nicht sehr menschenfreundlich, aber prima für Vögel und andere Gartentiere.

Distel
Carduus spp.

Weißdorn
Crataegus spp.

VOGELFUTTER SELBST ANBAUEN

Wilde Karde (*Dipsacus fullonum*) Eine auffällige, heimische Wildblume, die bis zu 2 m hoch wird. Sie hat große, stachelige Blütenköpfe, die in konzentrischen Ringen blühen, bevor sie sich mit kleinen Samen füllen, die von Stieglitzen sehr geschätzt werden.

Weißdorn (*Crataegus*) Dies ist ein wunderbar wildtierfreundlicher kleiner Baum. Der heimische Eingriffelige Weißdorn (*C. monogyna*) blüht bienenfreundlich im Mai zusammen mit dem Pflaumenblättrigen Weißdorn (*C. persimilis*) und anderen, im Herbst bilden sie viele kleine rote Früchte.

Holzapfel (*Malus sylvestris*) Viele Sorten, darunter ‚John Downie', sind auch gute kleine Gartenbäume. Vögel lieben es, Holzäpfel direkt vom Baum zu fressen oder später im Winter am Fallobst zu picken.

Sonnenblumen (*Helianthus annuus*) Sind leicht anzubauen. Die nahrhaften, ölreichen Samen dieser riesigen einjährigen Pflanzen sind bei Vögeln sehr beliebt. Sie können herausgeschnitten und zur späteren Verwendung aufbewahrt werden. Setzen Sie ein oder zwei Reihen in das Gemüsebeet.

F Entsteht durch schlichte Vernachlässigung ein tierfreundlicher Garten?

WENN WILD DAS BESTE FÜR WILD LEBENDE TIERE IST, muss man dann einfach nur den Garten völlig vernachlässigen, damit sich die Tiere dort ansiedeln?

Zunächst hängt es davon ab, wie Ihr Garten aussieht, bevor er vernachlässigt wird. Wenn dort nur Rasen ist, würde nur ein zugewachsener Rasen entstehen. Das ist zwar gut für einige Insektenarten, aber eine Wüste für andere. Zudem ist wichtig, wie die umliegenden aussehen. Beherbergen Sie eine Vielzahl von Wildtieren, die sich in Ihren Garten ausbreiten werden, oder werden die Wildtiere noch mehr Hindernisse überwinden müssen, um in Ihren Garten zu gelangen? Je vielfältiger die Lebensräume um Ihren Garten herum sind, desto vielfältiger ist die Tierwelt in Ihrem Garten. Denken Sie auch an die Nachbarn – sie werden einen verwilderten Garten vielleicht nicht zu schätzen wissen, dass Sie Ihren Garten völlig verwildern lassen, denn das könnte auch Auswirkungen auf die Hauspreise haben.

A Eine Vernachlässigung wird mehr Wildtieren die Gelegenheit bieten, Ihren Garten zu bewohnen – bis zu einem gewissen Grad. Für eine möglichst große Artenvielfalt ist es jedoch besser, den Garten so zu gestalten, dass er eine große Vielfalt und Anzahl potenzieller Lebensräume bietet.

▼ Die Pflanzenvielfalt ist sowohl für den Gärtner als auch für die Wildtiere von entscheidender Bedeutung. Lassen Sie vielfältige Lebensräume zu und seien Sie weniger anspruchsvoll, damit ein wildtierfreundlicher Garten entsteht.

EINEN WILDTIERFREUNDLICHEN GARTEN ANLEGEN

Einen wildtierfreundlichen Garten anzulegen, bedeutet, Merkmale festzulegen, die Vorteile für mehrere Tierarten bringen und ihn gleichzeitig auch zu einem attraktiveren Ort für sich selbst machen. Mit ein paar einfachen Schritten – kleine, einzelne Vernachlässigungsaktionen – können Sie dort auch eine Vielzahl von Lebensräumen für Wildtiere einbeziehen und die Vögel und kleine Kreaturen dazu anregen, Ihren Garten zu ihrem Zuhause zu machen:

- Lassen Sie den Rasen länger wachsen. Er kann immer noch gemäht werden, aber wenn man üppigeres Gras zulässt, anstatt ihn so kurz wie einen Golf-Rasen zu mähen, können dort mehr Insekten leben, wodurch die Vögel, die sich von ihnen ernähren, angelockt werden. Wenn möglich, lassen Sie einen Abschnitt völlig ungeschnitten.
- Oder säen Sie für eine Mini-Wildblumenwiese Wildblumen und Kräuter in den Rasen; Blumen ziehen eine größere Vielfalt von Insekten an als nur Gras.
- Räumen Sie die Beete erst im Spätwinter auf, da die abgefallenen Blätter und hohlen Stängel in den kältesten Monaten Unterschlupf für Wanzen und Amphibien bieten. In Ecken verbleibende Stapel trockener Blätter sind ebenfalls nützliche Überwinterungsplätze für Säugetiere und Amphibien.
- Lassen Sie zu, dass sich Pflanzen in Pflasterfugen selbst aussäen – sie bieten Insekten Unterschlupf.
- Flicken Sie den Zaun nicht – eine kleine Lücke im Zaun oder in der Mauer ist ein Durchlass für Igel.
- Lassen Sie Brennnesseln in einer Ecke des Gartens wachsen, dort finden Schmetterlinge Eiablageplätze und Nahrung für ihre Larven.
- Räumen Sie nicht den ganzen Gartenschutt weg – ein Holzhaufen, eine Totholzhecke oder ein Komposthaufen (oder alle drei) ergeben großartige Lebensräume für Wildtiere.

F Welche Arten mögen Schatten?

Ihr Garten bekommt nicht viel Sonne, aber Sie möchten ihn wildtierfreundlich bepflanzen. Welche Arten von Insekten und Tieren könnten zu einem schattigeren Lebensraum beitragen?

A

In einem schattigen Garten gedeihen viele Wildtierarten – zum Beispiel alle, die im Wald leben – und oft auch Arten, die in einem sonnigen Garten nicht so gut zurechtkommen. Schattige Gärten können vielen Insekten und auch größeren Tieren, wie zum Beispiel Igeln, Nahrung und Unterschlupf bieten.

Welche Art von Schatten?

Stellen Sie zunächst fest, warum der Garten schattig ist. Ist es dauerhafter Schatten, verursacht durch benachbarte Bäume oder Gebäude? Entsteht der Schatten durch Bäume oder eine Hecke auf Ihrem eigenen Grundstück? Sind es immergrüne Bäume, die das ganze Jahr Schatten spenden, oder sind sie laubabwerfend und lassen im Frühling mehr Licht zu? Ist der Schatten dicht oder ist es Halbschatten? Liegt der ganze Garten ständig im Schatten oder wechseln die Verhältnisse während des Tages? Wenn Sie den Garten einen Tag lang und während des Jahres beobachten, erhalten Sie die Antworten auf diese Fragen und wissen dann, wie Sie ihn am besten bepflanzen oder wie Sie Lebensräume schaffen, um ihn attraktiver für Wildtiere zu machen.

▼ In schattigen Gärten gibt es in der Regel viele Bäume. Abgefallenes Laub ist ein idealer Futterplatz für Igel.

EIN SCHATTIGER GARTEN FÜR WILDTIERE

Jeder Garten beherbergt bereits viele wild lebende Tiere, auch wenn dies nicht sofort sichtbar ist. Schaffen Sie viele Nahrungs- und Unterkunftsmöglichkeiten, um ihn für eine Vielzahl von Lebewesen so attraktiv wie möglich zu machen. Der Besuch anderer schattiger Gärten und örtlicher Wälder kann eine gute Ideenquelle sein. Aber wenn man den Eindruck von einem Waldrand mit helleren und dunkleren Bereichen anstrebt, wird der Garten sowohl für Sie als auch für die Wildtiere viel Abwechslung bieten.

Große Bäume. Unterschlupf für Insekten und Vögel, ebenso für kleine Säugetiere wie Fledermäuse.

Kleine Bäume. Knospen und Beeren stellen Nektar für Insekten und Futter für Vögel bereit. Hängen Sie außerdem noch Vogelfutter in die Bäume.

Mittelhohe Pflanzen. Blüten und Beeren an Büschen bieten eine weitere „Etage" für Futter und auch Schutz für größere Gartentiere wie Igel, die sich dort ungestört bewegen können.

Niedrige Pflanzen. Frühlingsblumen wie Lungenkraut, Primeln, Hasenglöckchen und Buschwindröschen bieten früh in der Saison Bienen und anderen Insekten Nektar.

Laubabfälle. Sie sind ein Heim für Würmer, Tausendfüßler und Schnecken. Auch Fröschen, Kröten und Blindschleichen bieten sie Schutz.

Holzstapel. Auch Asseln mögen Totholz.

Elemente aus Totholz. Verrottendes Holz ist ein Paradies für Tausendfüßler und kleinere Käfer, die sich davon ernähren.

Teich. Am besten ist ein sonniger Teich, dieser fügt dem Garten einen weiteren Lebensraum hinzu, der Wasserinsekten wie z. B. die Kriebelmücke und Amphibien wie Frösche, Kröten und Molche beherbergt sowie Vögeln und Säugetieren Wasser bietet.

Kletterpflanzen. Mauern, die Schatten werfen, müssen nicht kahl sein: Eine schattenverträgliche Kletterpflanze wie Efeu bietet Vögeln und Insekten Unterschlupf, Bienen und anderen Insekten nektarreiche Blüten und Vögeln Beeren.

▶ Alte Baumstümpfe sind hervorragende Lebensräume für viele Insekten und Wirbellose. Pflanzen Sie drum herum Farn und schaffen Sie sich einen Garten mit viel Holz.

F Kann ein tierfreundlicher Garten aufgeräumt sein?

SIE MÖCHTEN WILDTIERE in Ihren Garten locken, aber Ihren Rasen nicht in eine Wiese verwandeln und keine wuchernden Beete und Brennnesseln haben. Wie kann man zugleich einen aufgeräumten Garten haben und den Tieren helfen?

A Einen Garten wildtierfreundlich zu gestalten bedeutet nicht, dass er unordentlich oder völlig wild aussehen muss, aber es gibt ein paar Aufgaben und Stellen, die man geringfügig verändern kann, damit die Wildtiere im Garten besser davon profitieren.

Veränderungen im Garten

Einen Teich anzulegen, ist eine der besten Maßnahmen, die man für die Tierwelt ergreifen kann, und eine, die mit einem aufgeräumten Garten gut vereinbar ist. Denken Sie nur daran, eine Rampe hinzuzufügen, damit die Tiere sicher herauskommen können, wenn er steile Seiten hat.

Statt eines Brennnesselbeetes (was hervorragend für Schmetterlinge ist) pflanzen Sie einjährige Pflanzen, Sträucher und Stauden, die für eine lange Saison nektarreicher Blüten sorgen.

Setzen Sie auch Behausungen hinein, etwa ein Igelhaus, Vogelkästen und Insektenhotels, und ein oder zwei Futterstationen für Vögel.

Legen Sie einen offenen Komposthaufen an, wenn Sie Platz haben, da zu ihm mehr Lebewesen als in geschlossene Plastikkomposter den Zugang finden. Gut gepflegte Komposthaufen können Blindschleichen und Ringelnattern sowie allen Arten von Insekten und Gliederfüßern ein Zuhause bieten.

Die Natur mag kein Vakuum – wenn Sie eine große freie Stelle unter Sträuchern mit flächendeckenden Stauden bepflanzen, bieten diese Insekten und anderen Wildtieren Schutz und Nahrung und drängen Unkraut zurück.

▼ Eine sorgfältige Auswahl der Bepflanzung hilft Wildtieren wie dieser Ringelnatter im Garten.

▶ Futterstationen für Insekten und Vögel bereitzustellen, heißt nicht, dass der Garten unaufgeräumt sein muss.

Veränderte Gärtnermethoden

Um wild lebende Tiere in den Garten zu locken, kann es hilfreich sein, zwischen ordentlich und penibel zu unterscheiden. Ein ordentlicher Wildgarten kann geschnittene Kanten, einen gemähten Rasen und gut geschnittene Sträucher haben, aber es ist wichtig, nicht zu ordentlich zu sein (mähen Sie das Gras nicht jede Woche), damit die Tiere ein ungestörtes Zuhause finden können.

Das Zurückschneiden von Stauden im späten Winter/zeitigen Frühling statt im Herbst ist eine einfache Methode, um Insekten und Vögeln zu helfen: Viele nützliche Kleintiere wie Marienkäfer finden in den trockenen, hohlen Stängeln ein Winterquartier und die Vögel schätzen die Nahrung aus den Samenköpfen. Außerdem können die Köpfe, und insbesondere Gräser, an einem frostigen Morgen attraktiv aussehen.

Entfernen Sie nicht alle Herbstblätter und -zweige vom Baumschnitt, sodass ein Laubhaufen zurückbleibt und ein kleiner Holzstapel in einer ruhigen Ecke mehr Lebensraum für den Winter bietet. (Entfernen Sie jedoch alles, was krank ist.)

Lassen Sie etwas Unkraut, zum Beispiel Löwenzahn, blühen, damit Bienen vom Nektar profitieren können. Sie können immer noch entfernt werden, bevor sie sich selbst aussäen.

WARNGLOCKE

Vögel und Katzen vertragen sich nicht gut im Garten. Wenn Ihre Katze sich gerne anpirscht und versucht, die Vögel zu fangen, die Sie anlocken möchten, hängen Sie ihr einfach eine Glocke an das Halsband, damit die Vögel sicher sind. Lassen Sie Haustiere von der Dämmerung bis zum Morgengrauen im Haus.

F Kann man Insekten mit Insekten bekämpfen?

KANN MAN INSEKTEN ONLINE BESTELLEN und ins Gießwasser geben, um Schädlinge loszuwerden? Wie funktioniert das? Gibt es Arten von Insekten, die Insekten fressen?

A In Ihrem Garten hausen bereits räuberische Insekten, aber ist es möglich, deren Anzahl zu erhöhen, indem man weitere einkauft? Deren Wirksamkeit bei einem Schädlingsproblem hängt von der Art des Insekts und dem Ort ab, an dem es freigesetzt wird.

Die Verwendung der natürlichen Raubtiere eines Insekts oder eines anderen Organismus' zur Bekämpfung eines Gartenschädlings wird als biologische Bekämpfung bezeichnet. (Eine Form sind Sprays, bei der physischen Bekämpfung sammelt man die Insekten selbst ab oder errichtet eine Barriere.)

Nematoden

Nematoden sind mikroskopisch kleine Organismen, die am Boden leben. Einige ernähren sich von verrottendem Material und halten den Boden gesund, andere ernähren sich von Pflanzenwurzeln und sind selbst Schädlinge. Eine dritte Gruppe sind Raubtiere und Fleischfresser, die andere Nematoden fressen und Lebewesen im Boden wie Insektenlarven mit tödlichen Bakterien infizieren. Sie können als biologische Waffe eingesetzt werden. Nematoden benötigen feuchten Boden, um effektiv arbeiten zu können. Man kann sie in einer Packung kaufen, mit Wasser mischen und mit einer Gießkanne auf den Boden aufbringen. Es gibt Nema-

◀ Nematoden mischt man mit Wasser und gießt sie auf die Erde, wo sie Bodenschädlinge angreifen.

toden, die bei der Bekämpfung von Rüsselkäfern (Raupen/Larven) und Schnecken helfen können.

Parasiten

Andere Insekten können mit parasitoiden Insekten bekämpft werden, die den Schädling mit einem Parasiten infizieren, der ihn dann abtötet. Sie funktionieren am besten in Gewächshäusern und werden in der Regel im Frühjahr freigesetzt, und zwar bevor der Schädlingsbefall außer Kontrolle gerät, da die Parasitoidenpopulation Zeit braucht, um sich zu vermehren, bevor sie wirksam werden kann. Die *Encarsia formosa* ist ein Beispiel für eine Parasitoidenbekämpfung, die gegen die Weiße Fliege im Gewächshaus eingesetzt wird. Man kann sie online bestellen und dann im Gewächshaus freisetzen.

Natürliche Feinde

Man geht davon aus, dass ein einziger Marienkäfer im Laufe seines Lebens bis zu 50.000 Blattläuse fressen kann. Sowohl die Larven als auch die adulten Tiere sind gefräßige Raubtiere und eine ausgezeichnete Hilfe im Garten, aber auch andere Insekten wie Schwebfliegen, Florfliegen und Wespen fressen Blattläuse. Locken Sie sie in den Garten, indem Sie doldentragende und/oder farbenfrohe Blüten pflanzen.

Für ein Gewächshaus kann man auch räuberische Insekten kaufen und diese freisetzen, damit sie Schädlinge fressen.

▶ Amseln sind Omnivoren, die sich von Insekten, Würmern und Schnecken sowie Früchten und Samen ernähren.

Amsel
Turdus merula

NATÜRLICHE KONTROLLE

Blaumeisen und andere Vögel fressen auch gerne Blattläuse. Wenn man sie im Winter mit Vogelfutter in den Garten lockt, bleiben sie im Sommer dort, um die Blattläuse zu fressen. Der Einsatz natürlicher Raubtiere zur Schädlingsbekämpfung ist nur ein Aspekt, wie man einen Garten gesund halten kann. Kontrollieren Sie regelmäßig die Pflanzen, um einen ersten Befall schnell einzudämmen. Ein geringes Ausmaß an Schädlingsbefall sollte jedoch hingenommen werden, um auch die nutzbringenden Insekten in den Garten zu holen – wenn es keine Nahrung für sie gibt, suchen sie sie woanders.

F Hat auch eine Wasserstelle im Schatten einen Nutzen?

Sie würden wirklich gerne einen Teich in Ihrem Garten anlegen, da Sie wissen, dass er sich hervorragend für die Tierwelt eignet, aber der einzig mögliche Standort liegt meist im Schatten. Ist ein Teich dort gut? Welche Wildtiere haben wohl gerne einen schattigen Teich?

Teiche, die den ganzen Tag über völlig im Schatten liegen, sind leblos, weil die sauerstoffspendenden Pflanzen im Wasser ohne genügend Sonnenlicht nicht richtig arbeiten können. Liegt ein Teich nur zeitweise ganz im Schatten, sonst aber in der Sonne, und ist nur die Hälfte der Fläche dauerhaft beschattet oder liegt im Halbschatten, dann funktioniert er wie ein normaler Wildtierteich. Setzen Sie einfach mehr schattenverträgliche Wasserpflanzen (leider bevorzugen Seerosen volle Sonne) und achten Sie darauf, dass Sie im Herbst möglichst viele abgefallene Blätter von der Oberfläche entfernen.

▶ Sumpfgärten sind ideal für eine Reihe von Pflanzen, die am Wasser gedeihen, wie zum Beispiel Schwertlilien und Sumpfdotterblumen.

A Für Wildtiere liegt idealerweise mindestens die Hälfte der Teichoberfläche in der Sonne, aber das bedeutet, dass die andere Hälfte im Schatten liegen kann. Vollkommen schattige Teiche sind in der Regel nicht so gut geeignet, um Wildtiere anzulocken, aber ein Schwebfliegenteich (siehe Kasten) kann schattig sein und trotzdem diesen nützlichen Insekten eine Brutstelle bieten.

Sumpfdotterblume
Caltha palustris

Sumpfgärten

Warum nicht statt eines Teiches einen Sumpfgarten anlegen?

Man kann in einem schattigen Teil des Gartens einen Sumpfgarten anlegen, indem man eine Bodenfläche ausgräbt und im Prinzip einen undichten Teich hineinsetzt. Entweder nimmt man dafür lehmige Erde, die aber nicht zu feucht sein darf (S. 180) oder man legt den Boden mit einer alten, undichten Teichfolie aus.

Es ist wichtig, dass der Boden reichhaltig und feucht ist, aber dass sich kein stehendes Wasser ansammelt, denn sonst ertrinken die Pflanzen. Geeignete Pflanzen sind Mammutblatt, Funkien, Farne, Schwertlilien und Weiden.

Erdkröte
Bufo bufo

SCHLAMMTEICH FÜR SCHWEBFLIEGEN

Schwebfliegen legen ihre Eier in stehendem Wasser ab. Stellen Sie ihnen also einen Ort in Ihrem Garten zur Verfügung, an dem sie sich vermehren können.

Leider ist ein Schlammteich nicht der attraktivste aller Teiche, aber er kann so klein wie ein Topf oder ein alter Eimer sein und, außer Sichtweite versteckt, selbst in schattigen Gärten für die Tierwelt von Nutzen sein.

Füllen Sie dafür einfach einen wasserdichten Behälter mit Wasser und organischem Material – Grasschnitt funktioniert gut – und lassen Sie ihn stehen.

Wenn ein Bereich des Gartens ständig unter Wasser steht, können Sie ihn auch als eigenen Schlammteich mit Teichpflanzen am Rand bepflanzen und den Schwebfliegen etwas Freiraum lassen. Schwebfliegen sollten ihre Eier in den Teich legen, aus denen winzige Larven schlüpfen (wegen ihres unscheinbaren Aussehens Rattenschwanzlarven genannt). Wenn sie im Sommer zu Schwebfliegen geschlüpft sind, können sie sich an die Arbeit machen und die lästigen Blattläuse in Ihrem Garten bearbeiten.

Warum kommen keine Hummeln?

SIE MÖCHTEN DIE HUMMELN UNTERSTÜTZEN und haben viele Nisthilfen am Boden im Garten eingerichtet, aber die Hummeln nutzen sie nicht. Warum mögen sie die Nisthilfen nicht und wie können Sie Unterschlupf und Nisthilfen in Ihrem Garten bereitstellen?

Richtige Bedingungen für Hummeln

Selbst wenn sich ein Nistkasten an einem perfekten Standort befindet, kann es sein, dass er nur zu 30 Prozent belegt wird, also haben Sie Geduld! Stellen Sie zunächst sicher, dass der Garten viele nektarreiche Blumen hat. Zu den Frühlingsblumen, die Hummeln lieben, gehören Lungenkraut, Osterglocken, Primeln und Fingerhut.

Einen Nistkasten stellt man am besten an einem geschützten, nach Süden ausgerichteten Ort auf und deckt ihn etwas ab, um den Regen abzuhalten. Der Kasten selbst muss im Schatten oder Halbschatten stehen, z. B. an einer Hecke, damit es für die Larven im Inneren nicht zu heiß wird, und der Eingang sollte sich auf Bodenhöhe befinden und nach Osten oder Südosten ausgerichtet sein. Stellen Sie Holzhäuser auf eine Platte oder einen Block, damit sie von unten nicht feucht werden.

Im Inneren muss das Nistmaterial trocken sein (Hummeln sammeln das Material nicht selbst, sondern verwenden von anderen Tieren bereits ausgekleidete Höhlen und Nester), dafür eignen sich z. B. trockenes Moos, Holzspäne oder geschreddertes Papier.

Andere Bienenarten anlocken

Solitärbienen sind weniger wählerisch, wenn es um Nistplätze geht. Sie nisten im Boden oder wie die Holzbiene und die Rote Mauerbiene in hohlen Stängeln. Fertigen Sie ein einfaches Bienenhotel an, indem Sie die Stöckchen so zuschneiden, dass sie in einen Terrakottatopf oder eine Holzkiste passen. Befestigen Sie sie mit etwas Ton im Sockel. Legen Sie es seitlich (sodass die Stöcke waagerecht liegen) an einen ruhigen Ort.

Die bis zu 20 km/h schnellen Hummeln sind bei der Wahl des Nistplatzes ziemlich pingelig und rümpfen oft die Nase über selbstgemachte Nistplätze. Wenn Sie ihnen reichlich Nahrung und Schutz bieten, kann es sein, dass sie in Ihrem Garten bleiben. Und wenn nicht, dann gibt es andere Bienenarten, die ein Zuhause brauchen.

Ist ein herkömmlicher Steingarten wildtierfreundlich?

DER STEINGARTEN-BEREICH in Ihrem Garten scheint eine Platzverschwendung zu sein, dort sind viele Steine und die Pflanzen sind alle recht klein. Was können Sie tun, um ihn wildtierfreundlicher zu gestalten? Oder sollten Sie ihn durch etwas anderes ersetzen?

Teichmolch
Lissotriton vulgaris

Den Steingarten so gut wie möglich für die Tierwelt herrichten

Steingärten sind oft mit alpinen Arten bepflanzt, von denen viele im zeitigen Frühling blühen, wenn es sonst wenig Nektar für Hummeln und andere Bestäuber gibt. Fügen Sie so viele dieser Pflanzen wie möglich hinzu (z. B. Krokus, Kuhschelle), aber auch andere Pflanzen, die trockene Erde mögen, wie z. B. Sedum und Thymian. Bepflanzen Sie lieber reichlich als zu spärlich.

Auch Zwergsträucher und -bäume (z. B. Koniferen) finden sich oft in Steingärten und können kleinen Säugetieren und Vögeln sowie Insekten und Spinnen im Trockenen (weil das Wasser gut ablaufen kann) Schutz bieten.

Die Steine selbst bieten zudem Käfern, Spinnen und Insekten ein Zuhause, vor allem wenn die Steine unterschiedlich groß und Lücken, Ecken und Winkel dazwischen sind. So werden auch Vögel angelockt, die sich von ihnen ernähren. Ein Steingarten in der Nähe eines Teiches kann auch ein schattiges Versteck für Frösche, Kröten und Molche sein.

Umfassendere Erneuerungen im Garten bedürfen einer sorgfältigen Abwägung, da sie das Ökosystem für eine Weile stören und ein Steingarten ein nützlicher Lebensraum für Arten sein kann, die den Garten sonst vielleicht nicht aufsuchen würden. Wenn er viele Verstecke zwischen den Steinen, Sonnenplätze für Insekten und eine große Pflanzenvielfalt bietet, kann ein Steingarten ein hervorragender Lebensraum für Wildtiere sein.

SONNENPLÄTZE

Viele Insekten brauchen einen Platz zum Ausruhen und Aufwärmen, vor allem an kalten oder wolkigen Tagen. Dafür sind die sonnigen Steine eines Steingartens ein idealer Ort.

F Sollte man Insekten überhaupt töten?

WELTWEIT NEHMEN DIE INSEKTENPOPULATIONEN mit alarmierender Geschwindigkeit ab. Insekten sind die Grundlage aller Nahrungsketten. Sollten wir also, um die Artenvielfalt und Tierwelt auf dem Planeten zu bewahren, alle Insekten am Leben lassen und keine Gartenschädlinge töten?

A Das ist eine schwierige Frage, deren Antwort von mehreren Faktoren abhängt. Im Falle von Hausgärten geht es um eine Frage des Gleichgewichts und der persönlichen Prioritäten, aber man sollte erst mal kurz warten, bevor man die Fliege zerquetscht.

Viele Wissenschaftler warnen davor, dass der rapide Rückgang der Insektenzahlen weit größere Auswirkungen auf die Welt haben könnte als der Anstieg der Meerestemperaturen und andere Effekte des Klimawandels. Der Rückgang ist in verschiedenen Lebensräumen auf der ganzen Welt zu beobachten und lässt sich leicht an der Tatsache ablesen, dass heute im Sommer viel weniger Insekten auf den Windschutzscheiben von Autos kleben als noch vor 20 Jahren. Der Rückgang der Insektenpopulationen ist wahrscheinlich auf den Verlust von Lebensraum, den Einsatz von Pestiziden in der Landwirtschaft sowie den Klimawandel zurückzuführen, und man schätzt, dass Tausende von Insektenarten aussterben, bevor man sie überhaupt entdeckt. Sie sind vielleicht nicht so attraktiv wie andere gefährdete Arten wie Schneeleoparden oder Eisbären, aber Insekten sind die Grundlage allen Lebens auf der Erde, und mit ihrem Rückgang nehmen auch ihre natürlichen Feinde ab.

Ist es in Ordnung, Gartenschädlinge zu töten?

Dies ist ein moralisches Dilemma, das nur jeder für sich selbst beantworten kann. Wenn Schädlinge die heimischen Nutzpflanzen ruinieren, wäre es auf der einen Seite vielleicht besser, sie zu töten, um sich selbst zu versorgen und den CO_2-Fußabdruck der Familie zu reduzieren. Auf der anderen Seite lohnt es sich aus Umweltgründen wahrscheinlich nicht, die Blattläuse zu töten, die die Rosen ruinieren. Das ist eine Sache der Priorität! Wenn wir die Toleranz gegenüber Schädlingsschäden erhöhen und Insekten als lebenswichtige Teile des Gartens statt als Schädlinge betrachten, werden sie in geringem Maße profitieren. Dabei hilft jede kleine Aktion, z. B. der Einsatz biologischer Schädlingsbekämpfungsmittel anstelle chemischer Sprays.

WAS MAN TUN KANN, UM DEN INSEKTENPOPULATIONEN ZU HELFEN

Einen insektenfreundlichen Garten anlegen – viele nektarreiche Blumen pflanzen (Nachtblüher für Motten nicht vergessen), einen Teich anlegen, einen offenen Komposthaufen installieren, sind alles gute Dinge:

- Locken Sie nützliche Insekten in den Garten, um Schädlinge in den Griff zu bekommen.
- Räumen Sie nicht zu viel im Garten auf, damit die Insekten Unterschlupf haben.
- Installieren Sie Insektenhotels als Unterschlupf und Nistplatz für Insekten.
- Kaufen Sie Biolebensmittel und unterstützen Sie so Bauern, die keine Pestizide und andere für Insekten schädliche Sprays verwenden.
- Verringern Sie Ihren CO_2-Fußabdruck und leben Sie auch sonst umweltfreundlich, um die negativen Umwelteinflüsse zu reduzieren.
- Verwenden Sie torffreie Komposterde (am besten selbst gemachte) – die unersetzlichen Torfmoore sind wertvolle Lebensräume für Insekten.
- Starten Sie Initiativen für Lebensräume von Insekten. Schreiben Sie z.B. an Gemeinderäte und bitten Sie sie, Randstreifen und Kreisverkehre mit Wildblumen zu bepflanzen.

Gewöhnlicher Löwenzahn
Taraxacum officinale

F Warum werden meine Nistkästen nicht aufgesucht?

Feldsperling
Passer montanus

Sie haben Nistkästen im Garten aufgestellt, um die Vögel zu unterstützen, aber sie nutzen sie nicht. Was haben Sie falsch gemacht?

Die Vögel benutzen die Kästen, um ein Nest zu bauen und ihre Jungen aufzuziehen. Auch wenn es noch so gut gemeint ist, sie werden keinen Vogelkasten nutzen, wenn sie das Gefühl haben, dass er für sie und ihre Küken einige Monate lang nicht sicher ist. Es gibt eine Reihe verschiedener Gründe, warum die Vögel abgeschreckt werden könnten:

Lage

Nistkästen müssen an der richtigen Stelle angebracht sein. Die meisten kleinen Gartenvögel nisten in der Regel nicht hoch in den Bäumen. Stellen Sie daher sicher, dass sich der Kasten etwa 2–4 Meter über dem Boden befindet. Er sollte an einer nach Osten oder Norden ausgerichteten oder schattigen Mauer installiert werden, damit es tagsüber nicht zu heiß wird. Die Stelle sollte auch geschützt sein und bei Wind nicht zu kalt oder nass werden. Sorgen Sie für einen kleinen Abstand zur Mauer, damit kein Regenwasser in den Kasten eindringen kann.

Die Vögel bevorzugen eine freie Flugbahn zum Kasten und freie Sicht um ihn herum – ohne Sträucher oder Kletterpflanzen, in denen Raubtiere lauern könnten. Wahrscheinlich nutzen sie den Kasten in der ersten Nistsaison nach der Installation noch nicht. Sie werden ihn einige Zeit beobachten und erst darin nisten, wenn auch das Holz keine menschlichen Gerüche mehr abgibt.

Andere Gartennutzer

Vögel können von der Benutzung eines Nistkastens abgeschreckt werden, wenn sie den Garten nicht als sicher empfinden. Wenn sie zu oft von Ihnen oder Ihren Kindern gestört werden – vor allem, wenn sie dem Kasten zu nahe kommen – werden sie nicht darin nisten. Ebenso können sie sich durch Katzen, Eichhörnchen, Nagetiere oder Hunde oder sogar größere Vögel gefährdet fühlen (achten Sie darauf, dass das Eingangsloch bei selbst gebauten Kästen nicht zu groß ist).

A

Vogelnistkästen sind eine großartige Möglichkeit, Lebensraum für heimische Vögel zu schaffen, aber sie müssen richtig platziert und gepflegt werden, um Vögel anzulocken.

Haben Ihre Vogelnistkästen die richtige Form für die Vogelart, die Sie anlocken möchten?

Pflege

Ein Nistkasten muss jährlich gereinigt werden, damit er vor der nächsten Brutsaison sauber und wasserdicht ist. Zwischen Anfang August und Ende Januar ist der Kasten von allen Ablagerungen zu befreien und mit kochendem Wasser auszuspülen, um Milben abzutöten, die die Gesundheit der Vögel beeinträchtigen könnten. Es lohnt sich, den Kasten Ende Januar noch einmal zu überprüfen, um sicherzustellen, dass er nicht schon von Schnecken, Hummeln etc. in Beschlag genommen wurde.

VÖGEL ANLOCKEN

Sind die Nistkästen im Garten für die bereits ansässigen Vogelarten geeignet? Verschiedene Vögel bevorzugen unterschiedliche Arten von Kästen, also prüfen Sie, ob Sie die richtigen in Ihrem Garten haben. Achten Sie auch darauf, dass der Kasten angemessen ist – es gibt zu sehr gestylte Modelle auf dem Markt, die im Garten gut aussehen mögen, die aber die Vögel entweder nie benutzen oder die ihnen schaden könnten.

Eine einfache Holzkiste aus unbehandeltem Holz ist alles, was sie brauchen. Das Anlocken vieler Vögel mit Vogelfutter (das ganze Jahr über) wird auch dazu beitragen, sie zu ermutigen, die verfügbaren Nistkästen zu inspizieren und zu nutzen.

Manchmal freuen sich die Vögel über Futter im Garten, suchen es sich aber auch selbst.

F Wer überwintert wo?

MANCHE INSEKTEN SIND KURZLEBIG und leben nur wenige Tage im Sommer, aber viele leben auch im Winter und brauchen einen passenden Platz, in dem sie wettergeschützt überleben können. Wie können Gärtner ihnen solche Lebensräume für den Winter bereitstellen? Wer nutzt sie?

Viele Insektenarten suchen ein Insektenhotel auf. Deren Anfertigung ist leicht und kostengünstig.

A

Viele Wildtierarten, darunter Vögel, Insekten und Säugetiere, können im Winter etwas zusätzliche Hilfe gebrauchen. Wenn man für sie spezielle Unterkünfte schafft und den Garten über den Winter nicht allzu ordentlich lässt, kann das ihnen helfen, die kältesten Monate zu überstehen.

Versteckte Löcher für kleinste Tierchen

Viele Arten wie Marienkäfer, Solitärbienen, Wespenköniginnen und Florfliegen bevorzugen kleine Löcher wie Risse in hölzernen Fensterrahmen, getrocknete, hohle Stängel von Stauden oder Ziergräser, um sich auszuruhen und im Winter zu schützen. Löcher in Ziegel- oder Steinmauern, Schuppen und Stapel von Blumentöpfen werden auch von Insekten und Spinnen benutzt. Schmetterlinge und Motten finden einen ruhigen und dunklen Ort, z. B. hinter Regalen in Garagen oder in den Falten von Vorhängen oder Gartenschirmen. Hummeln vergraben sich in winzigen Erdlöchern oder unter Laubabfällen, Käfer mögen Holzstapel oder unterirdische Verstecke.

Helfen Sie ihnen mit einem Käferhotel und schaffen Sie so zusätzlichen Wohnraum für die Tiere im Garten. Lassen Sie die Stängel der Stauden bis zum späten Winter stehen. Wenn Sie die Insekten stören, bringen Sie sie schnell an einen ähnlich kühlen und trockenen Ort, sonst könnten sie verenden.

Schützende Ecken für Amphibien und Reptilien

Frösche, Kröten, Molche und Blindschleichen mögen warme und geschützte Plätze wie Laubhaufen, Komposthaufen, Holzstapel oder Orte unter großen Steinen oder im Teich. Sie halten keinen Winterschlaf, sondern ruhen in einem Zustand der Erstarrung.

Stellen Sie Winterunterkünfte wie Holzstapel und Laubabfälle zur Verfügung. Achten Sie darauf, dass Sie diese potenziellen Lebensräume vorsichtig bewegen, damit die Tiere nicht versehentlich zu Schaden kommen. Wenn Sie ein Tier stören, setzen Sie es vorsichtig wieder an eine ähnliche Stelle.

Nützliche Unterkünfte für Igel

Lassen Sie Stapel von Blättern und Zweigen für die Igel zum Überwintern liegen (vor dem Anzünden eines Haufens immer prüfen) oder stellen Sie ein oder zwei Igelhäuser zur Verfügung. Igel können in milden Wintern zu früh erwachen und leicht sterben, wenn sie vorher nicht ausreichend Gewicht zugelegt haben, daher trägt das Auslegen von Nahrung im Spätsommer/Herbst zur Stärkung ihrer Reserven bei. Wenn Sie einen Igel in Not oder einen im Winter erwachten Igel finden, wenden Sie sich zum Beispiel an Pro Igel, den Verein für integrierten Naturschutz Deutschland oder einen anderen Naturschutzverein.

Ilex
Ilex spp.

Vögel füttern

Vögel halten keinen Winterschlaf und brauchen daher jeden Tag reichlich Nahrung, um zu überleben. Helfen Sie mit, indem Sie z. B. Vogelfutterstationen mit verschiedenen Nahrungsmitteln füllen (Samen, Fettstücke, Erdnussbutter und frischem Obst).

WEITERE HILFEN

Tauen Sie das Eis auf Teichen auf (brechen Sie es nicht, das sendet schädliche Schockwellen aus) und ersetzen Sie täglich gefrorenes Badewasser für Vögel, damit die Lebewesen Zugang zu frischem Wasser haben. Wenn Sie keinen Teich haben, stellen Sie für die am Boden lebenden Tiere eine Untertasse mit Wasser auf den Boden.

Siebenschläfer und Fledermäuse suchen ihr eigenes Zuhause für den Winterschlaf, wissen aber im Herbst zusätzliche Nahrung zu schätzen, um ihre Reserven aufzustocken.

▶ Holzstapel in einer ruhigen Gartenecke dienen das ganze Jahr über als Unterschlupf für unterschiedliche Lebewesen.

F Wofür sind Ameisen gut?

WAS FRESSEN AMEISEN? Sind sie nur ein Ärgernis oder sollte ich mir Sorgen über ihre Auswirkungen auf meine Pflanzen machen? Tun sie im Garten etwas Gutes oder sind sie nur dazu da, unsere Picknicks zu ruinieren?

Schwarze Wegameise *Lasius niger*

A

Ameisen sind faszinierende soziale Lebewesen, die unermüdlich für das Wohl der Kolonie und nicht für den individuellen Gewinn arbeiten. Es lohnt sich, sie zu beobachten, denn sie können dem Garten einige Vorteile bringen, vor allem lockern sie den Boden auf. Zudem sind sie Nahrung für Vögel und andere Insekten, daher sollte man ein Nest nicht zerstören, es sei denn, es verursacht ein Problem.

▼ Es gibt viele Ameisenarten, aber nicht alle bauen Ameisenhaufen wie diese hier.

Ameisenarten

Die am weitesten verbreitete Ameise in Mitteleuropa ist die schwarze Wegameise, die für den Menschen völlig harmlos ist. Sie sticht nicht und versprüht keine Ameisensäure, wenn sie in der Defensive ist, sie kann nur beißen, aber ihr Kiefer ist zu schwach, um die menschliche Haut zu durchdringen. Andere Arten sind die Gelbe Wiesenameise (die über ihren unterirdischen Nestern Erdhügel baut) und die Große Kerbameise, die heute so selten ist, dass sie unter Naturschutz steht. Die Feuerameise, deren Nester oft unter großen Steinen und Pflastersteinen zu finden sind, kann einen schmerzhaften Stich verursachen.

In Deutschland wurde eine invasive gebietsfremde Ameisenart, die Asiatische Superameise, entdeckt, die wahrscheinlich zusammen mit exotischen Pflanzen eingeführt wurde. Sie ist super, nicht was ihre Größe betrifft (sie ist kleiner als die schwarze Ameise), sondern weil sich ihre Kolonien von miteinander verbundenen Nestern kilometerweit ausdehnen, sodass sie die heimischen Arten verdrängen können. Melden Sie ein Nest, wenn sie eines gefunden haben, denn wahrscheinlich wirkt es sich negativ auf die heimischen Ökosysteme aus.

Ameisenbauern

Im Garten sind Ameisen nützliche Bodeningenieure, die Tunnel anlegen, um Luft in den Boden einzubringen, ihn aufzumischen und ihm Nährstoff zuzufügen. Für ihre Nester bevorzugen sie sandige Böden und sonnige Plätze. Dabei legt die Ameisenkönigin unter der Erde Eier und Arbeiterameisen gehen hinaus, um Nahrung für sich und die Larvenkolonie zu suchen (sie haben zwei Mägen – einen für ihre eigene Verdauung und einen sozialen Magen, in dem sie die Nahrung zurück zum Nest tragen). Ein Nest enthält in der Regel 4.000–7.000 Ameisen, kann aber insgesamt 15.000 Individuen beherbergen.

Ameisen lieben süße Früchte, weshalb sie oft bei Picknicks angelockt werden.

Die asiatischen Superameisenkolonien zählen jedoch viele Zehntausende.

Ameisen lieben zuckerhaltige Nahrung und wenn sie eine gute Quelle gefunden haben, legen sie für ihre Artgenossen mit einem chemischen Sekret eine Spur, die sie beim Laufen von ihren Bäuchen absondern.

AMEISEN AUF HOCHZEITSFLUG

Sobald eine Kolonie ausgewachsen ist (nach etwa 2–3 Jahren), beginnt die Königin, eher Eier von geflügelten männlichen Drohnen und Königinnen, seltener von Arbeiterinnen zu legen. An einem feuchten Tag irgendwann im Sommer schwärmen diese Drohnen und Jungköniginnen aus dem Nest und paaren sich in der Luft. Irgendwie schaffen es die Ameisen, ihre Kalender zu koordinieren, denn andere Nester fliegen am selben Tag aus und paaren sich. Jungköniginnen fliegen dann auf der Suche nach einem neuen Nistplatz los, verlieren ihre Flügel, und die männlichen Drohnen sterben ungefähr einen Tag nach ihrer einzigen Aufgabe.

Arbeiterin (weiblich) — Königin — Drohne (männlich)

Ameisenkolonien sind komplexe soziale Strukturen, die von einer einzigen Königin regiert werden.

Wie kann ein Rasen wildtierfreundlich sein?

IM VERGLEICH ZU ÜPPIGEN BEETEN können Rasenflächen ziemlich frei von Tieren wirken. Und oft stellen sie die meisten Anforderungen an die Familie im Garten. Kann ein Rasen Vorteile für Wildtiere haben? Wenn ja, bedeutet das, dass man ihn nicht mähen darf?

Den Rasenmäher wegräumen

Im hohen Gras gedeihen und brüten Insekten, auch blühende Rasenkräuter wie Löwenzahn, Gänseblümchen und Klee versorgen sie mit Nektar. Diese Insekten wiederum sind Nahrung für Vögel. Gräser, die lange genug stehen bleiben, um Samen zu bilden, sind eine weitere Nahrungsquelle für Vögel. Der Verzicht auf den Rasenmäher reduziert auch den Energieverbrauch.

Ein paar Möglichkeiten, damit der Rasen höher wird:

- Mähen Sie das Gras seltener, aber in regelmäßigen Abständen, sodass Blumen dort blühen können, etwa Weiß- und Schwedenklee. Mähen Sie nicht vor dem ausgehenden Frühling oder Frühsommer, damit im Frühling eine Wiese entsteht.
- Schaffen Sie eine Sommerblumenwiese, indem Sie im Frühling und Herbst nur ein- oder zweimal mähen.
- Mähen Sie im Frühling oder Sommer einen Monat lang nicht.
- Seien Sie kreativ und mähen Sie Muster und Wege in das höhere Gras.

Eine Wiese wachsen lassen

Damit für Sie und die Bienen interessante Blumen wachsen, könnten Sie zur Ergänzung der vorhandenen Pflanzen Stecklinge von Wildblumen in den Rasen setzen. Das Einsäen vom Kleinem Klappertopf (*Rhinanthus minor*) in den Rasen hilft den Blumen ebenfalls beim Anwachsen, denn er parasitiert auf dem Gras und schwächt es. Alternativ kann man Grasabschnitte ausheben und durch Wildblumenrasen ersetzen.

Schmuddelige, überwachsene Rasenflächen mit Unkraut sind für Wildtiere am besten geeignet, also nicht perfekt gepflegte Grasflächen. Aber man kann im Garten zugleich Platz zum Spielen und Entspannen und einen wildtierfreundlicheren Rasen haben.

Strauchiges Brandkraut
Phlomis fruticosa

Ist ein Steingarten gut für Tiere?

STEINGÄRTEN LIEGEN IN PRALLER SONNE und haben einen nährstoffarmen Boden mit Drainage, mit hitzetoleranten Pflanzen und Kies. Wenn es in Ihrer Gegend zukünftig mehr heiße Sommer und Trockenheit gibt, sollte man solch einen Garten für die wild lebenden Tiere anlegen?

Ja, Steingärten können gut für Wildtiere sein. Wie alle Lebensräume, so unterstützen Steingärten manche Arten und andere nicht. Aber für die Tiere ist jeder Garten besser als gar keiner. Wenn man sie über alten Zufahrtswegen und Terrassen anlegt, kann man auf diese Weise Leben in zuvor verlassene Orte bringen.

Futter und Unterschlupf bereitstellen

Es gibt viele Pflanzen, die sich für Steingärten eignen. Typisch sind Gräser, aber auch viele Blumen wie Berufkräuter, Graues Heiligenkraut, Russel-Brandkraut und Wolfsmilch.

Zukunftssicherheit

Steingärten können viele nützliche Funktionen übernehmen. Dort wo sie anstelle von gepflasterten Bereichen etwa in Vorgärten oder Zufahrten angelegt wurden, können sie Regenwasser aufnehmen, zur Artenvielfalt beitragen und die Temperaturen in städtischen Gebieten verringern helfen. Kiesgärten sind aufgrund der Art ihrer Bepflanzung auch relativ dürreresistent und für potenziell extremeres Wetter geeignet, das uns der Klimawandel bereiten könnte.

Welche Tiere unterstützt man damit?

In Steingärten finden viele Insekten ein Zuhause. Unter dem Kies ist der perfekte, trockene Platz, um sich vor dem Sonnenlicht und den Blicken der natürlichen Feinde zu verstecken, und auf den Steinen können sie sich in der Wärme sonnen. Unter Grasbüscheln und in den hohlen Stängeln von Stauden finden sie ebenfalls Schutz, vor allem die Marienkäfer im Winter. Bienen, Schwebfliegen und Schmetterlinge kommen wegen der Blumen. Auch Spinnen werden diesen Lebensraum lieben und die anderen Insekten, die er anzieht, fressen. Vögel ernähren sich wiederum von den Insekten und Samenkörnern.

Großer Asseljäger
Dysdera crocata

Kapitel 5

Wieder-verwenden und recyceln

F Kann man einen Teich ohne Plastikfolie anlegen?

SIE MÖCHTEN GERNE EINEN GARTENTEICH für wildlebende Tiere anlegen, aber alle Unterlagen sind aus Plastik, Glasfaser oder Beton, alles nicht besonders umweltfreundlich. Kann man einen Teich ausschließlich aus Naturmaterialien bauen? Und wenn ja, ist er dann auch dicht?

A

Große Teiche können mit Lehm ausgelegt werden, das ist eine alte Methode, die ganz ohne Plastik auskommt. Für kleinere Teiche kann man Behältnisse wiederverwenden. Wenn man eine Unterlage braucht, sollte man in die beste Qualität investieren, damit sie solange wie möglich hält.

Große künstlich angelegte Teiche (und sogar Kanäle), die aus der Zeit vor dem Plastik stammen, wurden mit Lehm gebaut. Dafür hebt man den Teich aus und breitet eine dicke Lehmschicht auf dem Boden und an den Rändern aus, die dann mit Lehm abgedichtet und mehrfach eingestampft wird, bis sie verdichtet ist und keine Luftblasen mehr enthält.

Versenkt man den Behälter so in den Boden, dass er bündig damit abschließt, ist er für eine Reihe von Wildtieren leichter zugänglich.

Lehm funktioniert am besten in Gärten, deren Boden bereits lehmig ist (obwohl auch Lehm zugekauft werden muss) und sollte bei richtiger Ausführung nicht auslaufen. Wenn die Seiten jedoch der Sonne ausgesetzt sind, können sie austrocknen und rissig werden, was die Gefahr von undichten Stellen birgt. Stellen Sie also sicher, dass der Teich voll und an den Rändern ausreichend Bepflanzung vorhanden ist. Der Kauf und Transport des Lehms ist immer noch mit ökologischen und finanziellen Kosten verbunden.

Auf sandigeren Böden kann eine Auskleidung die einzige Option für einen mittelgroßen bis großen Teich sein. In diesem Fall investieren Sie in eine dicke, schwere Butylfolie, die länger hält als die billigeren, dünneren Alternativen und daher langfristig weniger Abfall erzeugt.

Alternativ kann für einen Teich ein bereits vorhandener Behälter verwendet werden, z. B. ein altes Waschbecken oder eine in den Boden versenkte Wanne. Stellen Sie sicher, dass er aus einem Material besteht, das sich nicht zersetzt, und dass er Stufen oder eine Rampe hat, damit die Lebewesen aus dem Wasser herauskommen können.

F

Lohnt sich ein Häcksler?

MIT EINEM GARTENHÄCKSLER kann man schnell Gartenabfälle zerkleinern, vom Herbstlaub bis zu abgeschnittenen Ästen und Zweigen und allem, was dazwischen liegt. Dadurch wird das Abfallvolumen für die Sammlung in der Biotonne reduziert, Fahrten zur örtlichen Mülldeponie können eingespart und der Kompostierungsprozess beschleunigt werden. Häcksler verbrauchen jedoch Brennstoff oder Strom und können teuer in der Anschaffung sein, lohnt sich das wirklich?

▲ Der Einsatz eines Häckslers ist eine Möglichkeit, das Problem der Entsorgung von sperrigen, unhandlichen Ästen und Schnittabfällen in den Griff zu bekommen.

Häcksler sind dann am nützlichsten, wenn der Garten beträchtliche Mengen dickerer Zweige und anderer Grünabfälle abwirft, die sich nicht so leicht kompostieren lassen. Größere Stücke können damit schnell und effizient zerkleinert werden, bevor man sie kompostiert oder als Mulch oder Oberfläche für einen Weg verwendet. In kleinen und mittelgroßen Gärten fallen wahrscheinlich nicht genug dieser Gartenabfälle an, die den Kauf eines Häckslers rechtfertigen würden. Man kann sie von Hand zerkleinern, in eine Biotonne werfen oder von der Gemeinde zur Kompostierung auf die Mülldeponie bringen lassen.

Es mag Gelegenheiten geben, bei denen ein Häcksler nützlich ist, wie z. B. bei der Neupflanzung oder Verjüngung eines Gartens oder beim jährlichen Beschneiden von Obstbäumen. Anstatt eine solche Maschine zu kaufen und für den Rest des Jahres lagern zu müssen, kann es ökonomischer sein, sie zu mieten. Oder fragen Sie Nachbarn, Freunde oder den örtlichen Gartenbauverein, ob Sie sich einen Häcksler ausleihen können. Ein lokaler Werkzeugverleih oder eine Gemeinschaftsinitiative kann Ihnen vielleicht auch einen besorgen.

Gartenhäcksler für den Hausgebrauch können nur relativ kleine Zweige bewältigen. Zersägen Sie doch größere Holzstücke für einen Holzstapel oder flechten Sie sie in eine Totholzhecke – beides ist vorteilhaft für die Tierwelt – oder verwenden Sie sie als Brennstoff, wenn Sie eine Holzheizung haben.

A

Für die meisten Gärtner besteht keine Notwendigkeit, in einen Häcksler zu investieren. Wenn viel Abfall anfällt, kann man einen leihen, was umweltfreundlicher und günstiger ist als ein Kauf.

F Kann ein Garten zero waste sein?

DAS AUSRÄUMEN DES GARTENHÄUSCHENS kann eine ziemlich ernüchternde Erfahrung sein, wenn Sie sich entschlossen haben, auf Plastik zu verzichten und Ihren Abfall zu reduzieren. Dutzende von Pflanzentöpfen, zerbrochene Werkzeuge, alte Kompostsäcke: das ist die dunkle Seite der Gartenarbeit. Ist es überhaupt möglich, zero waste zu gärtnern?

Konsumieren Sie bewusst

Vielleicht ist der schlimmste Abfall bei der Gartenarbeit der, den wir als Verbraucher produzieren. Wenn Sie sehr viele Pflanzen kaufen, schaffen Sie die Nachfrage nach sehr vielen Plastiktöpfen. Züchten Sie so viel wie möglich aus Samen und Stecklingen selbst. Kaufen Sie im Herbst und Winter wurzelnackte Pflanzen, diese kommen direkt vom Feld, sodass keine Plastiktöpfe und keine Erde mehr nötig sind, es ist also ein doppelter Gewinn.

Vermeiden Sie um jeden Preis billige Gartengeräte und Plastikpflanztöpfe. Diese sind so dünn, dass sich kaum ein Zucchinisetzling einen ganzen Monat darin hält, bevor man ihn umpflanzt. Eine viel umweltfreundlichere Alternative ist eine Klopapierrolle. Der Druck der Verbraucher ist ein wirksames Instrument – wenn das Gartencenter vor Ort keine wurzelnackten Pflanzen oder Erde in wiederverwendbaren Taschen verkauft, fragen Sie nach.

A Generationen vor uns haben zero waste gegärtnert. Das können wir auch. Bewusstes Konsumverhalten, die Bereitschaft zu teilen und sorgfältiges Nachdenken, was wir tun und warum wir etwas tun, können uns auf einen Zero-Waste-Pfad führen – einen Pfad, der nicht nur gutes Gärtnern bedeutet, sondern auch die Seele nährt.

▼ Beim Zero-Waste-Gärtnern spart man meist Geld, weil man benutzt, was schon da ist.

◀ Wurzelnackte Pflanzen sind preiswerter und auch umweltfreundlicher.

GEMEINSAM GÄRTNERN

Tauschen Sie Pflanzen und Samen aus. Das ist lebensbejahend. Zu sehen, wie jemand lächelt, wenn er etwas erhält, das man selbst gezüchtet hat, und das Wissen, dass man im Gegenzug etwas zurückbekommt, ist ein wunderbares Gefühl. Und es wird umso schöner, wenn man weiß, dass man etwas Gutes für unseren Planeten tut. Größere Werkzeuge wie Häcksler und Heckenschneider vom Werkzeugverleih oder von Tauschbörsen gemeinsam zu nutzen, ist ein großer Gewinn für das Bankkonto und die Umwelt. Es macht keinen Sinn, dass jeder in der Straße einen Häcksler hat, den er nur zweimal im Jahr benutzt.

Ein intensiverer Grünton

Das Gärtnern nach dem Prinzip der Permakultur (siehe S. 88–89) bietet viele Einblicke in die abfallfreie Gartenarbeit. Indem Sie lernen, Ihren Garten als ein System an sich und dann als Teil eines größeren Systems zu betrachten, können Sie Zero-Waste-Strategien für jeden Bereich des Gärtnerns und des Lebens im Allgemeinen finden. Suchen Sie Kurse online oder in Gemeinschaftsgärten in Ihrer Nähe.

Kein Abfall

Kommunale Kompostierungsanlagen für Gartenabfälle sind ziemlich umweltfreundlich, und die Erde, die man dort erhält, ist normalerweise billig und frei von Unkrautsamen, was ein großer Vorteil ist. Aber wenn Sie keinen Zugang zu dieser Art der Entsorgung haben, gibt es viele Alternativen. Ein Komposthaufen (oder zwei oder drei!) ist eine gute Möglichkeit, die meisten Gartenabfälle zu entsorgen (siehe S. 102–103). Wenn Sie zu viele Küchenabfälle und zu wenig holziges Material haben, um guten Kompost herzustellen, sollten Sie einen Bokashi-Küchenkomposter oder einen Wurmkomposter in Erwägung ziehen (siehe S. 126): Mit beiden erhält man einen hervorragenden, nährstoffreichen Kompost, durch den man noch mehr Abfall spart.

▲ Ein Wurmkomposter ist eine lohnende Investition für Gärten, die zu klein für einen Komposthaufen sind.

F Wie kann man ohne Plastiksäcke auskommen?

ERDE IN KLEINEREN MENGEN kann man bisher nur in Plastiksäcken kaufen. Sie sind auch nützlich bei der Gartenarbeit, um Abfälle beim Rückschnitt von Pflanzen und Unkrautjäten zu sammeln. Wie kann man ohne sie im Garten auskommen?

A

Es ist nicht zu leugnen, dass Plastiksäcke schlecht für die Umwelt sind, aber mit etwas Planung und Suche nach Alternativen vor Ort kann man sowohl beim Kauf von Erde als auch bei der Abfallentsorgung darauf verzichten.

Zweifellos sind Plastiksäcke eine bequeme, schnelle und einfache Lösung und der Verzicht auf sie erfordert eine gewisse Planung und möglicherweise mehr Aufwand und finanzielle Kosten. Allerdings sind die Säcke oft nicht recycelbar, nicht lange haltbar und landen sehr schnell auf der Deponie. Sie enthalten auch petrochemische Substanzen.

Verwenden Sie Ihre vorhandenen Säcke so oft wie möglich wieder, z. B. zur Herstellung von Mulch aus Laub. Dann müssen Sie ein paar Löcher in den Boden und die Seiten bohren. Wenden Sie die Säcke, bevor Sie sie füllen, sodass die schwarze Seite außen liegt – dadurch wird die Wärme leichter absorbiert und die Zersetzung der Blätter beschleunigt.

▼ Damit man überhaupt keine Plastiksäcke mehr benutzen muss, lohnt sich die Anschaffung einer Schubkarre aus Metall. Damit retten Sie nicht nur den Planeten, sondern beugen auch Rückenverletzungen durch schweres Heben vor.

Andere Möglichkeiten zum Transport von Gartenabfällen und Erde

Wenn man ein wenig plant, bevor man mit der Gartenarbeit beginnt, muss man nicht unbedingt den gesamten Abfall in einen Sack stecken (und auf die Müllkippe bringen). Vielleicht könnte man auch den Garten selbst etwas verändern, um die Abfallmenge zu reduzieren, für die man die Säcke braucht? Oder man ändert einfach nur die Arbeitsweise – benutzen Sie einen Trog und/oder eine Schubkarre und einen Spaten zum Transport von Abfällen und Erde, was ohnehin oft leichter für Rücken und Arme ist als das Schleppen von Säcken. Legen Sie Bretter auf das Gras/den Boden, damit dort keine Spuren entstehen oder der Boden übermäßig verdichtet wird, wenn er noch etwas feucht ist.

Wenn Säcke dennoch die beste Option für Sie sind, verwenden Sie lieber große Big Bags, die zwar auch aus Kunststoff, aber haltbarer sind und viele Jahre lang benutzt werden können. Bei Beschädigungen kann man sie mit Schnur flicken und sie können am Ende ihrer Lebensdauer auch recycelt werden (im Gegensatz zu den meisten dünnen Plastiksäcken für Erde). Verwenden Sie Ihre eigenen Säcke wieder oder fragen Sie örtliche Bauunternehmer oder Baufachhändler, ob sie welche haben, die sie nicht mehr benötigen.

KOMPOSTERDE KAUFEN

Der umweltfreundlichste Weg, Erde für den Garten zu beschaffen, ist natürlich, sie selber herzustellen. Es gibt viele kompakte und schnell wirkende Kompostiersysteme, mit denen das für viele Gärten möglich ist. Wenn Erde gekauft werden muss, ist zu überlegen, ob es sich lohnt, sie in großen Mengen (vielleicht zusammen mit einem Nachbarn) zu kaufen, wenn man sie in Ein-Tonnen-Säcken oder sogar lose bekommen kann, sodass die Verpackung reduziert oder ganz vermieden wird. Manche Gartencenter beginnen nun damit, lose Erde und wiederbefüllbare Säcke zu liefern (ähnlich wie bei einer wiederverwendbaren Tasse für einen Kaffee to go), und hoffentlich werden andere diesem Beispiel folgen. Üben Sie als Verbraucher sanften Druck auf Ihr örtliches Gartencenter aus und fragen Sie, ob sie das auch machen. Als Alternative zu Pflanztaschen für Tomaten sollten Sie in Töpfe investieren, die jedes Jahr wiederverwendet werden können, und diese mit Erde füllen, die wie oben beschrieben gekauft wurde.

Funktioniert eine selbst gebaute Regentonne?

REGENTONNEN SIND NICHT NUR EIN MITTEL, um die Wasserrechnungen im Sommer zu reduzieren, sie verringern auch den landesweiten Energiebedarf (das Wasser muss aufbereitet und gepumpt werden, bevor es aus dem Wasserhahn kommt). Außerdem ist Regenwasser besser für Pflanzen und Teiche als Leitungswasser. Kann man selbst eine Regentonne bauen, anstatt sie zu kaufen, und muss sie aus Plastik sein?

▲ Regenwasser ist im Garten besser als Leitungswasser, das Chemikalien wie Chlor enthält, die die Aufnahme von Nährstoffen bei Pflanzen hemmen können.

Aus gutem Grund ist Kunststoff leider immer noch das Hauptmaterial für Regentonnen: Er ist leicht zu transportieren, relativ lang haltbar, leicht zu reinigen und wasserdicht. Und wenn es zwar auch Regentonnen gibt, die aus recyceltem Kunststoff hergestellt werden, so sollten Sie vielleicht andere Optionen in Betracht ziehen, wie z. B. die Wiederverwendung von Holzfässern und verzinkten Metallwannen.

Eine Regentonne kann schlicht ein offener Behälter sein, in dem Regenwasser aufgefangen wird. Man kann ihn entweder unter ein Fallrohr stellen, sodass er das aus dem Haus, Gewächshaus oder Schuppen abfließende Wasser auffängt, oder man stellt ihn einfach im Freien auf. Ohne Deckel ist er jedoch anfälliger für den Befall durch Mücken, herabfallende Blätter können ihn verstopfen und auch für Kinder, Haustiere und Gartentiere kann er gefährlich sein. Besser ist es daher, ein Behältnis mit Deckel zu konstruieren und ein kreisrundes Loch hineinzuschneiden, in das man einen umgelenkten Abschnitt des Abflussrohrs steckt (mit Überlauf, sodass das Wasser bei voller Tonne zum Abfluss geleitet wird). Wenn die Tonne so hoch ist, dass man mit einer Gießkanne nicht zum Boden gelangen kann, oder wenn der Deckel zu unhandlich ist, um ihn für die Wasserentnahme abzunehmen, benötigt die Regentonne zur Wasserentnahme einen Wasserhahn am unteren Bereich.

A **Es gibt verschiedene Möglichkeiten, eine Regentonne selbst zu bauen. So kann man dafür alte Fässer und Kanister wiederverwenden, die im Garten in der Regel viel attraktiver sind als speziell angefertigte.**

REGENTONNEN AUS UMFUNKTIONIERTEN BEHÄLTERN

Zu den Behältern, die als Regentonnen wiederverwendet werden können, gehören Eichenfässer, Metallfässer und Lebensmittelbehälter aus Kunststoff (oft in Form von großen blauen Fässern), die man von lokalen Unternehmen oder online beziehen kann. Sie müssen vor der Verwendung gründlich gereinigt und gegebenenfalls desinfiziert werden, damit das Wasser nicht zu einer Brutstätte von Krankheitserregern wird. Am besten nimmt man keine Behälter, die zuvor Öle oder Chemikalien enthielten.

Sets für Wasserhähne kann man in Gartencentern kaufen; beim Einbau müssen sie mit einem fungizidfreien Wasserversiegelungsmittel versiegelt werden. Denken Sie daran, die Regentonne auf Ziegelsteine oder ähnliches zu stellen, damit die Gießkanne gut unter den Wasserhahn passt. Dafür ist ein bisschen Heimwerken nötig, aber es gibt viele Online-Tutorials. Oder Sie bitten einen Freund oder Nachbarn um Hilfe.

Seien Sie sich bewusst, dass Holzfässer anfangs undicht sein können. Das liegt daran, dass sich das Holz beim Trocknen zusammengezogen hat und wieder aufquellen muss, damit es wasserdicht wird. Füllen Sie einfach so lange Wasser nach, bis an den Fugen nichts mehr austritt. Wenn der Wasserstand im Fass zu tief sinkt, könnte es wieder austrocknen. Stellen Sie das Fass daher vor direktem Sonnenlicht geschützt auf und füllen Sie gegebenenfalls Wasser nach.

◀ Regentonnen können umfunktionierte alte Holzfässer oder Lebensmittelfässer aus Kunststoff sein.

F Muss mein Garten bewässert werden?

DAS WETTER WIRD IMMER EXTREMER, mit langen Perioden ohne Regen und sehr starker Hitze, die in Zukunft wahrscheinlich häufiger auftreten werden. Wie oft sollten Sie in Ihrem Garten gießen?

A

Gärten brauchen viel weniger Wasser, als man denkt, selbst in heißen, trockenen Perioden. Den Boden und die Erde zu untersuchen, um zu sehen, ob eine Pflanze tatsächlich bewässert werden muss, ist wichtig, damit man nicht zu verschwenderisch mit Wasser umgeht.

Aufeinanderfolgende Tage mit heißem und trockenem Wetter bedeuten nicht unbedingt, dass Gartenpflanzen durstig sind. Zuerst verbrauchen sie das Wasser im oberen Boden und ziehen dann Wasser aus dem tieferen Untergrund, wobei der Boden als Docht wirkt. Überwässerung kann zu üppigem Blattwerk führen, was wiederum weniger Blüten und ein größeres Risiko von Schädlings- und Krankheitsschäden bedeuten kann.

Was muss gegossen werden?

Eine lange Dürreperiode kann bedeuten, dass selbst ein ausgewachsener Garten Wasser benötigt, aber im Allgemeinen sollten ältere Pflanzen über den Sommer nur wenig zusätzlich gegossen werden. Bestimmte Pflanzen benötigen jedoch regelmäßige Pflege mit der Gießkanne:

- Setzlinge und junge Pflanzen brauchen feuchten Boden, da sie noch nicht über die Wurzelsysteme verfügen, mit denen sie viel Wasser aufnehmen können. Wenn die Erde um gerade erst gesäte Samen austrocknet, kann es sein, dass sie nicht richtig keimen.
- Gießen Sie neu eingepflanzte Pflanzen, die nur über ihren kleinen Wurzelballen und die Erde darum herum Wasser erhalten, weil sich ihre Wurzeln noch nicht im Boden ausgebreitet haben.

▼ Ein feuchter Boden ist in den frühen Wachstumsphasen des Setzlings von entscheidender Bedeutung.

Die Erde in Hängekörben und Töpfen trocknet bei heißem Wetter schnell aus, sodass sie öfter gegossen werden müssen als Pflanzen im Beet.

- Pflanzen in Töpfen, Hängekörben und Balkonkästen müssen bei heißem, trockenem und/oder windigem Wetter täglich oder zweimal täglich gegossen werden.
- Für eine gute Ernte müssen einjährige Gemüsepflanzen, Obstbäume und -sträucher regelmäßig gegossen werden.

Was ist mit dem Rasen?

Der Rasen ist oft das Erste im Garten, das bei trockenem Wetter schlecht aussieht. Aber selbst wenn er braun wird, kann er sich nach etwas Regen schnell erholen und stirbt nur in einer längeren Dürreperiode ab. So verlockend es auch ist, den Rasensprenger einzuschalten und den Rasen üppig und grün zu halten, das ist eine echte Belastung der Wasserressourcen und sollte vermieden werden. Konzentrieren Sie sich auf die Bewässerung der Pflanzen und gießen Sie das Gras nur, wenn es erst kurz zuvor ausgelegt oder gesät wurde (vermeiden Sie diese Situation, indem Sie neue Rasenflächen erst im Frühjahr oder Herbst anlegen). Überlegen Sie auch, auf die Rasenfläche Kräuter und Wildblumen statt Gras zu säen, um eine Miniwildblumenwiese zu schaffen – sie bieten den wild lebenden Tieren viel mehr Vorteile und sind schön anzusehen.

Schlaues Gießen

Gießen Sie morgens oder abends, sobald die Sonne verschwunden ist, um die Verdunstung zu minimieren. Richten Sie den Wasserstrahl immer auf die Erde/Wurzeln, nicht auf die Blätter. Eine in jedem Frühling neu aufgebrachte Mulchschicht kann dazu beitragen, dass der Boden die Feuchtigkeit speichert.

SCHON GEWUSST?

Pflanzen, die in der Mittagshitze herunterhängen, müssen vielleicht gar nicht gegossen werden. Sie welken einfach absichtlich in der Sonne, um ihre Oberfläche zu verkleinern und damit den Wasserverlust ihrer Blätter zu minimieren.

Kann man aus Holzabfällen Häuser für Wildtiere machen?

SIE HABEN KEINE HOLZHEIZUNG und wollen Totholz und Baumschnitt aus dem Garten oder Reste von Heimwerkerarbeiten nicht verbrennen – sind sie denn geeignet, um sie zu Häusern für Wildtiere zu machen?

Zwergfledermaus
Pipistrellus pipistrellus

Holzstapel

Stehendes Totholz – ein abgestorbener, aber nicht umgefallener Baum – ist ideal, weil es auch Nistplätze für Vögel und Fledermäuse bietet. Aber wenn ein Baum aus Sicherheitsgründen nicht stehen bleiben kann, hilft es auch der Tierwelt, wenn man die Stämme in einer ruhigen Ecke des Gartens stapelt. Wenn das Holz verrottet, bietet es Käfern und anderen Wirbellosen Nahrung, die wiederum Futter für Vögel sind.

Stapeln Sie das Holz einfach im Halbschatten – in zu sonniger Lage trocknet es aus und in zu schattiger Lage könnte es zu kalt für Insekten sein. Wenn man die untere Lage halb in die Erde eingräbt, hält sich die Feuchtigkeit im Stapel. Lassen Sie dann der Natur ihren Lauf.

Ja, Altholz und andere Materialien können zu einem Haus für Wildtiere werden. Das ist tatsächlich eine großartige Möglichkeit, übriggebliebene Reste zu verbrauchen, die sonst Abfall wären. Man muss nur sicherstellen, dass die Verwendung sicher ist. Totholz ist für Wildtiere von unschätzbarem Wert, daher ist es gut, etwas davon im Garten liegen zu lassen.

Totholzhecken

Eine Totholzhecke besteht aus altem Gartenschnitt, wie z. B. verholzten Zweigen oder alten Staudenstängeln, die zwischen Pfählen verflochten werden. Mit zunehmender Verrottung kann man weitere Gartenabfälle hineinarbeiten. Totholzhecken werden in der Forstwirtschaft als Barrieren verwendet, können aber genauso gut in einem großen oder mittelgroßen Garten gebaut werden und dort Vögeln und kleinen Säugetieren Unterschlupf und Lebensraum bieten.

NISTKÄSTEN FÜR VÖGEL, INSEKTEN UND IGEL

Am besten eignet sich unbehandeltes Holz, das nicht gebeizt, gestrichen oder druckbehandelt wurde, für den Bau von Häusern für Wildtiere. Der NABU hat Anleitungen zum Bau von Vogelnistkästen veröffentlicht. Sie können auch alte Paletten zwischen Ziegelsteinen stapeln und die Zwischenräume mit Zweigen, Tonscherben, Stöcken und mehr füllen, um ein Heim für Insekten zu schaffen (ein Insektenhotel) – weitere Möglichkeiten findet man ebenfalls auf der Homepage des NABU.

Igelpopulationen haben heutzutage zu kämpfen, da viele ihrer natürlichen Lebensräume verloren gehen. Eine einfache Lösung besteht darin, ein Loch unten in Zäune zu schneiden, damit sie durchwandern können – bitten Sie Ihre Nachbarn, das auch zu tun, und stellen Sie ihnen einen trockenen Unterschlupf und einen Platz zum Nisten oder Überwintern zur Verfügung.

Bauen Sie aus Resten einen Kasten mit schmalen Schlitzen oder kleinen Löchern für Lüftungsöffnungen an den Seiten und einem 15 cm großen quadratischen Eingangsloch, am besten fügen Sie auch einen 30 cm langen Tunnel hinzu – wie bei einem Iglu. Legen Sie einige trockene Blätter hinein und platzieren Sie ihn unterhalb einer Hecke oder eines Strauches, wenn möglich mit dem Eingang nach Süden. Alternativ können Sie eine alte Weinkiste verwenden. Decken Sie deren Oberseite mit einem Stück Plastikfolie (schneiden Sie einen alten Abfallsack auf) und dann einer Schicht Blätter ab, damit sie wasserdicht wird und natürlicher aussieht. (Wenn Sie Hunde haben, überlassen Sie das Haus lieber einem Nachbarn, da sie wahrscheinlich einen Igel angreifen; Katzen stellen ein geringeres Risiko dar.)

Braunbrustigel
Erinaceus europaeus

F Wie lange halten sich Samen?

MANCHMAL BESTELLT MAN MEHR AUS EINEM SAATGUTKATALOG, als man in einem Jahr anbauen kann. Sind die Samen in einem Päckchen nicht mehr verwendbar, wenn das Haltbarkeitsdatum überschritten ist oder können sie trotzdem mit gutem Ergebnis ausgesät werden? Woran erkennt man, ob die Samen noch keimen?

A Das kommt auf die Sorte der Samen an, aber meistens halten sie länger als das Haltbarkeitsdatum angibt, wenn sie richtig aufbewahrt werden. Probieren Sie aus, ob sie noch keimen.

Auf den Saatgutpäckchen von großen Unternehmen steht normalerweise auch das Abfülldatum und ein Aussaattermin. Selbst bei korrekter Lagerung verschlechtert sich die Lebensfähigkeit des Saatguts im Laufe der Zeit, sodass man im Idealfall das Saatgut im selben Jahr aussäen sollte, in dem es gekauft wurde. So ist es frisch und kann am besten zu gesunden Pflanzen keimen, und auch die Fensterbank ist nicht so überfüllt. Ob die Samen älterer Packungen noch keimfähig sind oder nicht, hängt von einer Reihe von Faktoren ab.

▼ Am besten keimen die Samen und wachsen zu gesunden Pflanzen, wenn Sie bald nach dem Kauf ausgesät werden.

Der Keimungsprozess

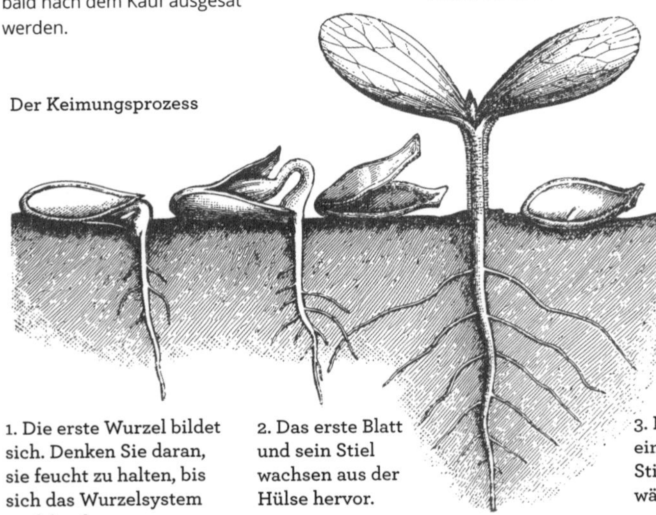

1. Die erste Wurzel bildet sich. Denken Sie daran, sie feucht zu halten, bis sich das Wurzelsystem entfaltet hat.

2. Das erste Blatt und sein Stiel wachsen aus der Hülse hervor.

3. Ein Sämling mit einem gesunden Blatt, Stiel und Wurzelsystem wächst heran.

▶ Da sich Samen oft sehr ähnlich sehen, sollten Sie die Tütchen beim Befüllen immer beschriften und für die zukünftige Verwendung auch das Datum notieren.

KEIMFÄHIGKEIT TESTEN

Anstatt eine ganze Tüte verdächtiger Samen auszusäen, streuen Sie ein paar davon auf eine Hälfte eines feuchten Küchentuchs und bedecken Sie sie mit der anderen. Legen Sie es an einen dunklen und warmen Ort, halten Sie das Handtuch etwa eine Woche lang feucht und überprüfen Sie es dann – wenn die Samen aufgekeimt sind, sollte der Rest beim Aussäen ebenfalls erfolgreich keimen.

Saatgut lagern

Idealerweise sollten die Samen in ihren Tütchen oder in Umschlägen (bei selbst gewonnenem Saatgut mit Beschriftung!) in einer luftdichten Dose oder Schachtel aufbewahrt werden. Fügen Sie nach Möglichkeit jeder Dose ein Päckchen Trockenmittelgel bei (bewahren Sie diese von anderen Käufen auf). Legen Sie die Dose bis zur Verwendung an einen kalten, trockenen Ort – ideal sind etwa 5 °C – wie z. B. in einen Schuppen, auf den Balkon oder in den Kühlschrank.

Samen, die sich nicht gut lagern lassen

Einige Samen, zum Beispiel Nieswurz, müssen sofort ausgesät oder feucht gehalten werden. Alpenländische Sorten haben in der Regel eine kürzere Haltbarkeit als andere Zierpflanzen, bei den Gemüsesamen halten Zwiebeln, Lauch und Pastinaken nicht lange.

Wie wird man am besten Gartenutensilien los, die man nicht mehr haben möchte?

SIE VERSUCHEN ZWAR, die Dinge in Ihrem Garten so oft wie möglich wiederzuverwenden, aber manchmal müssen sie einfach weg. Schnittgut, altes Laub, zerbrochene Werkzeuge und Geräte, alte Töpfe, überflüssige Pflanzen – Gärten können viel Unerwünschtes hervorbringen. Wie können Sie diese so weit wie möglich umweltfreundlich entsorgen?

Wahrscheinlich gibt es irgendwo jemanden, der die Dinge haben möchte! Mit ein wenig Internet-Recherche oder durch Herumfragen werden Sie sie finden. Oder Sie recyceln alte Gegenstände. Das ist zwar etwas aufwendiger, aber es lohnt sich, um zu vermeiden, dass die Dinge sinnlos auf der Deponie landen.

Werkzeug und Utensilien

Kann ein Werkzeug, bevor man es wegwirft und ein neues kauft, repariert werden? Online-Tutorials können vielleicht helfen, wenn Sie sich beim Heimwerken unsicher sind, oder versuchen Sie es in einer Reparaturwerkstatt in der Nähe. Solche gibt es in manchen Gemeinden, dort werden kostenlos Fachwissen und Erfahrung angeboten. Nehmen Sie einfach Ihren kaputten Gegenstand mit und lassen Sie sich beraten, wie er repariert werden kann.

Auf Auktionswebsites können hochwertiges Werkzeug und andere voll funktionsfähige Geräte verkauft werden. Funktionsfähige oder kaputte Werkzeuge kann man auch auf lokalen Handelswebsites anbieten, oder man versucht, einen Gartenbau- oder Umweltschutzverein in der Region ausfindig zu machen, die eine Spende zu schätzen wissen – oft ist dort jemand gerne bereit, einen Spaten mit einem neuen Griff zu versehen oder einen Rasenmäher zu reparieren, wenn er ihn kostenlos erhält.

Überflüssige Pflanzen

Haben Sie zu viele Samen gesät oder möchten Sie diese Pflanzen nicht mehr im Beet haben, aber auch nicht auf den Kompost werfen? Das Freecycle-Netzwerk ist eine gute Möglichkeit, unerwünschte Pflanzen weiterzugeben oder für wenig Geld zu verkaufen. Oder bringen Sie sie zu einem Pflanzenflohmarkt und tauschen sie gegen andere Pflanzen ein.

Übrige Pflanzen können für lokale Gemeinschaftsgartenprojekte gespendet werden.

Ein örtlicher Gärtnerverein oder ein Kleingartenverein nimmt wahrscheinlich alle Ersatzpflanzen gerne an. Alternativ könnten Sie sie auch im Garten eines älteren Nachbarn einpflanzen, um dessen Garten zu verschönern, wenn er das möchte.

Achten Sie bei der Weitergabe von Pflanzen stets darauf, dass sie möglichst krankheits- und unkrautfrei sind (siehe auch S. 25).

Gartenabfälle recyceln

Versuchen Sie, Werkzeuge, alte Töpfe, Gartenabfälle und andere, irreparable Dinge immer zu recyceln, bevor Sie sie wegwerfen. Die kommunalen Recyclingzentren können teilweise erstaunlich viele Gegenstände wiederverwerten. Es kann nur etwas dauern, bis die verschiedenen Materialien sortiert und getrennt sind.

PLASTIKTÖPFE

Trotz der Bestrebungen der Industrie, nicht wiederverwertbare Plastiktöpfe durch umweltfreundlichere Alternativen zu ersetzen, haben die meisten Gärtner einen Haufen schwarzer Plastiktöpfe, die irgendwo im Garten lagern. Verwenden Sie diese so oft wie möglich wieder, auch für geteilte Pflanzen, die Sie vielleicht weitergeben. Wenn Sie noch welche übrig haben, nehmen einige Gartencenter sie zurück und leiten sie zum Recycling weiter oder spenden sie an örtliche Wohltätigkeitsorganisationen oder Schulen (Sie könnten auch das Gartencenter umgehen und sie direkt den Wohltätigkeitsorganisationen anbieten). Pflanzentöpfe aus Kunststoff können dem Haushaltsrecycling zugeführt werden. Indem Sie Gartencenter und Gärtnereien unterstützen, die versuchen, Plastik durch den Verkauf von in Zeitungspapier eingewickelten Pflanzen zu ersetzen, können Sie wunderbar diese Töpfe ganz aus dem Kreislauf entfernen.

F Wie können Hühner helfen?

EIN PAAR ZUFRIEDEN GACKERNDE HÜHNER in einer Ecke im Garten zu halten – und frische Eier zum Frühstück zu essen – ist die Vorstellung vieler Menschen vom idyllischen, umweltfreundlichen Garten. Entspricht die Realität dem Ideal, und ist die Hühnerhaltung tatsächlich so umweltfreundlich?

A Die Hühnerhaltung ist eine gute Methode, um Kilometer beim Einkaufen einzusparen und Schnecken, Käfer und Unkraut in gesunde, schmackhafte Eier zu verwandeln. Seien Sie sich nur bewusst, dass Sie viel Zeit und Mühe investieren müssen, damit das Gehege absolut sicher vor dem Fuchs ist, denn Sie sind nicht der Einzige, der gerne Hühner um sich hat.

▲ Hühner sind nicht schwierig zu halten, aber Sie müssen jeden Tag etwas Zeit für sie aufbringen.

Hühner sind gefräßige Biester. Dies kann Segen und Fluch zugleich sein. Sie helfen Ihnen gerne bei der Beseitigung aller Arten von unerwünschten Wildtieren wie Schnecken sowie vieler Unkräuter. Wenn Sie sie jedoch im Garten frei herumlaufen lassen, begeben sie sich ebenso gerne in Ihre Gemüse- und Blumenbeete.

Eine Möglichkeit, um das Beste aus beiden Welten miteinander zu vereinen, ist ein kleiner ständiger (und fuchssicherer) Auslaufbereich und ein mobiler Zaun, damit Ihr Federvieh tagsüber überwacht und kontrolliert Auslauf hat, während Sie sich im Garten aufhalten. Zäunen Sie kleine Flächen zeitweise ein. Ihre Hühner helfen Ihnen gerne dabei, die Beete für die Bepflanzung vorzubereiten. Sie kratzen den Boden auf, entfernen Wurzeln oder fressen das Unkraut und die Schnecken, die ihnen begegnen. Ihr Kot erhöht zudem die Fruchtbarkeit des Bodens. Selbst wenn sie in ihrem Auslauf eingesperrt sind, ist für sie jedes Unkraut oder Ungeziefer ein Leckerbissen. Wenn Sie den Garten jäten, kippen Sie das Unkraut in den Auslauf – Ihre Hühner werden es lieben, es nach essbaren Blättern oder schmackhaften Insekten zu durchforsten. Lassen Sie Holzstücke oder leere Pampelmusenschalen über Nacht umgekehrt im Garten liegen. Darunter versammeln sich dann Schnecken und wenn Sie die Schalen am nächsten Morgen umdrehen, können Sie den Hühnern einen Teller mit Leckereien präsentieren. Diese zusätzlichen Futterquellen (sowie der Verzicht auf Einkaufsfahrten) werden dazu führen, dass Eier von Ihren eigenen Hühnern die Umwelt weniger belasten als im Geschäft gekaufte.

KANN ICH DIE HÜHNER MIT ESSENSRESTEN FÜTTERN?

Die Verfütterung von Küchenresten an Hühner ist seit Tausenden von Jahren Tradition und trägt dazu bei, aus Speiseresten sowohl nahrhafte Eier als auch nützlichen Dünger zu gewinnen. Achten Sie jedoch darauf, die Hühner nur mit pflanzlichen Speiseresten zu füttern. Das mag hart erscheinen, aber angesichts der Tatsache, dass derzeit weltweit mehr Krankheiten als je zuvor im Umlauf sind, ist es klug, Hühner ausschließlich mit diesen Abfällen zu füttern. Wenn Sie fleisch- oder milchhaltige Küchenabfälle loswerden wollen, bieten Bokashi-Küchenkomposter eine umweltfreundliche Entsorgungsmöglichkeit.

▶ Hühner lieben es, umherzustreifen; sie werden Käfer und Unkraut fressen, aber achten Sie darauf, die Hühner von wertvollen Pflanzen fernzuhalten.

F Ich hätte gerne Hochbeete – welche Materialien sind dafür am besten?

HOCHBEETE SIND IDEAL, weil sie gut zugänglich sind, über schlechtem oder zu lehmigem Boden sowie auf gepflasterten Flächen gebaut werden können und das Anbauen von Pflanzen ermöglichen, die in der vorhandenen Gartenerde nicht gedeihen würden. Sollten sie immer aus Holz gebaut werden oder sind auch andere Materialien eine Option? Kann Recyclingholz verwendet werden, und wenn ja, worauf muss man achten?

Ein neues Hochbeet bauen

Es gibt viele Bausätze für Hochbeete in Standardformen, manche Firmen bieten aber auch Material für maßgeschneiderte Hochbeete an. Oder man verwendet neues Holz für den Bau eines Hochbeets. Wenn Sie sich für einen Bausatz entscheiden, sollten Sie dessen Umweltverträglichkeit prüfen. Wurde das verwendete Holz nachhaltig produziert und ist es FSC-zertifiziert? Welche Chemikalien und Methoden wurden für die Holzbehandlung eingesetzt? Sind das zertifizierte Methoden?

A Hochbeete können aus verschiedenen Materialien angefertigt werden, etwa aus Holz, Ziegelsteinen, Stein und mithilfe von Bausätzen aus recyceltem Kunststoff. Alle haben Vor- und Nachteile für die Umwelt, sodass es eine Frage der Abwägung ist und man sich bewusst für das ein oder andere entscheiden muss.

▼ In Hochbeeten kann man fast alles anbauen, zum Beispiel auch Küchenkräuter.

Behandeltes Holz kann Chemikalien enthalten, die, sobald das Holz nass ist, in den Boden eindringen, Bodenorganismen schädigen und in die in den Beeten wachsenden Nahrungspflanzen gelangen können. Bei einer Druckbehandlung werden die Chemikalien tief in das Holz gedrückt, aus dem sie kaum wieder ausgewaschen werden, aber die sicherste Option ist die Verwendung von unbehandeltem Hartholz. Das ist vielleicht zwar teurer, aber es wird viel langsamer abgebaut als Weichholz (wie Kiefer) und man muss keine Bedenken wegen unnatürlicher Substanzen haben.

Hochbeete aus recyceltem Holz bauen

Für DIY-Hochbeete können Sie auch Recyclingholz verwenden. Danach kann man gut in Online-Portalen für Gebrauchtes, auf Tauschbörsen und Firmenwebseiten suchen.

Was neues Holz betrifft, so erkundigen Sie sich, womit es behandelt wurde. Wenn Sie es nicht herausbekommen, gehen Sie auf Nummer sicher und kleiden die Beete dann aus, damit eine Barriere zwischen dem Holz und dem Boden entsteht. Aber da diese Auskleidung unweigerlich aus Kunststoff sein wird, hat sie ihre eigenen Umweltkosten.

ANDERE OPTIONEN

Einige Firmen bieten Bausätze für Hochbeete aus recyceltem Kunststoff an. Die Beete können auch aus Ziegelsteinen, Steinen oder hochkant angeordneten Pflasterplatten gebaut werden. Die drei letztgenannten Optionen haben den Vorteil, dass sie langlebig sind und nicht das Risiko bergen, Schadstoffe abzusondern. Allerdings benötigt man dafür ein Fundament und wenn das aus Beton ist, sind erhebliche Umweltkosten zu berücksichtigen.

Wie realistisch ist die Selbstversorgung in einem mittelgroßen Garten?

SIE SIND VON FERNSEHSENDUNGEN INSPIRIERT, in denen Menschen ihre eigenen Lebensmittel anbauen, aber Ihr Garten ist nicht sehr groß. Wäre es dennoch möglich, genug Nahrung anzubauen, um das ganze Jahr über davon zu leben? Sollte man es versuchen?

Das hängt davon ab, wie groß Ihre Familie ist, aber theoretisch ist es möglich, sich mit Obst und Gemüse auf einer Parzelle von 250 m² selbst zu versorgen. Sie werden dort nicht genug Platz für Tiere oder den Anbau von Getreidepflanzen zum Mahlen von Mehl haben, aber der Anbau eines Großteils Ihres eigenen Obstes und Gemüses wird Ihren CO_2-Fußabdruck definitiv verringern.

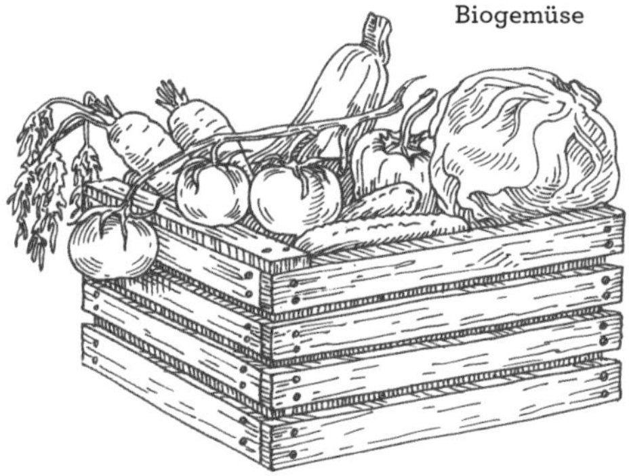

Kiste mit selbst angebautem Biogemüse

Es liegt auf der Hand, welchen Reiz es hat, eigenes Obst und Gemüse anzubauen und saisonale (oder auch biologische) Lebensmittel an der frischen Luft gleich hinter dem Haus zu ernten, anstatt verpackte Lebensmittel im Neonlicht eines Supermarkts einzupacken, die vielleicht um die halbe Welt geflogen wurden. Selbst gemachte Nahrungsmittel verringern unsere Abhängigkeit von Supermärkten, man ist den weltweiten Preisentwicklungen nicht länger ausgeliefert und kennt die genaue Herkunft des Obstes und Gemüses. Aber es ist harte Arbeit und der Garten erfordert das ganze Jahr über viel Aufmerksamkeit.

Kommt es auf die Größe an?

Ein traditioneller Kleingarten ist 250 m² groß – ungefähr so wie ein Doppel-Tennisplatz. Man geht davon aus, dass diese Größe reicht, um eine vierköpfige Familie mit Gemüse und Beerenobst zu ernähren, obwohl die Forschung in den 1970-er Jahren schätzte, dass die Gesamtfläche, die eine Person benötigt, um das ganze Jahr über (vegetarisch) zu essen, einschließlich Platz für Wege und Lagerung, 720 m² beträgt.

Aprikose
Prunus armeniaca

Erdbeeren
Fragaria × ananassa

Es kommt darauf an, was man damit macht!

Es gibt viele Möglichkeiten, Schritte in Richtung Selbstversorgung zu unternehmen. Und wenn man beim Bepflanzen die Anbaufläche vergrößert, kann man selbst auf einer kleinen Fläche wirklich große Ernten erzielen. Wenn Sie z. B. keinen Platz für einen Obstgarten haben, pflanzen Sie Obstbäume am Übergang zur Beeteinfassung. Überlegen Sie, ob Sie einen Waldgarten anlegen möchten, bei dem in einem Bereich des Gartens drei Stufen mit mehrjährigen Nutzpflanzen angepflanzt werden. Durch sorgfältige Planung, sukzessive Aussaat und Zwischenfruchtanbau kann der Platz in einjährigen Gemüsebeeten optimal genutzt werden. Wenn man die Saison mit frühen, mittleren und späten Sorten derselben Kultur verlängert und auch in einem Gewächshaus oder unter einem Folientunnel anbaut, kann man die Erntezeit in die Länge ziehen und hat keine zu große Ernte auf einmal. Wenn Sie eine echte Selbstversorgung anstreben, müssen Sie einen wesentlichen Teil des Platzes für den Anbau sogenannter Kalorienpflanzen (z. B. Kartoffeln) reservieren.

▲ Wenn Sie eine große Obsternte verbrauchen möchten, liegt es nahe, daraus eigene Marmelade zu kochen.

LOHNT SICH DAS?

Es ist bestimmt ganz besonders zufriedenstellend, Nahrungsmittel selbst anzubauen und es verringert definitiv den CO_2-Fußabdruck einer Familie. Das ist auch eine hervorragende Möglichkeit, Kinder für die Gartenarbeit zu begeistern und ihnen die Natur näherzubringen. So gewöhnen wir uns wieder mehr an den Lauf der Jahreszeiten und lernen Neues, etwa die Herstellung von Marmelade und sauer eingelegtem Gemüse.

Langfristig können dadurch die Ausgaben für Lebensmittel sinken, aber das hängt auch von den anfänglichen Investitionen in die Infrastruktur und mehrjährigen Pflanzen/Bäume ab.

Es ist wahrscheinlich leichter – und macht mehr Spaß – einen größeren Teil der Lebensmittel im Jahr für die Familie selbst anzubauen als eine strikte Selbstversorgung anzustreben.

F Gibt es Alternativen zu Plastik?

Sie machen sich ernsthafte Sorgen um den weltweiten Plastikmüll, vor allem in den Meeren. Wie kann man die Verwendung von Plastik im eigenen Garten reduzieren – gibt es plastikfreie Alternativen?

Derzeit gibt es schätzungsweise rund 500 Millionen Plastiktöpfe auf der Welt, deren Zersetzung mehr als 400 Jahre dauern wird. Töpfe sind aber nicht das einzige Plastik im Garten, es gibt Plastikkompostbeutel (siehe S. 92), Trays, Gießkannen, Stockaufsätze, Düngerkübel und -flaschen, Pflanzen- und Saatgutetiketten und vieles mehr. Kunststoff ist billig, wasserdicht und leicht. Es ist also leicht erklärbar, warum er so allgegenwärtig ist. Und die Alternativen sind im Allgemeinen teurer sowie mit eigenen Kosten für die Umwelt in Form von Transportgewicht und Herstellungsenergie verbunden. Kunststofffreie Alternativen sind jedoch eine gute Investition, die oft ein Leben lang hält. Zudem kann man einige dieser Kosten abmildern, indem man diese Produkte von lokalen, nachhaltig wirtschaftenden Unternehmen bezieht.

A Ja, viele, und es kommen ständig neue auf den Markt. Aber werfen Sie nicht etwas weg (in die Wertststofftonne), nur weil es aus Plastik ist, sondern verwenden Sie es bis zum Ende seiner Lebensdauer und ersetzen Sie es dann durch eine kunststofffreie Alternative.

Klopapierrollen sind viel besser als Plastik-Trays für tiefwurzelnde Sämlinge wie z. B. Zuckerschoten und Mais.

PLASTIKFREIE ALTERNATIVEN

▶ In Eierschalen und Eierkartons kann man Setzlinge und Mikrogrün züchten.

Verpackung für Pflanzen. Kaufen Sie wurzelnackte Pflanzen, teilen Sie Pflanzen oder vermehren Sie bestehende Gartenpflanzen (entweder Ihre eigenen oder die Ihrer Freunde!). Nutzen Sie Online-Unternehmen und Gärtnereien, die sich verpflichten, Pflanzen in kunststofffreien Verpackungen zu versenden.

Samen aussäen. Verwenden Sie hölzerne Pflanzschalen (selbst gemacht oder gekauft) und/oder fertigen Sie mithilfe einer Papiertopfpresse selbst Pflanztöpfe aus alten Zeitungen an. Oder bewahren Sie die Innenröhren von Klopapierrollen auf, die sich besonders gut für Pflanzen mit langen Wurzeln, wie z. B. Zuckerschoten und Mais, eignen.

Töpfe. Terrakottatöpfe sind am langlebigsten, können aber eine teure Investition sein. Töpfe aus Kokos haben einen relativ hohen ökologischen Fußabdruck. Ein gleichwertiger Ersatz für Plastiktöpfe sind biologisch abbaubare Töpfe aus Pflanzenabfällen. Ansonsten halten selbstgemachte Töpfe aus Karton (wie Müslischachteln oder Wellpappe) lange genug, um einen Sämling oder Steckling darin zu züchten.

Schilder für Pflanzen. Einfache Steckschilder oder Modelle aus Holz oder Bambus werden biologisch abgebaut, sobald sie ihren Dienst erfüllt haben – beschriften Sie sie mit Bleistift, um sie wiederzuverwenden. Schiefer-Etiketten sind teurer, aber sehr hübsch.

Stützelemente für Pflanzen. Verwenden Sie zum Festbinden von Pflanzen natürliches Garn statt Kunststoff; es muss erst nach ein oder zwei Jahren ersetzt werden. Kaufen Sie ein Ranknetz aus Jute; flechten Sie Ihre eigenen Stützen für Beetpflanzen aus Weide oder Birke (suchen Sie eine örtliche Korbwerkstatt auf, um zu erfahren, wie das geht), oder kaufen Sie Metallstützen.

Pflanzenschutz. Vlies- und Plastikhauben sind nicht recycelbar und kurzlebig. Investieren Sie daher in Glasglocken oder ein Gewächshaus und setzen Sie zarte Pflanzen nicht ins Freie. Wickeln Sie empfindliche Pflanzen im Winter in Zeitungspapier, Stroh und Jute.

Bewässerung und Pflege. Kaufen Sie Gießkannen aus Metall und nicht aus Kunststoff (siehe S. 186) und verwenden Sie nicht mehr den Schlauch – das Gießen von Hand ist eine gute Übung und tatsächlich effektiver und genauer. Kaufen Sie pulverisierten/granulatförmigen organischen Dünger in Pappschachteln.

F Kann man ausrangierte Terrassendielen zu wildtierfreundlichen Holzstapeln umfunktionieren?

WPC-Terrassendielen können nicht recycelt werden

IN DEN 1990-ER UND 2000-ER JAHREN waren Terrassendielen sehr in Mode und galten als relativ billiges und ansprechendes Mittel, auf einfache Weise verschiedene Ebenen im Garten zu schaffen und Ess- und Spielbereiche anders als die in früheren Jahrzehnten verrückt gepflasterten Innenhöfe anzulegen. Wenn man sie entfernt oder ersetzt, welche Möglichkeiten gibt es, die Dielen zu entsorgen? Kann man sie für Gartentiere verwenden?

A Leider sind alle Materialien, aus denen die Terrassenbeläge hergestellt werden, als Holzstapel für Wildtiere ungeeignet und müssen anderweitig entsorgt werden. Es hängt davon ab, woraus Ihre Terrassendielen hergestellt sind, ob sie wiederverwertet werden können oder nicht.

Arten von Terrassendielen

Terrassendielen sind vielleicht gar nicht aus Holz, obwohl sie so aussehen. Holzterrassendielen könnten aus Hart- oder Weichholz bestehen, die beide vor dem Verlegen zum Schutz zumindest mit Chemikalien behandelt und danach möglicherweise mit Beizen gestrichen wurden. Andere Dielen sind aus einem Holz-Kunststoff-Verbundwerkstoff (WPC) oder vollständig aus PVC-Kunststoff.

Wiederverwerten

Behandelte Hölzer eignen sich leider nicht für einen Holzstapel für Wildtiere. Die chemischen Mittel sollen verhindern, dass das Holz verrottet, aber das ist genau das, wofür wirbellose Tiere, Pilze und andere Organismen das Holz brauchen, um zu gedeihen. Dieses Holz muss an anderer Stelle entsorgt werden. Platten aus einem Holz-Kunststoff-Verbundwerkstoff (WPC) sind durch ihren Kunststoffanteil ebenfalls nicht wildtierfreundlich, können aber aufgrund der Art und Weise, wie Holz und Kunststoff zusammengemischt werden, leider auch nicht recycelt werden. PVC-Kunststoffplatten eignen sich nicht für einen Holzstapel, können aber recycelt werden.

Einige Terrassendielen können z. B. für den Bau eines Pflanztisches, von Regalen für den Schuppen oder eines Frühbeets genutzt werden.

F Warum sind im Vogelnistkasten Bienen?

Sie haben in Ihrem Garten Nistkästen für Vögel und für Insekten aufgestellt, aber bemerkt, dass die Bienen den Vogelnistkasten statt des Insektenhotels benutzen. Was ist da los und warum?

Zunächst: Sind Sie sicher, dass es Bienen sind, die den Kasten benutzen? Wespen bauen ihre Nester aus winzigen Holzresten, die sie mit ihrem Speichel vermischen, und sammeln das Holz aus allen möglichen Gartenmöbeln und Holzkonstruktionen, einschließlich Vogelnistkästen.

Wenn es Bienen sind, handelt es sich wahrscheinlich um Baumhummeln, da für Honigbienen ein Vogelnistkasten zu klein ist, um ihn als potenziellen Bienenstock zu betrachten. Im Gegensatz zu den meisten Hummeln, die in der Erde nisten, baut diese Art ihr Nest in Bäumen, nutzt aber auch andere trockene Holzelemente wie Dachvorsprünge oder Dachböden von Häusern und Vogelkästen. Die Bienenkönigin wählt einen Nistkasten aus dem gleichen Grund wie ein Vogel – er ist trocken und warm, mit einem kleinen, leicht geschützten Eingangsloch. Aber weil Baumhummeln ab Anfang März nach Nistplätzen suchen, können sie den Vögeln oft zuvorkommen. Hummelnester sind eigentlich ziemlich selten zu finden, also freuen Sie sich, dass Sie eines in Ihrem Garten haben. Die Bienen verschwinden nach vier bis fünf Monaten wieder. Am besten hält man Abstand, damit die Bienen ruhig bleiben, denn wenn sie wegen häufiger Aktivitäten in ihrer Nähe unruhig werden, können sie aggressiver werden. Aber wenn man sie in Ruhe lässt, stellen sie keine Bedrohung dar. Wenn das Nest unbedingt verlegt werden muss, suchen Sie zunächst bei einem Imkerverein in der Nähe Hilfe.

A Leider macht die Natur trotz unserer besten Bemühungen nicht immer das, was man ihr sagt, und einige Arten gestalten die Strukturen für Gartentiere oft von sich aus um. Die Verwendung natürlicher Materialien für Insektenhotels kann dazu beitragen, Insekten zur Nutzung zu ermutigen, aber manchmal ist es am besten, einfach den Einfallsreichtum der Tiere zu genießen.

Hummeln, Untermieter im Nistkasten

F Welche natürliche Pflanzenstütze ist am besten?

SIE MÖCHTEN NATÜRLICHE PFLANZENSTÜTZEN INSTALLIEREN, wissen aber nicht genau, was für welche. Welche Holzarten eignen sich am besten und wie macht man daraus eine Stütze?

Wenn man einen einzelnen stabilen Stock benötigt, kann ein einfaches Stück unbehandeltes Holz verwendet werden, an das man die Pflanze lose bindet. Wenn die Pflanze wächst, kann man sie weiter oben nochmals festbinden.

Pflanzenstützen werden in drei Hauptkategorien unterteilt: Ranksäulen für Kletterpflanzen wie Stangenbohnen und Clematis, käfigartige Konstruktionen für höhere Stauden wie Pfingstrosen und in Reihen angeordnete Stöcke zur Unterstützung von Pflanzen wie Erbsen im Gemüsegarten. Dann gibt es Pfähle, stabilere Hölzer, an die man einzelne Stängel von Sonnenblumen oder junge Bäume bindet. Alle diese Stützen können einfach aus Holz von Bäumen oder Sträuchern angefertigt werden, entweder aus dem eigenen Garten oder aus vor Ort gesammeltem Material. Schließlich wird das gesamte Material ganz sicher biologisch abgebaut.

A Besonders nachhaltig und kostengünstig ist es, alles aus dem Garten selbst zu nehmen, was man für ihn braucht.

Stützstöcke aus dem eigenen Garten

Wenn man im Garten Platz für einen Haselnussbaum, eine Weide oder Kastanie schafft, kann man mit diesem traditionellen Gehölz einen lebenslangen Vorrat an Rankhilfen anlegen. Mit drei oder mehr Pflanzen erhält man mittels eines Rotationssystems jedes Jahr eine volle Ernte oder man nimmt jedes Jahr nur wenige Äste davon ab.

Herstellung einer Staudenstütze

Für diese käfigartige Stütze werden längere Äste als für Stützstöcke verwendet, aber sie müssen nicht so lang oder dick wie für Ranksäulen sein. Stecken Sie die Stützen immer in die Erde, bevor die Pflanze sie braucht, denn dann wächst sie durch die Stütze hindurch oder um sie herum und muss nicht angebunden werden. Schneiden Sie im zeitigen Frühjahr, wenn die Pflanze ins Wachstum kommt, eine Handvoll Äste ab. Ihre

DEN BEDARF AN RANKHILFEN VERRINGERN

Durch eine Änderung der Anbauweise und Pflege der Pflanzen kann der Bedarf an Rankhilfen verringert oder sogar ganz darauf verzichtet werden:

- Ziehen Sie Kletterpflanzen an Mauern, Zäunen oder Bäumen anstatt an Ranksäulen hoch (und versuchen Sie, Kletterbohnen an Mais hochwachsen zu lassen).
- Verwenden Sie nicht zu viel stickstoffhaltigen Dünger und gießen Sie nicht zu viel, weil die Pflanzen dann zu üppig wachsen und schlaff werden.
- Wenden Sie die Chelsea-Chop-Technik an, bei der Mitte Mai bei den spät blühenden Stauden ein Drittel der neuen Triebe zurückgeschnitten wird, damit sie nicht so hoch wachsen.

Länge hängt von der endgültigen Höhe der Staude ab – am Ende sollte die Stütze etwa halb so hoch wie die Pflanze sein. Stecken Sie die Äste mit einem Abstand von 20–30 cm in einem Kreis um die Pflanze herum in den Boden. Biegen Sie dann die Enden zweier gegenüberliegender Äste zueinander und verdrehen Sie sie über der Pflanze. Wiederholen Sie das mit den anderen Ästen, indem Sie sie miteinander verdrehen. Werden Sie kreativ! Die Pflanze wird durch die Stütze hindurchwachsen, sodass man diese im Hochsommer nicht sehen kann. Im Winter kann sie entfernt und später ersetzt werden (die Äste werden brüchig und halten kein zweites Jahr).

▼ Junge Weide lässt sich leicht biegen und verdrehen, um Ranksäulen und andere natürliche Pflanzenstützen herzustellen.

F Müssen beim Recyceln auch alte Autoreifen verwendet werden?

ICH WEISS, dass vieles im Garten wiederverwendet werden kann, aber ich bin nicht wild auf große Autoreifen als Pflanzgefäße. Welche anderen Möglichkeiten gibt es dafür?

▼ Kurzlebige Gemüsepflanzen wie Salatblätter und einjährige Kräuter können auch in Konservendosen und Kunststoff-Trays gezogen werden.

A Durch Wiederverwenden oder Upcyceln von Gegenständen, die sonst weggeworfen oder recycelt würden, kann man zugleich sparen und Pflanzraum im Garten schaffen. Aber es bedarf dabei einer gewissen Sorgfalt, damit es nicht zu ungepflegt aussieht.

Die Dinge sichten – was eignet sich?

Aus ästhetischen Gründen sollte mehr als ein Element desselben Gegenstands in Gruppen ungerader Zahlen angeordnet werden. Bewahren Sie daher die Dinge, die Sie wiederverwenden möchten, auf, bis Sie genug davon haben. Sie sollten gründlich gereinigt sein und sicher im Garten verwendet werden können (z. B. vorher keine Chemikalien oder Öle enthalten haben und nicht aus etwas bestehen, das in den Boden sickert), dann gibt es nur wenige Grenzen für einen Upcycling-Garten. Stellen Sie schließlich sicher, dass potenzielle Pflanzgefäße über eine angemessene Drainage verfügen und bohren Sie gegebenenfalls Löcher in den Boden. Verwenden Sie die Gegenstände nur dann, wenn sie in ein Gesamtschema passen, damit es ästhetisch ansprechend ist, und bepflanzen Sie keine recycelten Gegenstände um des Recyclings willen. Das gilt vor allem dann, wenn die Pflanze nicht lang- oder selbst nicht kurzfristig darin bleiben kann. Ein klassisches Beispiel dafür sind alte Gummistiefel, denn sie können leicht zu feucht oder auch zu trocken sein und überdies umkippen.

Küchengarten

Für Nutzpflanzen ist es nett, entsprechende Pflanzgefäße wie große Konservendosen zu verwenden (versuchen Sie Olivenkonservendosen etc. bei lokalen Feinkostläden und Restaurants zu bekommen). Weinkisten aus Holz eignen sich gut für Baby-Salatblätter – wenn Sie schon dabei sind: Aus Korken kann man hervorragend Aufsätze für Stützstöcke anfertigen.

Bauerngarten-Stil

Verwenden Sie für einen bäuerlichen Garten natürliche, verwitterte Materialien oder welche in sanften Farben. Man kann eine alte Gartengabel als Pflanzenstütze in ein Beet stecken oder eine Zinkwanne zu einem Miniaturteich oder Pflanzgefäß umfunktionieren. Alte Holz- und Glastüren oder -fenster können für ein kleines Gewächshaus auf einem Rahmen befestigt werden, das man dann anstreicht und ihm ein harmonisches Aussehen verleiht. Zerbrochene Töpfe lassen sich für eine Miniatur-Steingartenlandschaft für alpine Pflanzen oder Sukkulenten verwandeln; man kann ein altes Bücherregal bemalen und kleine Töpfe mit Blumen der Saison hineinstellen.

Behältnisse für Zimmerpflanzen

Mit einer wasserdichten Membran ausgekleidet, können alte Möbelstücke mit Sukkulenten und Kakteen bepflanzt werden: eine Kommode vielleicht, oder die gepolsterte Sitzhöhle eines alten Esszimmerstuhls.

Ein Garten für Kinder

Hier passen alte Reifen gut, denn sie sind weich und niedrig – ideal für ein kinderfreundliches Blumenbeet. Man kann sie auch tarnen, etwa indem man sie mit Kapuzinerkresse bepflanzt oder in kräftigen oder leuchtenden Farben anmalt.

▶ Alte Autoreifen sind ideal für Gärten, in denen Kinder spielen. Man kann sie mit Wiesenpflanzen, Blumen oder Gemüse bepflanzen.

Kann ich meine Pflanzen zum Färben verwenden?

BEIM BEERENSAMMELN färben Brombeeren die Kleidung Ihrer Kinder und Sie haben gehört, dass Zwiebelschalen zum Färben von Stoffen verwendet werden können. Welche anderen Pflanzen aus Ihrem Garten können Sie zum Färben nehmen, und wie geht man dabei vor?

Alle Pflanzenarten, einschließlich Bäume, Stauden, Gemüse und sogar Moos, geben Farbstoffe ab, aber damit es richtig funktioniert, müssen die richtigen Pflanzen verwendet werden. Ein und dieselbe Pflanze kann unterschiedliche Farbstoffe liefern, auch der Farbton und die Intensität können je nach Anbau und Erntezeitpunkt stark variieren. Daher ist es am besten, das Färben mit Pflanzen als Experiment zu betrachten, anstatt eine bestimmte Farbe anzustreben. Die meisten Pflanzen erzeugen einen Farbstoff in einem Gelb- oder Orange-Ton. Hier sind einige zum Ausprobieren:

Gelb/Orange: Ringelblumen *(Calendula* spp.*)*, Löwenzahn, Schafgarben, Gelbwurz, braune Schalen von Zwiebeln, *Eucalyptus cinerara*.

Rot: Krapp.

Rosa und Violett: Purpur-Sonnenhut, Hibiskus, Rote Beten, Holunderbeeren, Rotkohl (Kopf), Brombeerblätter.

Grün: Kohlblätter, Sonnenblumen, Karotten, Goldrute.

Blau: violette Karotten.

Historisch waren Pflanzen die einzige Quelle von Farbe für Haut, Haare und Stoffe, wie blaue Kriegsbemalung oder komplizierte Henna-Tattoos. Moderne Synthetik hat Pflanzen in der industriellen Stofffärbung weitgehend verdrängt, aber mit Pflanzen aus dem Garten zu färben macht Spaß, ist ein interessantes Handwerk und es schafft Stoffe mit einem einzigartigen Charakter.

Purpur-Sonnenhut
Echinacea purpurea

Gemeine Schafgarbe
Achillea millefolium

Naturmaterialien wie Baumwollgarn können mit Gemüseresten und Pflanzen aus dem Garten in Erdfarben gefärbt werden.

SO GEHT'S

Am besten sieht man sich erst einmal ein Online-Tutorial an oder belegt einen Kurs zum Pflanzenfärben.

Der Färbeprozess kann ganz einfach sein, man muss nur den Stoff zusammen mit der Färbepflanze und etwas Wasser in einen Topf legen und alles zusammen bei niedriger Hitze einige Zeit köcheln lassen. Für dauerhafte Farbe müssen Farbe und Stoff vorher getrennt aufbereitet werden.

• Für das Färbebad die Pflanze klein hacken, doppelt so viel Wasser hinzufügen und zum Kochen bringen. Die Hitze herunterschalten und mindestens eine Stunde köcheln lassen, dabei ab und zu umrühren. Die Pflanze herausfiltern und die Farbe wieder in den Topf geben. (Einen Edelstahltopf – keinen aus Keramik! – und einen eigenen Holzlöffel verwenden.)

• Weißen oder cremeweißen Stoff aus Baumwolle, Leinen oder Wolle nehmen. Für ein farbechtes Ergebnis muss er mit Fixiermittel (Beize) behandelt werden. Für Farben auf Beerenbasis muss der Stoff in einer Lösung aus einem Teil Salz und sechzehn Teilen Wasser vorbereitet werden; für Farben aus Pflanzenteilen und Blättern wird ein Teil Essig auf vier Teilen Wasser verwendet. Der Stoff wird einfach eine Stunde lang in der Fixiermittelmischung gekocht und dann mit kaltem Wasser ausgespült.

• Den ausgewaschenen, vorbehandelten Stoff in das Färbebad geben und dieses wieder köcheln lassen, bis er die gewünschte Farbe angenommen hat. Den Stoff über Nacht einweichen, ohne ihn zu erhitzen, damit die Farbe kräftiger wird (nach dem Trocknen wird er heller). Anschließend den Stoff von Hand mit kaltem Wasser und einem natürlichen Waschmittel auswaschen und trocknen lassen. (Waschen Sie ihn auch später so und trocknen Sie ihn nicht in direkter Sonneneinstrahlung, damit die Farbe erhalten bleibt).

Kann ich Pflanzen verschenken?

SIE HABEN SETZLINGE ÜBRIG, oder eine Staude geteilt. Ist es in Ordnung, diese einzutopfen und zu verschenken? Gibt es Pflanzen, die Sie nicht an Freunde und Familie verschenken sollten?

Selbst gezüchtete Pflanzen sind hübsche Geschenke für Freunde und Familie, aber verschenken Sie sie verantwortungsbewusst.

Pflanzen verantwortungsbewusst verschenken (und annehmen)

Der zunehmende weltweite Handel mit Pflanzen hat eine Reihe verheerender Krankheiten verbreitet, die Gärtner und die Gartenbauindustrie vor erhebliche Probleme stellt, wie z. B. der Kartoffelmehltau (*Phytophthora*) und das Eschentriebsterben. Invasive Schädlinge können auch mit Pflanzen eingeschleppt werden, von wo aus sie sich schnell ausbreiten und vermehren, wie z. B. die Asiatische Hornisse, ein Raubtier der Honigbienen und anderer Insekten.

Verschenken Sie niemals invasive Pflanzen oder solche, die krank oder von einem Schädling befallen sind. Verbrennen Sie krankes Material und kümmern Sie sich zuerst um den Befall.

Wenn eine Pflanze in Ihrem Garten invasiv ist, sagen Sie das dem Empfänger oder verschenken Sie sie erst gar nicht.

Auf der Website des Bundesumweltministeriums finden Sie eine aktuelle Liste der invasiven und nicht heimischen Pflanzen, die es zu meiden gilt.

Wenn Sie Pflanzen geschenkt bekommen, sollten Sie diese immer zuerst gesondert aufstellen.

Kaufen Sie Pflanzen immer aus seriösen Quellen und prüfen Sie sie zunächst gründlich auf Anzeichen von Gesundheitsproblemen (stellen Sie sicher, dass Online-Anbieter ein Rückgaberecht bieten).

Was könnte schöner sein, als einem Freund oder Nachbarn einzelne Setzlinge, eine selbst gezüchtete Pflanze oder eine geteilte Staude zu schenken? Pflanzen sind hübsche Geschenke, aber manchmal ist es keine gute Idee, Pflanzen aus dem eigenen Garten weiterzugeben. Verantwortungsbewusste Gärtner sollten dabei ein paar Regeln befolgen.

PFLANZEN AUS DEM EIGENEN GARTEN VERSCHENKEN

Vorteile

- Das ist ein wunderbares und kostengünstiges Geschenk.
- Überflüssige Pflanzen finden so ein Zuhause und werden vor dem Kompost bewahrt.
- Andere können auf diese Weise zur Gartenarbeit angeregt werden.
- Mehr Pflanzen in der Welt sind gut für uns und die Natur.

Nachteile

- Möglicherweise verfügt der Empfänger nicht über die Erfahrung oder das Wissen, die Pflanze zu pflegen (helfen Sie ihm dann!).
- Im Garten des Empfängers gibt es vielleicht keinen passenden Platz für die Pflanzen; vielleicht ist der Boden nicht geeignet oder es gibt nicht genug Sonne oder Schatten.
- Die Pflanze passt vielleicht nicht zur Struktur des Gartens.

Ableger ziehen

In öffentlichen Parks und Gärtnereien kommt es gelegentlich zum Verlust ganzer Pflanzen oder, was häufiger vorkommt, von Pflanzenteilen oder Samen, die heimlich von einer Pflanze genommen werden. Das ist Diebstahl. Er kann irreparable Schäden an den Pflanzen verursachen und Kleinunternehmern in den Ruin treiben. Oft sind es seltene Pflanzen, und wenn man sie entfernt oder beschädigt, kann man den Gartenbauern die Chance nehmen, den Bestand zum Wohle der weltweiten Artenvielfalt zu erweitern. Lassen Sie sich nicht zu einem unbefugten Schnitt verleiten. Kaufen Sie entweder die ganze Pflanze oder sprechen Sie mit dem Besitzer/Gärtner, vielleicht kann er Ihnen einen Ableger geben, dann wissen Sie zumindest, dass er damit einverstanden ist.

Wenn der Besitzer/Gärtner einverstanden ist, sollten Sie die Ableger wie folgt behandeln:

1

1. Entfernen Sie vorsichtig einen 15 cm langen Seitentrieb mit einem Stück von dem Haupttrieb.

2

2. Schneiden Sie das Ende vom Haupttrieb zurück.

3

3. Tauchen Sie den Steckling in Wurzelhormon-Pulver und pflanzen Sie ihn dann ein.

F Kann man allen Dingen zu einem zweiten Leben verhelfen?

ICH RENOVIERE MEIN NEUES HAUS und dabei entsteht eine Menge Abfall. Angenommen, etwas stellt keine Gefahr im Garten dar, wie kann ich es wiederverwerten, damit es nicht auf der Müllkippe landet?

▲ Selbst das unscheinbarste Objekt kann zum Blumentopf umfunktioniert werden, solange man es mit Erde befüllen kann und es einigermaßen wasserdicht ist.

Möbel und Ähnliches

Alte Kommoden können in den Schuppen oder das Gewächshaus ausgelagert werden, um daraus einen Pflanztisch und eine Aufbewahrung für Werkzeuge, Ersatztöpfe und Saatgut zu machen.

Alte Türen, denen das Glas fehlt, kann man auf der Rückseite mit einem Jutegeflecht versehen und sie an einen Zaun als Rankhilfe für Kletterpflanzen befestigen. Auch alte Leitern eignen sich hervorragend dafür.

Bilderrahmen kann man aufhängen und damit drinnen oder draußen eine an einer Wand aufgehängte Topfpflanze in Szene setzen, alte Spiegel an einen Zaun oder seitlich an einem Schuppen anbringen. Hängen Sie sie so auf, dass sie die Pflanzen oder eine Aussicht reflektieren, sodass sie den Garten größer wirken lassen. Auf einen alten Lampenfuß kann man einen Tonteller montieren und ihn so in eine Vogeltränke verwandeln.

Altes umfunktionieren

Alte Zeitungen und Müslikartons können zu Papier- und (größeren) Papptöpfen für Setzlinge und Jungpflanzen verarbeitet werden.

A **Es gibt viele Ideen für die Verwendung alter Möbel und anderer Gegenstände im Garten. Lassen Sie sich von Websites wie Pinterest inspirieren, manchmal kommt die Idee aber auch vom Gegenstand selbst.**

Wenn Sie Plastikflaschen bekommen können (die größeren sind besser, aber 500-ml-Flaschen funktionieren auch), können Sie sie auf Stöcke fädeln, diese an einem Rahmen befestigen und so ein Gewächshaus bauen. Der Rahmen könnte aus übrigen Stöcken von einem Bauprojekt angefertigt werden.

IN DER GARAGE

Ein übriges Rohr oder ein alter Schlauch können in ein Bewässerungssystem verwandelt werden, indem man Löcher hineinbohrt. Dann legt man es um die Beetpflanzen herum und deckt es mit Mulch ab. Wenn man es an den Wasserhahn angeschlossen hat, werden die Pflanzen gleichmäßig mit Wasser versorgt.

Reifenfelgen aus Metall können neben Wasserhähnen im Freien an der Wand befestigt und als Schlauchaufroller verwendet werden, so liegen die Schläuche nicht im Weg und verknicken nicht.

Alte Autoreifen können als Pflanzgefäße verwendet werden (siehe S. 209), aber auch für einen erhöhten Weg auf einem häufig matschigen Untergrund. Legen Sie dafür mehrere Reifen in einer Reihe dicht nebeneinander flach hin, damit die mittleren Reifen nicht verrutschen. Füllen Sie in der Mitte und um die Reifen herum Erde auf, säen Sie Grassamen aus und bepflanzen Sie die Ränder auf beiden Seiten, sodass der Weg bald relativ natürlich aussieht.

▼ Aus Altholz und Plastikflaschen kann man einen vertikalen Kräutergarten anlegen. Stellen Sie die vielen Vorteile des Recyclings fest, bevor Sie die Dinge zur Mülldeponie bringen.

F Wie kann man die nächste Generation am besten zur Gartenarbeit ermuntern?

WENN ES UM LIEBE UND RESPEKT FÜR DIE UMWELT GEHT, gelten Kinder oft als zu bildschirmbesessen und wenig naturverbunden. Wir sollten jedoch mehr Vertrauen in die nächste Generation haben – wie können wir ihnen etwas über Gartenarbeit und die Unterstützung von Wildtieren beibringen?

A Jedes Kind ist anders und jedem Kind sollte die Gelegenheit gegeben werden, seine Liebe zur Natur zu entwickeln. Oft genügt es, gemeinsam hinauszugehen und etwas Wunderbares zu sehen, etwa wie ein Schmetterling auf seiner Hand landet oder wie sich ein von ihm ausgesäter Samen zu einer riesigen Sonnenblume entwickelt hat.

Nach draußen gehen

Schon von klein auf lieben Kinder es, draußen zu sein (im Schlamm zu spielen!). Die Zeit im Garten oder im nahen Naturpark zu verbringen, einfach nur zu spielen oder auf dem Rasen zu liegen und die Käfer zu beobachten, ist die Grundlage für eine lebenslange Liebe zur Natur. Geplante Aktivitäten im Garten, wie z. B. das Säen von Samen oder die Schaffung von Lebensräumen für Wildtiere (z. B. Hilfe beim Bau eines Igelhauses), können Begeisterung wecken. Ältere Kinder könnten die unternehmerische Seite des Anbaus ansprechend finden – den Verkauf von Produkten oder ihre Verarbeitung zu Marmelade oder Samenbomben.

Kindern jeden Alters einen Bereich im Garten (wo sie tun können, was ihnen gefällt) zu überlassen, ist eine gute Möglichkeit, sie ohne allzu großen Druck ihren eigenen Weg finden zu lassen.

◀ Sorgen Sie dafür, dass junge Gärtner über anständiges Werkzeug verfügen, damit sie nicht frustriert sind, weil sie die Arbeit nicht richtig ausführen können.

Cucamelons
Melothria scabra

Die Ernte – vor allem von Dingen, die man direkt essen kann, wie Erbsen oder Obst, oder etwas Ungewöhnliches wie Mexikanische Minigurken – ist auch eine gute Möglichkeit, Kinder in den Garten zu locken. Zeigen Sie ihnen, dass Rückschläge normal sind und dass sie zu den Erfahrungen des Gärtnerns dazugehören. Und dass es wichtig ist, sich nicht entmutigen zu lassen und nicht aufzugeben.

Wenn sie kein besonderes Interesse daran haben, finden Sie einen Weg, die Natur, die Tierwelt oder die Gartenarbeit in ihre bestehenden Interessen einzubeziehen. Junge Bäcker könnten sich beispielsweise für essbare Blumen und Kräuter interessieren, die sie für ihre Kuchen verwenden könnten; Mathematiker könnten durch eine Umfrage ermutigt werden, Statistiken über die Tierwelt im Garten zu erstellen; Wissenschaftler können biologische Experimente durchführen, um etwas über die Photosynthese zu lernen; eifrigen Lesern können Sie ein Exemplar von „MDR Garten – Richtig Gärtnern für Nützlinge" oder andere Literatur zum Thema Garten oder Wildtiere geben oder Sie dazu ermutigen, im Freien zu lesen und die Umgebung zu genießen.

Sich engagieren

Umweltschutzorganisationen bieten regelmäßige Veranstaltungen für Kinder sowie Clubs und Mitgliedschaften für die jüngere Generation an. Wenn es in der Schule keinen Garten- oder Waldkurs gibt, warum nicht einen gründen?

KINDER IN DER UMWELTBEWEGUNG

Viele junge Menschen engagieren sich heute leidenschaftlich bei Umweltkampagnen und lassen sich von Teenagern wie der Umweltaktivistin Greta Thunberg inspirieren. Dabei sind sie sich vielleicht noch nicht bewusst, was sie selbst zum Umweltschutz beitragen können, wenn sie sich zu Hause der Tierwelt oder dem Gemüsegarten widmen. Jungen Menschen das Gärtnern und den Anbau eigener Lebensmittel beizubringen, ist ein enormer Beitrag, den wir für ihre Zukunft leisten können. Dabei demonstrieren ihnen kleine persönliche Aktivitäten, was sie für die Umwelt tun können.

Weiterführende Literatur

Kompost. Natürliches Futter für Ihren Garten
Ken Thompson
Starnberg, DK Verlag 2009.

Gelassen gärtnern: 99 Gartenmythen und was von ihnen zu halten ist
Charles Dowding
München, Oekom-Verlag 2016

Gärten inspiriert von der Natur: Die schönsten Stauden und Gräser
Piet Oudolf und Henk Gerritsen
München, BLV (Gräfe und Unzer) 2021

Die neue Enzyklopädie der Garten- und Zimmerpflanzen
Christopher Brickel
Starnberg, Dorling & Kindersley 2000

Frische Ernte ohne Garten. Obst und Gemüse aus dem Topf
Kay Maguire
München, Dorling & Kindersley 2017

Entdecke die wunderbare Welt vor deiner Haustür
Kay Maguire
Hamburg, Carlsen, 2016

Ret Hot Chili Garden. Die besten Sorten anbauen, ernten und verwerten
Kay Maguire
München, BLV (Gräfe und Unzer) 2016

Wie lange braucht eine Schnecke zurück in meinen Garten? Kuriose Fragen und erstaunliche Antworten rund um den Garten
Guy Barter
Münster, LV.Buch 2018

Können Igel schwimmen und gehen Bienen baden?
Helen Rostock und Sophie Collins
Münster, LV.Buch 2020

Das große Buch der Selbstversorgung. Erneuerbare Energien nutzen, Obst und Gemüse anbauen, Nutztiere halten, Einkochen und Räuchern, Naturheilmittel und mehr
Dick Strawbridge und James Strawbridge
München, Dorling & Kindersley 2018

Kräuter. Anbau, Ernte und Nutzung von über 70 Pflanzen
Holly Farrell
Bern, Haupt-Verlag 2019

Selbst gezogen. Pflanzen aus Kernen selbst vermehren und pflegen
Holly Farrell
Stuttgart, Franckh-Kosmos-Verlag 2016

Kräuter selbst anbauen. Schritt für Schritt zum eigenen Kräuterparadies
Renate Hudak
München, Gräfe und Unzer 2016

Wilde Gartenparadiese gestalten für Bienen, Vögel, Schmetterlinge & mich
Kate Bradbury
Ostfildern, Thorbecke-Verlag 2014

Der antiautoritäre Garten. Gärten, die sich selbst gestalten
Simone Kern
Stuttgart, Franckh-Kosmos-Verlag 2019

ÜBER DIE AUTOREN

Gareth Richards
Gareth Richards ist ausgebildeter Gartenbauer, Redakteur der RHS-Website und freiberuflicher Autor. Als begeisterter Gärtner und Besitzer eines Kleingartens gärtnerte er in Frankreich, Italien und Neuseeland, bevor er sich wieder in England niederließ. Zu seinen Leidenschaften gehören das naturnahe Gärtnern, die Haltung von Bienen und Hühnern sowie der Anbau von Obst und Gemüse.

Holly Farrell
Holly Farrell wurde an der RHS Garden Wisley ausgebildet. Zu ihren Büchern gehören *RHS Get Growing, RHS Gardening for Mindfulness, The Jam Maker's Garden, Growing Herbs* (*Kew Gardener's Guides*) und *RHS Plants from Pips*. Sie schreibt auch Beiträge für Zeitschriften wie *The Garden, The English Garden, Kitchen Garden* und *Breathe*.

Kate Bradbury
Kate Bradbury engagiert sich leidenschaftlich für biologische und wildtierfreundliche Gartenarbeit und ist Autorin von *The Wildlife Gardener*. Sie schreibt für eine Reihe von Publikationen, unter anderem für den Guardian, und man kann sie gelegentlich in der Radiosendung *Gardeners' Question Time* über Gartentiere sprechen hören.

Register

G

Register

Bildnachweise

shutterstock.com
Barashkova Natalia: 1, 3, 16, 138, 140, 166; Nadezhda Molkentin: 4; Bodor Tivadar: 5, 12, 27, 38, 39, 96,156, 157, 178, 218; Channarong Pherngjanda: 5, 12, 32, 98; Olga Korneeva: 6, 156, 157; chempina: 7, 108, 112, 116, 178; Danussa: 7, 139; Cat_arch_angel: 8, 9; Christos Georghiou: 9, 97; Morphart Creation: 9, 111, 119, 152, 154, 167; Eric Isselee: 10, 23, 65, 158, 163; Steve Cukrov: 11; subin pratanrat: 11; AngryBrush: 12; Astro Ann: 13; anitapol: 15; jps: 15; Yevheniia Lytvynovych: 16, 90; PRILL: 18; HollyHarry: 19; photomaster: 20, 57; Bildagentur Zoonar GmbH: 24; Hein Nouwens: 26, 113, 137, 148, 192; Dario Sabljak: 28; Africa Studio: 30, 162; Kamieshkova: 31; Dn Br: 33; Victoria Sergeeva: 34, 178; SUE WETJEN: 35; matunka_: 37; Triduza Studio: 39; Valentina Proskurina: 39; Daniel Prudek: 42, 59, 61, 67, 70, 71, 107, 101, 134, 135, 188, 189, 205; Scisetti Alfio: 42, 81; Alena Brozova: 43; Rudmer Zwerver: 44; gualtiero boffi: 45; aDam Wildlife: 47; Pixsooz: 48; Pikul Noorod: 49; Bubnova Natalia: 50; andrey oleynik: 50, 125, 191; Melok: 51, 89; ER_09: 53; amenic181: 54; Vadym Zaitsev: 54; UbjsP: 55, 71; FabrikaSimf: 56; kzww: 56, 126; gstalker: 57, 73; AtomStudios: 58; Gallinago_media: 59; Philippe Clement: 59; takoburito: 60; jocic: 60, 145; Artkot: 61; rangizzz: 63; Stock Up: 64; Tatiana Volgutova: 68; Kiselev Andrey Valerevich: 69; fotohunter: 70; Botanical Watercolor: 71; Ed Phillips: 73; alslutsky: 73, 145; Richard Griffin: 75, 81; sasimoto: 76, 125; COULANGES: 78; Luca9257: 79; de2marco: 81; spline_x: 81; Hannamariah: 83; Irina Baturina: 85; V_E: 86; Kletr: 91; Nataly Studio: 92; Igor Smirnoff: 94; Natali Zakharova: 94; B Calkins: 95; GLYPHstock: 95; Triff: 95; mamita: 96, 138; Cosmin Manci: 98; Sketch Master: 99; schankz: 99, 129; Komleva: 100; ImagePixel: 102; MSchuppich: 102; pryzmat: 102, 181; NataLima: 104, 112, 136; Nina Rys: 105; Madlen: 106; Shutova Elena: 107, 169; Derek Harris Photography: 110; Svesla Tasla: 111; Svetlana Lukienko: 114; eelnosiva: 117; Marco Uliana: 118; Benny Marty: 119; Larisa Lofitskaya: 119; Foto by KKK: 124; MisterStock: 126; Valentin Chemyakin: 127; Canicula: 128; Rosa Jay: 129; Maximumm: 133; sherlesi: 133; Tartila: 135; dokoupilova: 142; Szasz-Fabian Jozsef: 142; Julia Liang B Nielsen: 143; Irish_Photos: 144; HHelene: 145; Manfred Ruckszio: 145; Vova Shevchuk: 145; Roman Pyshchyk: 148; Linda Marie Caldwell: 150, 151; The Beekeeper Cape Town: 153; LilKar: 158; Artiste2d3d: 159; Phanumassu Sang-ngam: 159; Pakhnyushchy: 160; Nyvlt-art: 161; Prachaya Roekdeethaweesab: 165; Margreet de Groot: 169; AlekseyKarpenko: 170; Erkovich: 171; Roblan: 171; lcrms: 172; milart: 173; kostasgr: 174; Anest: 174, 193; Andrey Pavlov: 175; AOTTORIO: 175; varuna: 176; Federico.Crovetto: 177; spline_x: 177; ZVERKOVA: 178; Kseniakrop: 178, 196; Istry Istry: 179; Johanna Goodyear: 180; Elena11: 182; New Africa: 182; btwcapture: 183; Ljupco Smokovski: 184; Anastasia Shishkanova: 186; inxti: 187; wiangya: 187; Alex_Po: 188; Sascha Preussner: 189; Nina_Hlupich: 192; Maria Evseyeva: 193; design56: 195; ER_09: 195; DaGa5: 197; Oliver Hoffmann: 198, 199; ArtColibris: 200; Mona Makela: 202; Olha Odrinska: 203; Krashenitsa Dmitrii: 204; Howard Marsh: 205; Picsfive: 206; George Dolgikh: 208; Khomulo Anna: 209; Mikhail Mishchenko: 209; arxichtu4ki: 210; Nutthapat Matphongtavorn: 211; Gaz_za: 212; garanga: 213; unpict: 214; prapann: 215; eurobanks: 216; ArtCookStudio: 217; AVA Bitter: 219

Gap Photos
Zara Napier: 207

Jem Ward
119, 176

Plantillustrations.org
16, 21, 26, 29, 40, 41, 52, 55, 62, 66, 67, 71, 74, 77, 72, 73, 101, 112, 115, 120, 121, 123, 132, 146, 147, 149, 155, 164, 173, 201, 210

Alamy
Quagga Media: 130; Richard Becker: 145

wikimedia.org
131, 141, Syrio: 143, 155, 164, 190, 191